许中缘 崔雪炜
袁治杰 于宪会
等著

◎「十三五」国家重点图书出版规划项目
◎国家出版基金资助项目
◎国家社科基金重大项目『中外土地征收制度的资料整理与比较研究』（14ZDB125）研究成果

国别卷 下

中外土地征收制度比较研究

湖南人民出版社
·长沙·

图书在版编目（CIP）数据

中外土地征收制度比较研究. 国别卷 / 许中缘等著. —长沙：湖南人民出版社，2022.12

ISBN 978-7-5561-2455-8

Ⅰ. ①中… Ⅱ. ①许… Ⅲ. ①土地征用—土地制度—对比研究—世界 Ⅳ. ①D912.304

中国版本图书馆CIP数据核字（2022）第245789号

ZHONGWAI TUDI ZHENGSHOU ZHIDU BIJIAO YANJIU · GUOBIE JUAN

中外土地征收制度比较研究·国别卷

著　　者	许中缘　崔雪炜　袁治杰　于宪会　等
策划编辑	欧阳臻莹　黎红霞
责任编辑	黎红霞　欧阳臻莹
装帧设计	杨发凯
责任印制	肖　晖
责任校对	丁　雯

出版发行　湖南人民出版社［http://www.hnppp.com］

地　　址　长沙市营盘东路3号

邮　　编　410005

印　　刷　长沙鸿发印务实业有限公司

版　　次　2022年12月第1版

印　　次　2022年12月第1次印刷

开　　本　710 mm × 1000 mm　　1/16

印　　张　45

字　　数　685千字

书　　号　ISBN 978-7-5561-2455-8

定　　价　198.00元（全二册）

营销电话：0731-82221529　　（如发现印装质量问题请与出版社调换）

第四章

法国不动产征收制度研究

　　法国不动产征收遵循严格的程序控制，只有基于公共利益的需要才可以征收私人土地，而征收公共利益内容的界定与保障只有在一个完整的程序中才能进行，由司法机关与行政机关共同保障征收程序符合公益目的，并最终由行政法官判断土地征收的公用目的性，对于防范法官权力扩张而对法官权力的主客观控制的做法具有明显的优越性。法国法以对征收补偿之公正性的理解为中心，确立了计算被征收不动产价值的时间标准、市场价格确定的方法，并设定防止被征收人土地投机行为，在此基础上形成征收补偿方案。本部分在阐述法国土地征收之公共目的、补偿机制及征收程序的基础上，试图探究征收正当性的程序控制之内在法理与其间的利益平衡，试图为我国征收制度的完善提供借鉴。

<table>
<tr><td>第一节</td><td>法国不动产征收的
权源正当性</td></tr>
</table>

对于土地所有者对土地的权利是否绝对神圣，国家是否应当具有土地征收权，在法国理论界有过诸多探讨。在土地征收法律关系中，主要涉及的当事人是国家与土地所有权人，涉及的两种相互冲突对立的权力（权利）是国家征地权与公民财产权。因此，本部分也旨在从国家公权力和公民私权利的二元化视角来切入法国不动产征收制度。

对于征收行为的法律规范，法国法律普遍将其界定为"出于公共用意的征收行为"。"出于公共用意的征收行为是一个行政和司法过程，在这个过程中，出于公共用意目的，政府部门运用自身的强制权力，来获得一项财产所有权。"[1] 关于征收行为的表述，体现在《人权宣言》第 17 条："私人财产神圣不可侵犯，除非当合法认定的公共需要显然必需时，且在公平而预先赔偿的条件下，私人财产始得征收。"《法国民法典》第二编第 545 条规定："任何人不得被强制出让其所有权；

---

[1]Rép.min. à M.Colin，JO Sénat 19 mars 1992；MTP 8 mai 1992，STO p.282.

但因公用且事前受公正补偿时，不在此限。"《欧洲人权公约（第一议定书）》第一条："任何人都有被尊重其财产所有权的权利。除非为公共用益，并按照法律及国际法普遍准则所规定的条件，任何人的财产不得被征收……"纵观以上规定，均能观察到征收中关于公民私有财产权与国家公权力之间的博弈，以此奠定笔者以此为视角探究土地征收权基础的正当性。

一、"财产权"的解释：财产权的基本属性与分工协作

（一）"财产权"本能和理性的对弈

征收规范以公民财产权的存在为前提，厘清财产权的属性是理解征收规范的前提。[①]古典自由主义贯彻所有权绝对思想，在洛克看来，财产乃是基于个人劳动创造，"劳动是劳动者的无可争议的所有物，那么对于这一有所增益的东西，除他以外就没有人能够享有权利"，且这项权利应当绝对。[②]因此，法国人权宣言第17条规定，"财产是神圣不可侵犯的权利"，私有财产权保障后来被资产阶级革命后制定的宪法所确认；而当时，民法典为其提供了具备清晰政治底色的法律政策选择和价值选择图景，即"平等的民事主体制度""对个体所有权提供绝对保障"等。[③]在普通法传统中，财产神圣不可侵犯，其传统功能即在于保障自由、保障财产的"私使用性"，保障个人在财产法

---

① 参见刘连泰：《宪法文本中的征收规范解释——以中国宪法第十三条第三款为中心》，中国政法大学出版社2014年版，第20页。
② 参见洛克：《政府论》（下篇），叶启芳、瞿菊农译，商务印书馆1996年版，第19、22页。
③ 参见薛军：《"民法—宪法"关系的演变与民法的转型：以欧洲近现代民法的发展轨迹为中心》，载《中国法学》2010年第1期。

领域的自由空间，保障个人排他、自由甚至是恣意地支配和处分财产，是财产权最根本的规范目标；[1] "风可进，雨可进，国王不能进" 充分展现出公民私有财产权对公权力的抵御功能，似乎在 "占有、使用、收益、处分" 之外，私有财产相对于公权力的主要权能即为抵御公权力侵扰。

相较于洛克、康德、黑格尔、大卫·休谟对于财产权的正当性论证，法国早期学者似乎呈现出不同之态势——卢梭的《社会契约论》主张 "国家是社会契约的结果……是全部财产的主人"[2]、私有财产权会破坏民主并导致专制……欲实现社会政治权利和经济权利的统一，必须有国家的作用；[3]19 世纪末、20 世纪初的莱昂·狄骥主张拥有财产是履行社会义务的手段，而不再是一项权利，"所有权……趋向于成为动产及不动产持有者的社会职能；所有权对所有财富持有者来说包含了利用所有权增加社会财富的义务和由此引出的社会的相互依存。他所做的只是完成某种社会工作，只是通过让其支配的财富发挥价值来扩大社会财富。因而他有社会义务完成这一工作，并且只有当他完成了社会工作时，才能按其工作完成的程度受到社会的保障"[4]。"正是由于所有者的特殊地位而肩负的社会使命既限制了所有权，又将其所有权正

---

①See Vgl. Werner Böhmer，"Grundfragen der Verfassungsrechtlichen Gewährleistung des Eigentums in der Rechtsprechung des Bundesverfassungsgerichts，" NJW，1988，S.2563；转引自张翔：《财产权的社会义务》，载《中国社会科学》2012 年第 9 期。

② 参见［法］卢梭：《社会契约论》，何兆武译，商务印书馆 1980 年版，第 31 页。

③ 参见［法］卢梭：《论人类不平等的起源和基础》，吴绪译，生活·读书·新知三联书店 1957 年版，第 69 页。

④ 参见［法］莱昂·狄骥：《宪法学教程》，王文利等译，辽海出版社、春风文艺出版社 1999 年版，第 239 页。

当化。"①

上述论述似乎为处于"人生而自由，却无往而不在枷锁中"的辩证关系的私有财产权找到了出口，财产权的自然理性要求其不受"侵扰"，但人可以依靠理性重新安排财产的归属，同时，也为国家征收权介入私有财产权提供了正当入口。

（二）财产权的属性归位：从宪法上财产权与民法上财产分工协作的视角

从公法的角度看，财产权具有对国家权力的防范功能，是基本的公权利。而民法作为"调整平等主体的公民之间、法人之间以及公民和法人之间财产关系和人身关系的法律规范的总和"，由财产权引发的财产关系即占据了民事法律关系的半壁江山，财产权同样作为基本的民事权利。界定财产权属性，需要从其权利从属关系角度入手，即分别从宪法层面及民法层面探究其权利属性。

第一，财产权的防御性。财产权划定了公民私人自治的领域，在这一领域内，公民享有自由，而政府不得恣意进入。②宪法上的财产权就是以对国家的"防御权"来构造的，也是阻止国家权力侵入私人领域的一道有力屏障。总体而言，宪法上财产权是"支撑人的个别性的必要条件"，其作为一种"消极人权"的功能便是防止因国家的不当侵入导致社会财富总量减少。③因此，宪法与公民财产权的沟通总是小

---

① 参见［法］莱昂·狄骥：《宪法学教程》，王文利等译，辽海出版社、春风文艺出版社1999年版，第13页。

② 参见刘连泰：《宪法文本中的征收规范解释——以中国宪法第十三条第三款为中心》，中国政法大学出版社2014年版，第46页。

③ 参见刘连泰：《宪法文本中的征收规范解释——以中国宪法第十三条第三款为中心》，中国政法大学出版社2014年版，第46页。

心翼翼，唯恐国家越雷池一步，跨进私域；而国家对公民财产权最严厉的干预当数征收，政府取得私人财产的方式与市场上发生的一般交易最重要的区别即在于：面对征收，公民个人不能拒绝将自己的财产交给国家，即便国家以购买的方式取得公民财产，公民不能拒绝出售，且不能随意要价。[1]因此，宪法层面的财产权行使范围是根据国家征收行为而为公民设定的权利自由。而民法财产权作为公民对抗公民或私人对抗私人的一种权利，目的在于防止民事主体互相越界，是一种积极的人权，通过鼓励财产的流动从而增加社会财富的总量。[2]

　　法国法上将宪法上的财产权限定在"公共业务"范围之外，财产权的绝对性限定在以公共业务为名义行使职权的范围之外。欧洲人权法院判定应由国家权力来确定"公共业务"并对以公共用意为由而进行的财产征收问题作出判断。而"公共业务"范围的确定将在寻求团体公共利益之要求与个人私有财产权捍卫的平衡中进行，即在公民个人财产权与国家征收个人财产的需求之间应该存在一种合理的比例关系。如果征收使得被征收财产的个人背负"特殊的过大的债务"，这种平衡将被打破，且后者"应获得与其被征收财产价值相当的赔偿，即使这些属于用于公共事业的合法物品所产生的价值远低于其商品价值"[3]。对于如何判断"公共业务"，法国国家议会给出了列举性规定——必须进行不动产或不动产物权征收的公共业务，只有在以下情况下方

---

[1] 参见李龙、刘连泰：《宪法财产权与民法财产权的分工与协同》，载《法商研究》2003 年第 6 期。

[2] 参见刘连泰：《宪法文本中的征收规范解释——以中国宪法第十三条第三款为中心》，中国政法大学出版社 2014 年版，第 46 页。

[3] Voir. CEDH，4 novembre 2010，D.c/France，Bull. Inf.；C. Cass.，15 décembre 2010，p.6.

可进行：

（1）为满足公共用益的最终目的；

（2）相同条件下，如果不进行征收，尤其是在使用自有财产条件下，征收者无法进行工作；

（3）该业务为其造成的个人财产侵犯、金融价值损失甚至社会或经济秩序混乱所付的代价不超过该业务本身获益。

为了判定公共业务，国家议会致力于评估关于侵犯个人财产的"征收预计获益"。如果征收对个人财产造成的侵犯进而导致市场价值损失甚至社会秩序混乱，这些与对其他公共用益的侵犯所付代价相比，不超过其本身获益，那么这项业务不能称为公共业务。

第二，财产权中的人格与物性。资格与利益是任何权利要素中不可或缺的部分，具体到财产权而言，"资格"是指获得财产的资格，是财产权中的人格要素；"利益"指从财产中获得的利益，是财产权中物的要素。[①]宪法上财产权指称财产权中的人格要素，一个人并不会因为没有财产而失去宪法上取得、占有和使用财产的资格；而民法上财产权是以物为中介的人与人关系的表现，对于一个没有财产的人来说，民法上的财产关系是不存在的。[②]

第三，财产权的相对性与绝对性。如前所述，宪法上财产权主要是针对国家征收行为已构成对国家征用行为的抑制而言，主要是以所

---

① 参见刘连泰：《宪法文本中的征收规范解释——以中国宪法第十三条第三款为中心》，中国政法大学出版社2014年版，第48页。

② 参见赵世义：《论财产权的宪法保障与制约》，载《法学评论》1999年第3期。

有权为核心，保护的是公民个人对自己所有财产的绝对支配性，①但同时体现的是财产权相对于外界权力（此处仅指国家权力）的相对性。法国《人权宣言》宣示的"私有财产神圣不可侵犯"，其中的"私有财产权"与"所有权"在法语中是一个词。国家与公民之间发生的宪法上的财产关系只能局限在所有权的基本范畴内，而不可能产生债的法律关系；如若国家与公民之间发生了债的法律关系，也只能是国家自动"降格"为民事主体，受民事法律的调整。民法上的财产权则不同，它保护的是财产权的绝对权属性，公民个人对其合法财产的处分只能基于其自由意志，任何人不得强加干预。

（三）从宪法财产权与民法财产权之协同看财产权功能定位

宪法上的财产权与民法上的财产权之"资格与利益"的归位，注定宪法上之财产权将作为民法上之财产权的前提基础，从此角度看，宪法上的财产权和民法上的财产权是源与流的关系。宪法上的财产权以一种消极方式侧重保护人的主体性和精神自由，相较于政府公共空间的自由空间，本质上是"防御国家"的权利。②而民法则是划定了公民之间的相互私域范围。从本质而言，宪法上的财产权与民法上的财产权皆是对公民私域的保护。通过宪法上的财产权"防范因国家对公民财产权的侵犯而导致的公民财富总量减少"与民法上的财产权"通过鼓励交易以增加公民财富总量"的方式结合，保障社会财富总量不

---

① 参见李龙、刘连泰：《宪法财产权与民法财产权的分工与协同》，载《法商研究》2003 年第 6 期。

② 参见刘连泰：《宪法文本中的征收规范解释——以中国宪法第十三条第三款为中心》，中国政法大学出版社 2014 年版，第 51 页。

断增加。^①同时，宪法上的财产权与民法上的财产权的分工协作构成财产权保护体系的基本结构。^②

二、"国家征收权"的解释：从其正当性证成角度出发

法国法对征收权的定义是"国家要求一个法官根据司法程序，出于公共用意，以个人或者公共名义，依靠公证和预先补偿转移不动产所有权的权力"^③。通过上述概念，可以归纳出国家征收权的以下特征：

其一，权力的专有性。征收权的主体应为国家，征收权是国家专有的权力。之所以如此，是由于征收权来源于国家主权。^④根据法国思想家博丹的理论："国家是由多数家族的人员和共同财产组成的合法政府，并为一个主权及理性所支配的团体。"而"主权是共同体（commonwealth）所有的绝对且永久的权力"^⑤。"主权意味着权力在力度、作用和存续时间上都不是有限的。"^⑥征收权属于国家主权的范畴，为了公共利益的需要，在公证补偿的情况下，国家可以凭借其

---

① 参见刘连泰：《宪法文本中的征收规范解释——以中国宪法第十三条第三款为中心》，中国政法大学出版社 2014 年版，第 52 页。

② 参见李龙、刘连泰：《宪法财产权与民法财产权的分工与协同》，载《法商研究》2003 年第 6 期。

③ Voir. Rép.min. à M.Colin，JO Sénat 19 mars 1992；MTP 8 mai 1992，STO p.282.R.

④ 参见张明：《农民权利保护视野下的土地征收制度研究》，法律出版社 2013 年版，第 55 页。

⑤ 参见［法］让·博丹：《主权论》，李卫海、钱俊文译，北京大学出版社 2008 年版，第 25 页。

⑥ 参见［法］让·博丹：《主权论》，李卫海、钱俊文译，北京大学出版社 2008 年版，第 29 页。

主权而对私人所有的财产进行限制甚至剥夺。[①]征收权作为国家主权的必要属性，具有不可放弃性和国家专有性，由此决定其为公权力性质。

其二，征收权是具有自我克制性的国家公权力。土地征收法律关系的产生不是基于双方的自愿和一致，而是基于国家的单方面的意思表示，无须被征用土地的所有权人同意，因而具有一定的强制性。然而，这并不意味着征收权不受任何约束和制约，考虑到这种权力行使的后果是对被征收土地的所有权及其权利的剥夺，因而更要借助于严格、系统、完善的程序以防止其滥用。[②]征收权的权力制约最终必须通过征地程序的规范和控制来实现。

同时，征收只能在符合公共利益的前提下开展。国家的存在是以保护个人的生命、自由等人身安全以及财产安全，维护个人幸福为目的，只有当个人财产权利的保护与社会公共利益发生冲突时，个人权利才能让位于公共利益。在法国，行政机关作为公共利益的判断者，由行政机关决定是否进行公共征收；但是行政机关作出的批准公共目的之行政决定以及被征收财产可以转让的决定不是终局性的，法院对该类决定享有司法审查权限，对此，财产所有人和其他权利人均可向行政法院提起诉讼。[③]"由于公共征收有强迫私人转让不动产的权利，法国的传统观念认为普通法院是私人自由和财产的可靠保障，只有他有剥夺私人的财产权利，所以在公正征收的程序中必须有普通法院参

---

① 参见沈开举：《征收、征用与补偿》，法律出版社 2006 年版，第 21—23 页。
② 参见季金华、徐骏：《土地征收法律问题研究》，山东人民出版社 2011 年版，第 18—19 页。
③ 参见季金华：《土地征收权的法律规制》，载《法学论坛》2011 年第 6 期。

加，否则不能转移私人的财产权利。"[1]

其三，征收权具有补偿性，并且是以公平补偿义务为前置条件的一种公权力。国家启动征收权会造成公民财产权的损害，包括永久的完全损害以及暂时的部分损害，无论怎样，都会造成权利人对其财产所有权或者使用权的限制或丧失。因此，征收必须在有偿的前提下进行，土地征收过程应为国家通过行使征收权，以公平补偿为代价将私有土地所有权转变为国家土地所有权的过程。土地征收权的行使必须负载保障被征地人生存权的义务制约，这种制约体现为公平补偿原则和生存权保障原则给征地行为规定的相应法律义务。[2]行使征收权力必须附带补偿，1804年《法国民法典》第545条规定，"若非为公共用途，而给以公正的、预付的赔款，不得强迫任何人放弃其财产权。"[3]

知晓国家征收权的权力特征之后，便可探究征收权的正当性基础。法国法上曾有两种主张：

其一，从财产权的"保留权利理论"引发征收权正当性。"保留权利理论"即在个人占有财产之前，国家对一切财产具有原始和绝对的所有权，公民对财产的占有取决于主权国家的授权，且以后的享用过程也受制于国家创设的隐含保留条件，国家可以在任何时候为了公共目的而收回财产。[4]在法国大革命以前并无保障物权的相关法律，也没有关于土地征收的法律规定，土地征收只是一种土地充公，国家征

---

[1] 参见王名扬：《法国行政法》，中国政法大学出版社1998年版，第374页。

[2] 参见季金华：《土地征收权的法律规制》，载《法学论坛》2011年第6期。

[3] 参见《拿破仑法典（法国民法典）》，李浩培、吴传颐、孙鸣岗译，商务印书馆1979年版，第72页。

[4] 参见张明：《农民权利保护视野下的土地征收制度研究》，法律出版社2013年版，第60页。

收机关具有绝对的主动权，且不一定对被征收人提供补偿。直到17、18世纪，法国开始大规模修建道路与运河等公共工程，才出现最初的赔偿制度，但是赔偿款项由各省行政机关自主决定，且往往在政府占用耕地很久之后才给付赔偿。直到法国大革命之后，随着现代民法体系的建立，确定了物权不可侵犯的原则。[①]法国将所有权称为"三合一的所有权"（triad of ownership），是指所有人对所有物的绝对的、最高的权利，即所有人的占有、使用和处理所有权的权利。然而，所有权尽管属于所有人最高的和绝对性的权利，但其具有条件限制，即所有权在国家的法律之下。

其二，"主权说"下推导国家征收权。根据让·博丹对国家征收权的观点，征收权属于国家主权的必要属性，若没有征收权，国家将不能成为国家。该学说对我国的影响极大，如王卫国认为："国家征用财产的权力，不是依据于国家所有权，而是依据于国家主权。主权意味着国家可以支配其领土内的一切人和物。主权包括对内（统治权）和对外（独立权）两个方面。我国宪法上设立国家土地所有权、集体土地所有权和国家对集体土地的征用权，都是对内主权的体现。"[②]

但是，对于以上两种学说对国家征收权的论证，笔者持保留态度，理由如下：

对于主权说而言，其结论强调征收权的国家主权属性，无疑是正确的。但是其论证的前提开始于将征收权的国家属性作为一种不证自明的公理性结论，而对于国家为什么一定享有征收权，以及征收权对

---

① 参见［法］R.Robin：《土地征收之学理与实施研究》，万锡九译，商务印书馆1938年版，第1页。

② 参见王卫国：《中国土地权利研究》，中国政法大学出版社1997年版，第123页。

于国家存在的意义到底是什么没有给出充分论证，难以服众。

对于权利保留说而言，其主张公民的财产所有权实质上是一种占有权和使用权，真正的所有权保留在国家手中，这种学说对于早期欧洲封建时期日耳曼法的财产制度而言尚有可解释之余地，然而，在现代财产观视角下——所有权包括占有、使用、收益和处分四项权能，此学说没有任何立足之地。[①]

结合上述各项学说之统合分析，笔者主张关于国家征收权的正当性证成，应当遵循以下中心思路：从国家存在的目的性出发，将国家征收权作为公权力的一种，考察其行使是否符合国家存在的目的性。如若符合这种目的性，国家征收权自然具有正当性。[②]从发生学的角度看，国家是为了保护财产而生。[③]那么，保护公民私有财产作为国家应履行的义务，为何会"背离"这一义务而对个人财产权利进行"侵犯"呢？笔者认为，只有当个人财产保护与社会公共利益相冲突时，个人权利才让位于社会公共利益，因而，国家征收权的正当性来源之一即社会公共利益的需要。其实，个人利益与公共利益的保护是相辅相成的，公共利益的维持和保护是个人权利得以维持和实现的前提和基础，如果公共利益不能实现，那么，个人利益也将失去存续的基础。[④]由此，

[①] 参见张明：《农民权利保护视野下的土地征收制度研究》，法律出版社2013年版，第63页。

[②] 参见张明：《农民权利保护视野下的土地征收制度研究》，法律出版社2013年版，第63页。

[③] 参见刘连泰：《宪法文本中的征收规范解释——以中国宪法第十三条第三款为中心》，中国政法大学出版社2014年版，第19页。

[④] 参见张明：《农民权利保护视野下的土地征收制度研究》，法律出版社2013年版，第63—65页。

个人财产权保护的边界即为公共利益的合理保护范围，也只有基于公共利益才能对个人财产权予以限制甚至剥夺。国家征收权的正当性来源之二即为公共业务的行使，国家征收权只有在履行公共业务的范围内才具有合法性。法国议会对于公共业务享有判断权，为判断一项业务是否具有公共性质，需要衡量业务本身获益与其造成的损失之间是否保持相对平衡，只有在后者价值不超过前者的情况下，才可称为公共业务。而政府作为组织体，同样具有自身利益，也可能成为民事主体，作为民事主体的政府不能征收公民财产，只有在履行公共业务的范围内才能行使征收权。国家征收权的正当性也正在于此。

第二节　　法国不动产征收的公共用益[①]

在法国，公共用益（l'utilité publique）[②]被认为是"公共权力对私人领域干预的产物"[③]，它是连接宪法、民法与行政法的纽带。该概念

---

① 本节内容选自以下两篇文章的部分或全部内容：许中缘：《论法国民法中的公共用益理论——以不动产征收为视角》，《私法研究》2009年第7卷；许中缘：《论公共利益的程序控制——以法国不动产征收作为比较对象》，《环球法律评论》2008年第3期。

② 将"l' utilité publique"译成"公共用益"，而非"公共利益"，主要是基于以下原因：第一，公共用益在法国民法中对所有权的保护是一个非常重要的概念，也是法国法律对所有权保护演变的一个重要因素。所以，对该概念的理解，决定了我们如何理解法国民法中所有权保护的因素。第二，尽管"l' utilité publique"具有"公共利益"的某些内容，但是在法国法中，公共利益已经有对应词为"intérêt public"。而相较于公共利益，"公共用益"还具有满足"需要"与"效用"的内涵。第三，在法国，公共利益（intérêt public）相对的是私人利益（intérêt privé），而公共用益则没有这种严格的对应关系。第四，正如本章所指出的，在法国，公共利益是公法中的概念，而公共用益是公私兼容的一个概念。除非特别指明，本章中公共利益对应的法语是"intérêt public"。当然，翻译成"公益"也具有其合理之处（国内学者如罗结珍翻译的《法国民法典》第545条就是采纳这种译法），不过笔者认为，"公益"也没有完全表达该概念所具有的完整内涵，且容易与"公共利益"本身相混淆。

③ Voir. Stéphane Rials，Le juge administratif français et la technique du standard. Essai sur le traitement juridictionnel de l' idée de normalité： LGDJ，1980，p. 94.

也是法国不动产征收所具有的正当性之所在^①。作为现代民主法治国家，所有的征收行为都是以公共用益（公共利益）之名进行的。基于这种理由，拟对法国民法中的公共用益在法国法律体系中的地位进行介绍，就法国不动产征收中的理论进行评述并提出自己的观点。

一、法国不动产征收中公共用益的演变——从"公共用益"到"公共需要"再到"公共用益"

公共用益在公元前 3 世纪的古罗马时期就已经在法律中占据支配地位，后来，拉丁语的公共用益（utilitas publica）与共同用益（utilitas commun）被介绍到希腊^②。在古罗马，因为用益（utilité）比利益（intérêt）含义更为狭窄，更能够起到限制权力滥用的目的，法律采纳的是公共用益而非公共利益^③，可以说公共用益沿用之初就具有限制公权力的功能。在希腊，共同用益与公共用益是有区分的。共同用益是政治权力合法的本质要素^④，它表达出一种平衡的思想以及与特定个人的利益相衔接的内容；相反，公共用益则主要是被作为推进国家的干涉主义（étatisme）而出现的。随着国家干预主义的发展以及对国家权力控制的加强，"共同用益"一词逐渐被公共用益所替代。基于西塞罗（Cicéron）的工作，也因为受斯多葛学派（stoïcien）的影响，该概念具有了"公共物的使用与收益"的内涵^⑤。自公元 2 世纪以来，公共

---

① Voir. Art. L.11 — 1 du Code de l' expropriation（Partie Législative）.

② Voir. Français RANGEON，L' idéologie de l' intérêt Général，ECONOMICA，1986，p.53.

③ Voir. Français RANGEON，L' idéologie de l' intérêt Général，ECONOMICA，1986，p.54.

④ Voir. Français RANGEON，L' idéologie de l' intérêt Général，ECONOMICA，1986，p.54.

⑤ Voir. Français RANGEON，L' idéologie de l' intérêt Général，ECONOMICA，1986，p.59.

用益（utilitas publica）为古代学者如巴比尼恩（Papinien）、保罗（Paul）与乌尔边（Ulpien）等学者所沿用。一直到公元438年的《狄奥多西法典》（Codex Theodosianus）中仍然沿用该词。但是，到了公元5世纪，该词很少在查士丁尼（Justinien）的书中出现。在君士坦丁帝国（Constantin）时期，基督教派提出了"共同利益（l'intérêt commun）"概念，该概念为官方所确认，加之基督教的广泛影响，该概念逐渐为大众所熟知。在5世纪，该概念演变成共同福利（bien commun）[1]。

在菲利普（Philippe）国王统治时期，议会为了限制国王随意征收的需要，法律规定非经公共用益或者公共需要不能对不动产进行干涉（intervenir）[2]。基于革命时期人们对所有权保护的诉求以及严格限制对作为基本权的所有权征收的需要[3]，加之公共用益比公共需要更具有灵活性，[4]《人权与公民权利宣言》第17条采纳的是公共需要而非公共用益。即"私有财产神圣不可侵犯，除非有合法认定的公共需要（nécessité publique），且在公平与事先补偿的条件下，任何人的财产不得受到剥夺"。学者认为，这里的需要（nécessité）是立法者赋予剥夺所有权所必要的条件，力求使这种剥夺所有权的方式是无法回避

---

[1] Voir. Français RANGEON, L'idéologie de l'intérêt Général, ECONOMICA, 1986, p.64.69. 或者这是诸多学者将公共 xx 利益等同于公共福利的原因。

[2] Voir. Jean.-François Couzinet, De la nécessité publique à l'utilité publique : les évolutions du fait justificatif de l'expropriation in Propriété et Révolution : Éd. du CNRS et Université de Toulouse I, 1990, p. 197.

[3] Voir. Germain SICARD, Le droit de Propriété avant l'article 17 de la déclarationd des droit de l'homme et du citoyen in Propriété et Révolution : Éd. du CNRS et Université de Toulouse I, 1990, p.18.

[4] Voir. Français RANGEON, L'idéologie de l'intérêt Général, ECONOMICA, 1986, p.29.

（incontournable）、不可阻止（inéluctable）① 与不可避免的（inévitable）②。从宪法规定不动产的剥夺条件可以看出，立法者尽量避免国有化的措施，该条也揭示了立法者想最大限度地保护财产抵御公权力的侵犯③。

但即使如此，问题仍然存在：一是宪法委员会是否能够对"公共需要"的基本内容做出准确界定？二是宪法委员会在没有对立法进行干预的情况下能够实行这种界定，从而实现对"公共需要"的内容进行控制吗？

学者认为，公共需要能够证明此项操作具有合法性。首先，因为占有被征收的不动产之前事先对此进行了补偿。其次，在国有化的相关判例中，执行的补偿能够涵盖全部损失。最后，行为人如果不服征收的内容，可以向上级行政机关申诉，也可以向法院就补偿的判决上诉④。宪法委员会在1982年1月16日的判例中也认为，公正补偿是对国有化征收进行控制的一个很好的因素，因为补偿是基于整体利益的考虑，该公共工程对整个国家都是重要的⑤。但这遭到了学者们的反

---

① Voir. Nicolas Molfessis，Le Conseil Constitutionnel et le Droit Privé，L.G.D.J.，1997，P.69. M.DEBENE，《Article 17》，in La Déclaration des droits de l' homme et du Citoyen de 1789，Economica，1993，p343.

② Voir. Geneviève KOUBI，De l' article 2 à l' article 17 de la declaration de 1789：la brèche dans le discourse révolutionnaire，in Propriété et Révolution：Éd. du CNRS et Université de Toulouse I，1990，p. 68.

③ Voir. V.J-L.MESTRE，《Le Conseil constitionnel，la liberté d' entreprendre et la propriété》，D.，1984，p.1. Jean.-François Couzinet，De la nécessité publique à l' utilité publique：les évolutions du fait justificatif de l' expropriation in Propriété et Révolution：Éd. du CNRS et Université de Toulouse I，1990，p. 197、198.

④ Voir. Jeanne LEMASURIER，Le droit de l' expropriation，3e édition，Economica，2005，p.39.

⑤ Voir. 16 janvier 1982 - Décision n° 81-132 DC，Recueil，p. 18.

对。因为公正补偿已经是《权利宣言》第17条的内容，怎么又能够对"公共需要"进行控制呢？

为了限制对"公共需要"做出错误的评价，宪法委员会试图就"需要"作为固定的参考条件①。但是，学者认为，这种界定是困难的。首先需要证明该种需要的合法性。"第17条规定的'合法性'的条件就是所有权征收的条件。然而，它与'公共需要'不相关联。因此，要想很好地对'公共需要'做出最低限度的限制，宪法委员会要定义与控制第17条规定的'合法性'的内容。但是，它完全忽视了主要的限制——即所有权征收的'公共需要'的强制要求。"②何况，即使是宪法委员会做出决定的后果也是事先难以预料的，这样，赋予宪法委员会的评价立法是正确还是错误的标准也难以确定。不过，也有学者认为，在国有化的问题上，宪法委员会能够对评价错误进行限制，因为"从法学的正当性来说，基于宪法文本的强制；从政治的必要性来说，基于与此相关的宪法委员会制度的合法性"③。

但宪法委员会对"公共需要"的控制需要不能超出它的权限范围。但与此同时，宪法委员会能够适时地对错误的立法进行控制吗？答案是否定的，因为它不能承认，"在任何时候，控制的必要性并不等于控制的适时。如果某行为不合法但是'需要（nécessité）'，它就只能在二者中进行选择，它也不能对此实践的结果做出适时的评价。在

---

① Voir. 16 janvier 1982 - Décision n ° 81-132 DC，Recueil，p. 18 ；RJC，p. I-104 - Journal officiel du 17 janvier 1982，p. 299.

② Voir. Nicolas Molfessis，Le Conseil Constitutionnel et le Droit Privé，L.G.D.J.，1997，P.72.

③ Voir. Nicolas Molfessis，Le Conseil Constitutionnel et le Droit Privé，L.G.D.J.，1997，P.73.

选择的时机与选择的何种程度上，法官对此不能干预。"[①] 为此，所有的公共需要都必须经过立法者一定的程序论证[②]。

作为法国现代民主基础的《人权与公民权利宣言》，也是法国民法建立相关制度的基础。不过，《法国民法典》得以颁布，征收不再是"公共需要"而是"公共用益"，1804 年《法国民法典》第 545 条明确规定："任何人不能被强制转让所有权，除非基于公共用益与事先公正补偿。"[③] 学者解释为，"公共用益（utilité publique）"中的"utile"与"工作利益（travaux utiles）""期限利益（délai utile）""预防利益（précautions utiles）"与"处分利益（dispositions utiles）"等中的"utiles"并不能等同[④]。因为"公共用益"并不仅仅是利益，还具有"需要（nécessité）"以及"经济"的内容[⑤]。而且，公共用益是一个规范概念，具有规范性的功能，这是其他概念所不具备的[⑥]。《法国民法典》

---

① Voir. P.DELVOLVE，《Existe–t — il un contrôle de opportunité》，in Conseil constitutionnel et Conseil d' Etat，L.G.D.J.1988，p.294.

② Voir. Jeanne LEMASURIER，Le droit de l' expropriation，3e édition，Economica，2005，p.14.

③ Voir. Civil code Art.545，DALLOZ，Edition 2007，p.665.

④ Voir. Stéphane Rials，Le juge administratif français et la technique du standard. Essai sur le traitement juridictionnel et l' idée de normalité：LGDJ，1980，p. 94.

⑤ Voir. Jeanne LEMASURIER，Le droit de l' expropriation，3e édition，Economica，2005，p.82.

⑥ Voir. Stéphane Rials，Le juge administratif français et la technique du standard. Essai sur le traitement juridictionnel et l' idée de normalité：LGDJ，1980，p. 94.

第545条的颁布，宣告了宪法领域的征收（国有化）①与行政法、民法领域征收（狭义征收）的分野。因为一切国有化征收都是宪法性立法予以颁布的，而非国有化的征收都是由行政机关基于公共用益进行的，这是行政法与民法所调整的内容②。这同时也宣告了决定"公共用益"内涵的机关由立法机关向行政机关或司法机关转变③。"公共用益"比"公共需要"的内容更为丰富与具有韧性④。这就使得征收的内涵变得更为复杂，但征收的实行与操作也更为便利（commodité）⑤。此后有关不动产征收相关法的制定，就是这些原则发展的产物。相较于公共需要，法官对"公共用益"内容的判断就显得更有活力⑥。

---

①尽管在法国1858年宪法中规定国有化是由法律规定的（法国1958年《宪法》第41条）。对国有化的调整主要是1982年的两个宪法判例。Voir. 26 juillet 1984 - Décision n° 84-172 DC.Recueil，p. 58；RJC，p. I-185 - Journal officiel du 28 juillet 1984，p. 2496. Rectificatif Journal officiel du 1er août 1984. 17 juillet 1985 - Décision n° 85-189 DC.Recueil，p. 49；RJC，p. I-224 - Journal officiel du 19 juillet 1985，p. 8200. 9 avril 1996 - Décision n° 96-373 DC. Recueil，p. 43；RJC，p. I-660 - Journal officiel du 13 avril 1996，p. 5724.

Voir. Jeanne LEMASURIER，Le droit de l' expropriation，3e édition，Economica，2005，p.14.
② 所以，本章中所指的征收，除非特别指明，都是指的非国有化的征收。
③ 因为，在法国，征收中司法程序与行政程序的分离是在1810年才开始进行的，中间也有反复。在现行法律中，部分征收的职权是由行政机关行使，在一些特殊的征收中，职权由行政法院行使。参见 Décret n° Voir. 2002-152 du 7 février 2002Art. 1 Journal Officiel du 9 février 2002，Décret n° 2004-127 du 9 février 2004.Art. 2 Journal Officiel du 11 février 2004.Art. R.11 — 2 du Code de l'expropriation（Partie Réglementaire - Décrets en Conseil d'Etat）.
④ Voir. Nicolas Molfessis，Le Conseil Constitutionnel et le Droit Privé，L.G.D.J.，1997，p.80.
⑤ Voir. Jean.-François Couzinet，De la nécessité publique à l' utilité publique：les évolutions du fait justificatif de l' expropriation in Propriété et Révolution：Éd. du CNRS et Université de Toulouse I，1990，p. 197.Jeanne LEMASURIER，Le droit de l' expropriation，3e édition，Economica，2005，p.14.
⑥ Voir. Jean.-François Couzinet，De la nécessité publique à l' utilité publique：les évolutions du fait justificatif de l' expropriation in Propriété et Révolution：Éd. du CNRS et Université de Toulouse I，1990，p. 197、198.

二、公共用益在法国法的利益体系中的地位

在法国法中，对利益的调整具有多种概念，如"整体利益（l' intérêt général）""国家利益（l' intérêt national）"①"公共秩序（l' ordre public）""公共利益（l' intérêt publique）""共同利益（l' intérêt commun）""公共福利（bien commun）""集体利益（l' intérêt collectif）"以及"个人利益（l' intérêt individuel②）"等。这些利益概念是法国法律体系建立的基础，是深入理解法国相关法律规则的关键。借助对它们的理解，有利于深入理解公共用益所具有的概念内涵以及在法律中所处的地位。笔者对此进行阐述。

（一）公共用益与整体利益

整体利益首先体现于 1791 年宪法的第二节第 9、10 条，它是"法国法律体系与政治体系的一个核心概念"③。该概念首先是在公法特别是行政法、宪法与欧盟法而使用的。它是"公法中的灵魂"，构成了

---

① 国家利益主要指的是国家的领土、安全等由国家代表行使的利益。根据笔者对相关法律与判例的检索，只在宪法委员会的判例以及有关《法国商法典》的判例中找到该词。参见 12 février 2004 - Décision n° 2004-490 DC Loi organique portant statut d'autonomie de la Polynésie française Journal officiel du 2 mars 2004，p. 4220；Décret n° 2007-431 du 25 mars 2007 relatif à la partie réglementaire du code de commerce. 从含义而言，国家利益与整体利益也是一致的。参见 Mustpha MEKKI，L' intérêt Général et le Contrat——contribution à une étude de la hiérarchie des intérêts en Droit privé，L.G.D.J.2004，P.35. 所以，本章对此不详细阐述。

② 有些著作中也用 intérêt particulier、intérêt privé.

③ Voir. Mustpha MEKKI，L' intérêt Général et le Contrat——contribution à une étude de la hiérarchie des intérêts en Droit privé，L.G.D.J.2004，P.35.

"公法的精神与全部"①。它是公法与私法借以区分的标准②。不过随着社会的发展，在个人与国家之间出现一个中间领域，即特定的集体利益也就成为协调个人与国家利益的标准。个人利益也总是包含着普遍性的利益，整体利益在某些方面就是公共利益与私人利益结合的结果。"整体利益的形成必须对特定个人利益进行考虑。"③在经济领域，整体利益与个人利益的区分变得愈加困难。整体利益是公共领域与私人领域共同的基础，它是所有社会生活与国家法律合法性的条件，也是国家与市民社会相连接的产物。对所有的特定主体的利益而言，整体利益是同质的④。随着公法与私法区分界限的模糊，导致了该概念公法性的内容得到稀释（dilution），它"不再是高于特定利益的公共领

---

① Voir. Mustpha MEKKI，L' intérêt Général et le Contrat ——contribution à une étude de la hiérarchie des intérêts en Droit privé，L.G.D.J.2004，P.10. 也有学者认为，该概念是 "公法之母"。Guillaume MERLAND，L' intérêt Général dans la jurisprudence du conseil constitutionnel，L.G.D.J.2005，P.1.

② Voir. Mustpha MEKKI，L' intérêt Général et le Contrat ——contribution à une étude de la hiérarchie des intérêts en Droit privé，L.G.D.J.2004，P.12. Guillaume MERLAND，L' intérêt Général dans la jurisprudence du conseil constitutionnel，L.G.D.J.2005，P.2.

③Voir. l' intérêt générale，Rapport public du Conseil d' Etat，p.328. Mustpha MEKKI，L' intérêt Général et le Contrat —— contribution à une étude de la hiérarchie des intérêts en Droit privé，L.G.D.J.2004，P.59.

④ Voir. Mustpha MEKKI，L' intérêt Général et le Contrat —— contribution à une étude de la hiérarchie des intérêts en Droit privé，L.G.D.J.2004，P.67.

域的概念"①。现今，该概念已经渗透于整个法律当中②，"是私法与公法领域中一个共同的基本概念"③，该概念也已经成为"私法中的支柱（pilier）"④。整体利益作为判断某种行为为法律所许可或者禁止的原则，也是法律根本目的之所在，同时也是指导政府行为的标准⑤。权利（权力）的行使必须符合法律的规定，也是法律规定权利（权力）的目的。整体利益就是所有的（权力）权利的行使都必须予以遵守的内容。此外，法律或者规章在对权利进行剥夺的时候首先要符合整体利益。所以，不动产征收的正当性可以说来自于整体利益⑥。

整体利益也是通过公共用益来体现的。如法国《城市规划法》第 R121-13 条曾规定，"构成整体利益的计划也是本法典第 L121-12 条的意义之所在，所有的项目计划与工程，都是作为公共用益出现的……"⑦但是，尽管公共用益与整体利益具有一致性，它们的区别也很明显：

第一，尽管整体利益与公共用益概念具有根据情势不断变化、不

① Voir. G.PELLISSIER，Le control des atteintes au principe d' egalite au nom d' intérêt general par le juge de l' exces de pouvoir，1995，p.88. 不过，也有学者认为该概念仍然为公法所独有（See Guillaume MERLAND，L' intérêt Général dans la jurisprudence du conseil.constitutionnel，L.G.D.J.2005, P.2.）。但正如文中所指出的，这种观点是不符合法国的立法与司法实践的。

② Voir. Mustpha MEKKI，L' intérêt Général et le Contrat ——contribution à une étude de la hiérarchie des intérêts en Droit privé，L.G.D.J.2004，P.16.

③ Voir. Mustpha MEKKI，L' intérêt Général et le Contrat ——contribution à une étude de la hiérarchie des intérêts en Droit privé，L.G.D.J.2004，P.67.

④ Voir. Mustpha MEKKI，L' intérêt Général et le Contrat ——contribution à une étude de la hiérarchie des intérêts en Droit privé，L.G.D.J.2004，P.21.

⑤ Voir. Français RANGEON，L' idéologie de l' intérêt Général，ECONOMICA，1986，p.19.

⑥ Voir. Jeanne LEMASURIER，Le droit de l' expropriation，3e édition，Economica，2005，p. 79.

⑦ Voir. Code de l' urbanisme，R121-13，Modifié，Version 02，1998.该条已经在 2001 年被修改。

确定的特点，公共用益在特定的时间与场合是能够确定其具体含义的，但是整体利益不能。整体利益的概念是双重的，"首先，它是公法与（或）私法实行谱系化（hiérarchisation）形式的结果，在这种意义上，它具有程序的内容。其次，它是其他制度合法原则的基础。整体利益不是利益谱系化的结果，而是谱系化利益的基础"①。所以，整体利益作为规范本身因为适用领域的分散性与多样性，即便"在特定的场合与特定的条件，并不能确定它的具体含义"②。而公共用益作为规范本身的内容是能够根据具体情势进行确定的。

第二，在司法中，整体利益仅仅是确认某种规范的正当性，但不能够作为规范直接适用。"整体利益总是作为非直接适用的规范，来确认其他具体规则的正当性，也就是说它来确认其他规则是否对其违反。"③整体利益"能够作为推定规范进行使用。但是，在法律推理中，它是作为推理的最后环节。它是呈现在公共利益与私人利益之间'谱系化'的悖论结果，也是该种谱系进行推理的合法性基础"④。但是，在司法中，法官是根据具体情形对公共用益进行确定而予以适用从而征收才能进行的。

第三，整体利益作为规范本身并不对当事人附加任何义务，而仅仅是确认其他规范的正当性。在具体案件中，尽管法官可以作为裁判者对当事人的具体案件作出裁判，这是符合国家整体利益的，但是

---

① Voir. Mustpha MEKKI，L' intérêt Général et le Contrat ——contribution à une étude de la hiérarchie des intérêts en Droit privé，L.G.D.J.2004，P.67.

② Voir. Français RANGEON，L' idéologie de l' intérêt Général，ECONOMICA，1986，p.19.

③ Voir. Français RANGEON，L' idéologie de l' intérêt Général，ECONOMICA，1986，p.19.

④ Voir. Mustpha MEKKI，L' intérêt Général et le Contrat ——contribution à une étude de la hiérarchie des intérêts en Droit privé，L.G.D.J.2004，P.21.

这并不能表明法官是作为整体利益的代表对具体当事人的利益作出裁判。他只能是处在中立的立场上，严格适用法律或者解释法律。所以说，法官援引整体利益是"忌讳的"①。也可以说，整体利益是在法律而非法官的个案中逐步实现的。法国学者认为，整体利益是在"概念框架"（plan conceptuel）以及"程序概念"（notion procédurale）②这种意义上使用的。而公共用益一般而言，不能够确认某种规范的正当性，但作为规范本身，能够调整当事人的行为，可以确认某种规则或者行为的合法性。所以可以说，公共用益能够对具体的行为人强加某种义务。

笔者认为，整体利益是确认法律规则的正当性，是公共用益规范必须遵守的上层规范（至少是平等的规范）③。但规范不能够直接适用。公共用益是一个多变的概念，它在不同的时期、不同的环境以及不同的地点具有不同的含义。但是对公共用益的最终界定需要符合整体利益的需要④。所以，如果符合整体利益的需要，也能够对不动产所有权进行征收⑤。

（二）公共用益与公共秩序

与整体利益概念一样，公共秩序概念在法国法律中占据重要地位。

---

① Voir. Français RANGEON，L' idéologie de l' intérêt Général，ECONOMICA，1986，p.20.

② Voir. Mustpha MEKKI，L' intérêt Général et le Contrat ——— contribution à une étude de la hiérarchie des intérêts en Droit privé，L.G.D.J.2004，P.57.

③ Voir. Français RANGEON，L' idéologie de l' intérêt Général，ECONOMICA，1986，p.19.

④ Voir. Conseil-etat.L' utilité publique audourd' hui，rapport du 25 novembre 1999，La Documentation Française 1999.

⑤ Voir. Conseil d' État，Lecture du 27 février 2006，Mentionné aux Tables du Recueil Lebon. COUR DE CASSATION

公共秩序是社会生活存续的核心①。学者认为，公共秩序具有某种公理的性质②。法律规定的公共秩序是所有的法律运行的基础，离开了这个基础，将导致法律的基本精神的违反。公共秩序是法律的基本价值的体现，"它是连接民事社会中个人与社会的纽带，是主观法与客观法的桥梁"③。

公共秩序在古罗马法中已经出现，在当时已经有诸多文本对此予以体现，但在优士丁尼的《法典汇纂》中并没有对此进行规定。在严格的法律行为程式主义下，公共秩序并没有存在的必要。在公元前6世纪，程式性的法律行为得以打破，法律与社会发生了很大的改变，摩尔人已经形成了一些风俗，此后发展为罗马城中人民的共同规则（mores populi Romani）。公共秩序诞生主要是罗马人为了抵制希腊哲学的入侵，首先作为在特定时期、特定社会中判断个人利益与其他利益如政治、社会利益的关系的某种标准。然而，随着在罗马的希腊人的增多，在斯多葛派（stoïcien）的影响下，善良摩尔人（boni mores）标准不仅仅成为公共的标准，也成为罗马人行为的基本原则④。不过，该时期法中并没有运用公共秩序，更多的是沿用"善良风俗"的标准。直至14世纪，公共秩序作为宣誓婚姻效力的判断标准。

---

① Voir. Mustpha MEKKI，L' intérêt Général et le Contrat ——contribution à une étude de la hiérarchie des intérêts en Droit privé，L.G.D.J.2004，P.188.

②1789年《人权与公民权利宣言》第10条就规定："只要这种活动不损害法律所建立的公共秩序，任何人不能因不同意见、信教而受到调查。"

③ Voir. Mustpha MEKKI，L' intérêt Général et le Contrat ——contribution à une étude de la hiérarchie des intérêts en Droit privé，L.G.D.J.2004，P.208.

④ Voir. Mustpha MEKKI，L' intérêt Général et le Contrat ——contribution à une étude de la hiérarchie des intérêts en Droit privé，L.G.D.J.2004，P.190.

到 16 世纪，善良风俗原则从教会领域逐渐发展至世俗领域以至社会领域，后来公共利益在 16 世纪与 17 世纪也逐渐成为世俗化的标准。这可以为同时期的多码（J.DOMAT）的话语所印证："契约的运用乃是民事社会秩序自然反映，也是上帝与人类连接的方式"，"所有协议均应与社会中的秩序相协调，那种损害社会秩序的协议是非法与应受惩罚的，也应为人们所反对"。[1] 这指出了契约不能违背自然法与善良风俗，同时也不能违背实证法[2]。公共秩序就是自然法与实证法的结合，这样公共秩序作为善良风俗与公共利益协调在一起，组成了民事司法领域的一个重要原则。不过，因为狂热的革命热情的影响，契约自由成为最高的准则，即使损害社会利益也在所不惜[3]。康巴塞雷斯（Cambaceres 1753—1824）对此指出："那种导致违反公共诚信（l'honnêteté publique）与社会秩序的合同是不正确的"。[4] 包塔利斯（Cambaceres 1753—1824）进一步提出："合同的所有条文不能违反法律，违反公共诚信（l'honnêteté publique）与社会秩序的合同即

① Voir. J.DOMAT，Traité des lois，Paris，Charles Béchet，1828，Centre de Philosophie politique er juridique，Bibliotheque de Philosophie politique et juridique，Texts et Documents，1989，Chap.v，p.18.

② Voir. Mustpha MEKKI，L' intérêt Général et le Contrat ——contribution à une étude de la hiérarchie des intérêts en Droit privé，L.G.D.J.2004，P.191.

③ Voir. Mustpha MEKKI，L' intérêt Général et le Contrat ——contribution à une étude de la hiérarchie des intérêts en Droit privé，L.G.D.J.2004，P.193.

④ Voir. Cambaceres，Project du Code civil，Libriaire E.Duchemin，Paris，1977，p.1.cit. Mustpha MEKKI，L' intérêt Général et le Contrat ——contribution à une étude de la hiérarchie des intérêts en Droit privé，L.G.D.J.2004，P.192.

无效。"^①基于他们的贡献，公共秩序作为合同效力的一个重要的判断标准，也是平衡个人利益与大众利益、个人利益与社会秩序的一个重要准则^②。

这种思想在《法国民法典》中得以存续，该法典在第6条、686条以及1133条中对公共秩序进行了规定。首先，从公共秩序的产生来看，公共秩序的内容主要是限制行为人的意思自治的。它是一种确定优先保护某种利益的手段，也是一种解决利益冲突的方法，还是作为判断某种利益优先得以实现的主要标准。^③合同的各种利益应该服从于公共利益的需要。当众多行为人的利益发生冲突的时候，法官据此作出解释^④。其次，公共秩序是建立法律价值体系的基础。公共秩序作为个人与社会中各种利益冲突的时候进行判断的标准，从而作为排除某种利益的保护或者对某些利益进行层级保护。再次，公共秩序作为现代法律达到一定政治目标的手段。公共秩序并不是可有可无的，不是合同自由相对的手段，是正常与不可缺少的手段。有学者认为，准确地说，公共秩序乃是"通过对政治法律的手段的集合从而来达到一既定目标、社会团体能够接受的规则状态的法律手段"^⑤。法国学者认为，

---

①Voir. P.-APENET, Recueil complet des travaux préparation du Code civil, Tome I, Paris, 1827, p.66. cit. Mustpha MEKKI, L' intérêt Général et le Contrat —— contribution à une étude de la hiérarchie des intérêts en Droit privé, L.G.D.J.2004, P.192.

②Voir. Jean Carbonnier. Droit Civil, TOME 4, Les Obligation, éd. PUF 2000, p. 68.

③Voir. Mustpha MEKKI, L' intérêt Général et le Contrat —— contribution à une étude de la hiérarchie des intérêts en Droit privé, L.G.D.J.2004, P.188.

④Voir. Mustpha MEKKI, L' intérêt Général et le Contrat —— contribution à une étude de la hiérarchie des intérêts en Droit privé, L.G.D.J.2004, P.189.

⑤Voir. J.-L.BERGEL.Méthodologie juridique, op.cit., p.62.

公共秩序具有规范（réglementation）与调整（régulation）的功能①。公共秩序的适用乃是通过"涤除"（éviction）的技术，因为它的含义的不确定，所以更能够预见未来发生的事务。公共秩序的价值判断与利益判断是通过法官得以实现的。由此可知，公共用益与公共秩序都是法律文本中明确进行规定的概念，具有内容的一致性。但是，公共用益与公共秩序并不能等同。公共秩序主要是适用于判断契约行为合法或者对法律、契约进行解释的工具，而公共用益主要是决定所有权的征收是否合法的手段。

（三）公共用益与公共利益

公共用益与公共利益是紧密联系在一起的，"无视公共用益的存在，也将会严重损害其他重要的公共利益"②。公共利益也是整体利益的表现，尽管一些学者以及政治家的语言中将公共利益作为整体利益的同义词而使用。③但是二者并不能等同。正如学者所说，"整体利益是社会中不同个人的共同利益（l'intérêt commun）的结合。公共利益也是如此。两个概念经常如此混淆，但是人们不能先验地将两个概念视为同一，否则那是一个错误……"④在立法中，公共用益与公共利

---

① Voir. Mustapha MEKKI，L'intérêt Général et le Contrat —— contribution à une étude de la hiérarchie des intérêts en Droit privé，L.G.D.J.2004，P.217.

② Voir. Conseil d'Etat，L'utilité publique aujourd'hui，Etude adoptée par l'Assemblée général du Conseil d'Etat le 25 novembre 1999，La Documentation Française 1999.p.20.

③ Voir. Mustpha MEKKI，L'intérêt Général et le Contrat —— contribution à une étude de la hiérarchie des intérêts en Droit privé，L.G.D.J.2004，P.35.

④ Voir. A.LALANDE，Vocabulaire technique et critique de la philosophie，op，cit.v.o. intérêts，p.531、532..Mustpha MEKKI，L'intérêt Général et le Contrat —— contribution à une étude de la hiérarchie des intérêts en Droit privé，L.G.D.J.2004，P.35.

益有时也没有严格地区分，如《公用征收法》第 R11—16 条规定："农业部长应该为葡萄园被征收而受到损害的各个种植商请求，通过部长命令的方式对公共利益进行宣告与控制先前所使用的名称。"① 但是，二者也存在明显的区别：

第一，在法国法中，公共利益是作为公法中的概念而存在的。公共利益存在于两种假定之中，从构成方面而言，公共利益概念是指定作为最高机构利益也就是国家机构（立法、行政权力）或者欧洲共同体的机构而使用的。因此它也可能具有超国家的利益、国家利益或者地方机构利益含义的问题。从范围而言，公共利益有时具有优先于整体利益适用的效力。所以，正如学者认为，在今天，"公共利益已经仅仅作为国家利益与欧洲共同体利益而使用。"② 如《社会事务与家庭法典》规定："在省级负责残疾人事务的相关部门是一个为公共利益而存在的组织，也是残疾人行政管理方与财政支持来源。"③ 法国《教育法典》规定："教育服务机构聚集的财产的管理人与职员，确保这些大学财产实现教育任务的功能。在如此行为中，他们是公共利益与经济、文化与社会活动的代表。"④

第二，在法国的征收行为中，公共利益种类表现出多样性的特点，某一征收行为能够行使，乃是对众多的公共利益进行协调、一种公共

①Voir. Art. R11-16 du Code de l' expropriation（Partie Réglementaire - Décrets en Conseil d' Etat）

②Voir. Mustapha MEKKI，L' intérêt Général et le Contrat ⸺ contribution à une étude de la hiérarchie des intérêts en Droit privé，L.G.D.J.2004，P.36.

③Voir Code L' action Sociale et des Famille Article L146-4.

④Voir. Code de L' éducation，Article L111-5.

利益优先于某种或某些公共利益的结果。① 如实践中修建交接点要设在医院的隔壁的铁路，这时需要对这些公共利益进行平衡。法官优先考虑到病人的休息权，该征收行为也就没有得以进行②。

第三，由判断主体看，公共用益的内容通常是行政机关与司法机关共同决定的结果，但公共利益是由法官直接判断的产物。基于征收行为中行政机关与司法机关分权的需要，在绝大多数场合，公共用益的调查是通过行政机关进行的③，而司法机关具有审核公共用益宣告合法的权利④，尽管该权利是形式上的，由此可以说公共用益的内容是行政机关与司法机关共同决定的。而公共利益的标准需要法官对是否属于公共利益的内容进行判断。

第四，公共用益与公共利益的最重要的区别体现在"用益（utilité）"与"利益（intérêt）"中，因为"用益是实质的、具体的"，而"利益本身是主观的、多变的"。⑤所以，前者的内涵比后者更为狭窄，于此更能限制公权力的干预。此外，"用益"还具有功利主义提倡的"效用"内涵，这是利益所不具有的⑥。在不动产征收中，相较于后者，公共用益的行为更能保障征收权的顺利进行。

---

①Voir. Conseil-Etat，L' utilité publique audourd' hui，Etude adoptée par l' Assemblée général du Conseil d' Etat le 25 novembre 1999， La Documentation Française 1999.p.20.

②Voir. CE.， Assemblée， 1972-10-20， 78829， Publié au Recueil Lebon.

③ 原来由最高行政法院行使，但是后来得以改变。See Loi nº 2002-276 du 27 février 2002 Art. 140 Journal Officiel du 28 février 2002.Art. L.11.2 du Code de l'expropriation（Partie Législative）.

④Voir. Article L12-6， 7. du Code de l' expropriation（Partie Législative）.

⑤Voir. Français RANGEON， Georges VEDEL， L' idéologie de l' intérêt Général，ECONOMICA，1986， p.65.

⑥Voir. Français RANGEON， L' idéologie de l' intérêt Général， ECONOMICA， 1986， p.155.

此外，公共用益除了具有某种利益的意思，还具有某种"需要"与"效用"的内容，这是公共利益所不具备的。所以，学者认为，"从体系角度而言，公共用益的抽象性所延续的范围超越了私人利益与公共利益。"[1]

（四）公共用益与共同利益

在法国私法中，共同利益也是一个应用比较广泛的词语。群体就是每个人都接受的规则的组合，其实就是具有相近利益的结合，这就是共同利益[2]。按照这种意义，共同利益是一定人员组成的集体的利益，可以说是内在的特定利益。[3]许多学者认为共同利益是作为内在的整体利益标准以及特定利益的集合而使用的[4]。但在整体利益发明者卢梭（Rousseau）那里，他认为对共同利益与整体利益以及公共利益是有区别的。"根据逻辑，无论公共机关还是私人，无论是整体还是个人，这些都与共同是相对的。"[5]于此，共同利益不能等同于集体利益[6]，因为共同并没有如集体那样具有一定的组织有机体[7]。学者认为，共同利益的存在具有两个基础：一是具有不同个人利益的成分存在；

---

[1]Voir. Jeanne LEMASURIER，Le droit de l' expropriation，3e édition，Economica，2005，p. 80.

[2]Voir. Français RANGEON，L' idéologie de l' intérêt Général，ECONOMICA，1986，p.48 — 49.

[3]Français RANGEON，L' idéologie de l' intérêt Général，ECONOMICA，1986，p.28.

[4]Voir. Guillaume MERLAND，L' intérêt Général dans la jurisprudence du conseil constitutionnel，L.G.D.J.2004，P.11. Mustpha MEKKI，L' intérêt Général et le Contrat —— contribution à une étude de la hiérarchie des intérêts en Droit privé，L.G.D.J.2004，P.36.

[5]Voir. Français RANGEON，L' idéologie de l' intérêt Général，ECONOMICA，1986，p.119.

[6]See Mustpha MEKKI，L' intérêt Général et le Contrat —— contribution à une étude de la hiérarchie des intérêts en Droit privé，L.G.D.J.2004，P.35.

[7]See Français RANGEON，L' idéologie de l' intérêt Général，ECONOMICA，1986，p.119.

二是这些人员是分散的，每个人都是平等的缔约主体①。在对共同利益的分析中，卢梭提出了著名的三原则："一是共同利益不是天然就产生的，而是人类意志的产物；二是人类意志乃是契约关系产生的结果；三是共同利益不会对个体利益的总量加以减少。"②基于此，我们分析，在征收中，尽管征收行为会涉及共同利益的内容，基于公共用益的要求，至少不能使每个人的个体利益得以减少——这也是共同利益的要求，但在征收中，共同利益的含义并不能与公共用益的内容相同。正如前面所分析的，因为共同用益除了所体现的利益，还具有需要与经济的内容，而这是共同利益所缺乏的。

（五）公共用益与集体利益、个人利益

在法国法中，因为集体形式多样，对集体利益定义非常困难③。尽管在某种场合，集体利益也可以作为国家的公共利益或者欧共体的利益的体现，但集体利益是一个具体而非抽象的概念④，它主要是指组成某一个特定群体的类型利益⑤。如法国《商法典》规定的"农业公司的集体利益"⑥"债券持有人的集体利益"⑦等；法国《消费者权益

---

①Voir. Français RANGEON，L' idéologie de l' intérêt Général，ECONOMICA，1986，p.120.

②Voir. Français RANGEON，L' idéologie de l' intérêt Général，ECONOMICA，1986，p.129.

③Voir. Mustpha MEKKI，L' intérêt Général et le Contrat ——contribution à une étude de la hiérarchie des intérêts en Droit privé，L.G.D.J.2004，P.37.

④Voir. Français RANGEON，L' idéologie de l' intérêt Général，ECONOMICA，1986，p.54.

⑤Voir. Français RANGEON，L' idéologie de l' intérêt Général，ECONOMICA，1986，p.43. Mustpha MEKKI，L' intérêt Général et le Contrat —— contribution à une étude de la hiérarchie des intérêts en Droit privé，L.G.D.J.2004，P.37，38.

⑥Code de commerce，Article L612-1.

⑦Code de commerce，Article L622-20，Article L626-25，Article L651-3，Article L653-7，Article L654-17，Article L663-1.

法典》规定的"消费者的集体利益"[①]；法国《民用建筑法典》中规定的"住房者的集体利益"。司法判例中出现的"合作社的集体利益"[②]"工程的集体利益"[③]"残疾人的集体利益"[④]；最高行政法院判例中出现的"农业公司的集体利益"[⑤]等。某种特定利益的维护也能成为征收的条件，如为了维护残疾人利益修建道路，因此也可以说是公共用益的需要。所以说，集体利益与公共用益具有一定的重合性。但在多数的情况下，因为集体利益的客体具有特定性，承受利益的主体具有固定性[⑥]，但公共用益与此相比则没有这些特征，所以集体利益与公共用益不能等同。

毫无疑问，公共用益中含有私人利益的因素，但公共用益不是与私人利益相对立的概念[⑦]。相反，个人利益是与整体利益或者公共利益相对应的词。整体利益是对个人权利与自由进行限制的合法基础，个人利益要服从于整体利益的需要[⑧]。公共用益的抽象性，表现出整体利益或者公共利益相较于私人利益的优先性。所以，我们说因公共用益

---

① Code de la Consommation Article L421-1，Article D511-1.

② jeudi 27 décembre 2001，Décision n 2001-457 DC，Loi de finances rectificative pour 2001，Journal officiel du 29 décembre 2001，p. 21172.

③ Loi complémentaire à la loi n ° 88-1202 du 30 décembre 1988 relative à l' adaptation de l' exploitation agricole à son environnement économique et social，Journal officiel du 24 janvier 1990.

④ Cour Administrative d' Appel de Nancy，Lecture du 28 septembre 2006，Inédit au Recueil Lebon.

⑤ Cour Administrative d' Appel de Nantes，Lecture du 29 septembre 2006，Inédit au Recueil Lebon.

⑥ Voir. Français RANGEON，L' idéologie de l' intérêt Général，ECONOMICA，1986，p.46.

⑦ Voir. Stéphane Rials，Prosper Well,Le juge administratif français et la technique du standard. Essai sur le traitement juridictionnel et l' idée de normalité：LGDJ，1980，p. 94.

⑧ Voir. Guillaume MERLAND，L' intérêt Général dans la jurisprudence du conseil constitutionnel，L.G.D.J.2005，P.26 — 27.

而进行的征收，乃是为了整体利益的需要，从而使个人利益在必要限度内作出牺牲[1]。

三、法国法中判断公共用益的主要理论

公共用益是所有权征收的前提与基础，其内涵的演变与法国所有权保护的发展紧密相关。所以，对公共用益内涵的考量，首先需要对法国的所有权保护的立法的发展进行介绍。

19世纪，私人所有权被认为是社会的基础，受自由哲学的影响，公共机关追求的是整体利益，而私人追求的是特定的个人利益。对公共征收行为是使公共机关受益。所以，以公共用益之名进行的活动需要有"迫切需要"的目的，它的内涵严格限制在公路、铁路、教堂等为集体利益工作的活动之中。法官此时对征收也不需要评价征收所带来的经济、政治的效用，因为该征收行为的具体结果是与征收行为本身独立的，法官也不需要拘束于公共用益所进行的征收是否符合整体利益的原则。此时，征收行为严格限制在所有权的边界的范围[2]。这也是该世纪初征收行为很少发生的原因。

第五共和国的一段时期[3]，法律作为"一般意志的表达"，公共用益成为国家开展活动的基础，行政机关主导着公共用益的宣告，但是含义仍然很紧密地控制在公共工程、公共服务、公共区域之内。它不能使公共人员从中受益，也不能以公共用益之名从事某种特权行为。

---

[1] Voir. Conseil-Etat.L' utilité publique aujourd' hui，Etude adoptée par l' Assemblée général du Conseil d' Etat le 25 novembre 1999，La Documentation Française 1999.p.60.

[2] Voir. Jeanne LEMASURIER，Le droit de l' expropriation，3e édition，Economica，2005，p. 77.

[3] 这里不包括1810—1832年以及法兰西第二帝国短时期。

20 世纪，国家经济从自由竞争时期向垄断时期转变，政府对经济的干预也得以加强。此时，政府的教育、文化、卫生等公共服务职能的增强，特别是 1921 年以来，基于工业与商业的发展需要，公共用益的活动不再需要以迫切需要的理由，只要为公共服务的目的，就可以"整体利益"的名义从事征收行为。[1]1789 年的宪法宣言充满个人主义色彩，而 1946 年宪法则是社会主义的哲学思想[2]。社会发展至今，所有权逐渐成为一种社会中的权利[3]，对所有权的限制与剥夺都是社会中各个法律共同调整的内容。国家加强了对个人所有权的干预，与城市规划以及相关的住房保障措施相联系，公共用益的概念在立法与司法中得到扩展。在立法中，表现在以公共健康与卫生、科学研究、体育事业、以服务经济为目的的自然资源的开发以及城市规划与土地的管理等行为，都可以公共用益之名进行征收。在司法中，表现出公共用益理论的丰富性。在法国，对征收行为的公共用益控制出现过"动机支配"理论、"不特定多数受益" 理论、"成本收益平衡"理论、"比例"理论、"公共需要"理论等。

---

①Voir. Jeanne LEMASURIER，Le droit de l' expropriation，3e édition，Economica，2005，p. 76—77.

②Voir. Nicolas Molfessis，Michelle Gobert Le Conseil Constitutionnel et le Droit Privé，L.G.D.J.，1997，P.29.

③Voir. J. Carbonnier，Flexible droit - Pour une sociologie du droit sans rigueur，L.G.D.J，7 ° édition，1992，p. 257.

（一）"动机支配"理论（du motif déterminant）

征收行为涉及多种利益的纠葛，但都是为了公共利益或者整体利益而对公民的财产进行征收，所以征收的进行需要符合公共用益的目的，促进社会整体利益的需要[①]。但是，征收的动机是多元的、复杂的，对此很难进行判断。在非直接的公共用益（l'utilité publique indirect）的征收中，尽管这种行为并不是为了公共用益，但是客观效果是达到了公共用益的目的。如对尼斯的 Ruhl 的旅馆征收，目的是建立旅馆与娱乐城，显然，该种行为不能被认为是公共利益，但是，因为新的旅馆与娱乐城的修建给原来的城镇带来活力，毫无疑问，这也是具有公共用益的目的[②]。所以，凭借征收的动机并不能满足征收行为对公共用益控制的需要。

（二）"不特定多数受益"理论

基于征收行为中公共利益与私人利益的交杂性，判决不能对某种单一目的进行判断。对公共用益的考量，不能仅为了满足个人利益或者个人财富增加的目的，而应该将不特定多数受益作为判断的主要标准[③]。如果受益的对象是不特定的多数人，则该行为被认为是符合公共用益征收的需要。

尽管"不特定多数受益"理论将公共用益的内容转化为不特定主体的受益，具有一定的科学性，但是该理论仍然没有解决"公共用益"

---

①Voir.A.Homont l'expropriation pour cause d'utilité publique，Litec，Paris，1975，p.20.

②Voir. Conseil d'Etat，Lecture du 29 avril 1998，Publié aux Tables du Recueil Lebon.Comp. CE，1995-12-04，District urbain de l'agglomération rennaise - Ville de Rennes，T. p. 844. Jeanne LEMASURIER，Le droit de l'expropriation，3e édition，Economica，2005，p. 80.

③Voir. Homont A. l'expropriation pour cause d'utilité publique，Litec，1975，p.21.

抽象性的问题。因为：

第一，"不特定多数受益"理论不能很好地对受损的利益进行平衡。因为同一项征收中，征收行为使不特定多数受益，也预设着不特定或者特定主体受到损害。而且，由于征收行为涉及多方面利益的复杂性，某些行为能够使局部某些人受益，但是将会对整体利益造成损害。所以，如果单纯地从不特定多数受益判定征收行为合理，将会严重损害他人利益。

第二，不特定多数的内涵不能确定。"不特定多数"是一个相对的概念。在具体征收的情形，随着观察者的视角不同，"不特定多数"的内涵就不一样。如修建一个幼儿园，对小区的居民而言，乃是不特定多数；但是对小区之外的居民而言，该主体是特定的。

（三）"成本收益平衡"（bilan-coûts-avantage）理论

因为公共用益概念本身具有"经济"的内涵，所以对公共用益的经济分析也就成为确定该概念本身内涵的合理路径。对公共用益的经济分析表现为"成本收益平衡"理论。自从1971年5月28日的判例以来，法官对公共利益的控制就成为对收益与成本的控制。[1] 法官认为："事先知道某项行为能够带来公共用益是不可能的。应该根据它的缺陷与优点，它的成本（coût）与收益（rendement），或者说，按照经济学家的观点，来判断它的公益与非公益。"[2] 该判例宣告了公共用益概念抽象性的摒弃。在随后的几年中，公共用益的经济分析就成为判断征

---

[1]Cour administrative d' appel de Nancy，1e chambre，1994-06-30，94NC00040，Inédit au Recueil Lebon.

[2]CE，28，mai，AJDA，1971，p.463.cit. Français RANGEON，L' idéologie de l' intérêt Général，ECONOMICA，1986，p.21.

收的标准 ①。实践中发展出来征收行为的"成本收益平衡"理论用来判断公共利益的内容，② 即在征收行为的积极受益（bilan positif）的情况下承认该行为的公共用益，在该行为负债（bilan négatif）的情况下限制或者否认该行为的公共用益 ③。

"成本收益平衡"理论具有实在的优点，即在实践中能够很好地确定某征收行为是否能够带来效益，使公共用益抽象概念得以具体化。所以，该理论也是法国征收中起主导作用的理论。但该理论也具有不足之处：

1. 该理论只有在营利的公共用益征收中才能实现，在非营利行为的征收中，效益成本的计算难以实现，该理论适用也很困难。何况，成本效益的计算需要一定时期的考量，该时期的确定是很困难的。换言之，即使某个时期是负效益的，但也不能说将来的某个时期该负效益就永远存在。而且，即使是负效益，基于国家实行某种政策的需要，并不能表明该种征收就不能进行。

2. 该理论将会导致征收的过程为行政机关一方所控制，损害了法国所坚持的征收中行政机关与司法机关分离的原则。在 1980 年的一

---

①Conseil d' État，Lecture du 24 février 2006，Mentionné aux Tables du Recueil Lebon.Jeanne LEMASURIER，Le droit de l' expropriation，3e édition，Economica，2005，p. 81 — 82.

②Voir. Conseil constitutionnel，jeudi 28 décembre 2000 - Décision n °　2000-441 DC，Journal officiel du 31 décembre 2000，p. 21204. CE，28，mai，AJDA，1971，p.463.cit. Français RANGEON，L' idéologie de l' intérêt Général，ECONOMICA，1986，p.21.

③Voir. Jeanne LEMASURIER，Le droit de l' expropriation，3e édition，Economica，2005，p. 86 — 88. Nicolas Molfessis，Le Conseil Constitutionnel et le Droit Privé，L.G.D.J.，1997，P.81 — 98. Michel HUYGHEV，《Expropriation pour cause d' utilité publique》，La Semaine Juridique Edition Générale n °　25，16 Juin 2004，I 151. CE，sect.，3 juillet. 1998，no 172736，Salva-Couderc：BJDU 5/1998，p. 375.

个宪法判例中，宪法委员会认识到，行政权与司法权的独立以及在它们各自的范围内发挥功能是宪法的重要价值①。宪法委员会认为："基于共和国的法律，通过司法来保护不动产所有权是分权的基本原则。"②但是，因为公共用益的调查乃是行政机关主导的，对成本收益的计算是行政机关的权力，对"公共用益的定义不再属于法官，而成为行政机关的工作"③。同时，行政机关控制了成本收益的计算，就等于控制了征收进行时间，于此，征收的法官"再评价征收的合适时机已经不合时宜"。④如学者所说："控制几乎成为时机（opportunité）的代名词，法官的客观评价屈服于行政机关的判断。"⑤

3. 该理论只适用于工程项目涉及利益主体非常少的情况，在涉及多方主体的复杂征收工程中就难以适用。在征收中，由于涉及多种利益主体，同时利益具有直接与非直接之分，利益的实现具有时间与空间的间隔，很难适用统一的"成本收益平衡"理论。

何况，因为征收的时机决定了成本效益的内容，一旦征收的时机变化也就使成本效益的内容发生变化，从而使该理论变得不可捉摸。实践中，为了使该理论得到多方面的运用，诸如扩大成本、效益的计

---

① 22 juillet 1980 - Décision n° 80-117 DC, Recueil, p. 42 ; RJC, p. I-81 - Journal officiel du 24 juillet 1980, p. 1867.

② 该判例对 1982 年 7 月 29 日的第 82—652 判例进行修改。See 13 décembre 1985 - Décision n° 85-198 DC Recueil, p. 78 ; RJC, p. I-242 - Journal officiel du 14 décembre 1985, p. 14574.

③ Jeanne LEMASURIER, Le droit de l' expropriation, 3e édition, Economica, 2005, p. 269.

④ Cass. 3e civ., 27 oct. 1982, Épx Granoux, pourvoi n° 82-70019. - 13 déc. 1983, Harle, pourvoi n° 82-70360.

⑤ C E 19, mai 1933 Benjamin G.A. p.186. Jeanne LEMASURIER, Le droit de l' expropriation, 3e édition, Economica, 2005, p. 269.

算范围，但是，这就人为地扩大了成本、效益的内涵，从而使得该理论变得更加复杂与可信度降低。所以，"考虑到公共用益的多个方面，尽管征收行为的财政核算具有非常重要的作用，但仍然并不充分"①。在行政法院的司法实践中，因为根据"成本收益平衡"理论提出的数据没有随着时间的发展而不断更新内容，也没有在公共场合中进行辩论，法官对此也并不熟悉，这些数据也就很少得到法官的支持②。

（四）"比例"理论

该理论是由德国的理论发展而来的。主要是用"明显的评价偏差"来限制行政机关的自由裁量权的行使。根据德国学者 Walter Jellinek 的说法，"人们不能用大炮来攻打麻雀"，与此相对，法国流行的说法为"人们不能用大锤来消灭苍蝇"③。此即征收的手段要与目的相吻合，所用手段不得逾越其所达成目的的必要限度，如果比例明显失调，那么该行为就不符合公共用益的目的。该理论为欧洲人权法院所接受。根据欧洲人权法院的判例④，对所有权征收的方式与目的要符合"比例原理"（principe de proportionnalité），要在各种利益之间达到平衡。不过，即使打破这种平衡，也并不会导致征收行为的无效，只是在征收中需要用补偿来予以填补，所以可以说，欧洲人权法院对比例原理

---

①Voir. Conseil-Etat, L' utilité publique audourd' hui, Etude adoptée par l' Assemblée général du Conseil d' Etat le 25 novembre 1999, La Documentation Française 1999.p.17.

②Conseil-Etat, L' utilité publique audourd' hui, Etude adoptée par l' Assemblée général du Conseil d' Etat le 25 novembre 1999, La Documentation Française 1999.p.17.

③Jeanne LEMASURIER, Le droit de l' expropriation, 3e édition, Economica, 2005, p. 85.

④CEDH 14 november 2000, Gaz.Pal, 2001, 2, p.39. CEDH 2 juillet 2002, Motais de Narbonne c/France.AJDA 2002, P.1226.

的控制是通过补偿来实现的①。

（五）"公共需要"（nécessité publique）理论

自《法国民法典》颁布以来，"公共需要"就成为国有化的代名词。但是，因为《人权与公民权利宣言》第17条仍然具有宪法效力，基于公共需要进行的征收当然属于"公共用益"的内容。所以，凡是涉及国家防卫、领土安全、能源、环境、交通中重大政策的实施所需要的征收都可以适用该理论②。但是，超出这个范围，该理论就难以具有适用的余地。

在以上征收行为的诸多理论中，"动机支配"理论、"不特定多数受益"理论因为本身具有不确定的因素，没有脱离公共用益的抽象性，也就不能很好地控制行政机关自由裁量权的行使，所以具有明显的缺陷。而"比例"理论在征收行为重大失衡中是可以实现的，但是如果征收行为中没有重大的偏差，"比例"理论也难以适用。"成本收益平衡"理论通过对征收行为的经济分析，从而将抽象的"公共用益"概念转化为具体、明确的经济行为，避免了行政机关的自由裁量权，尽管具有一定的不足，但是仍然为法国的征收实践所坚持，所以，该理论仍然是法国不动产征收中占主导地位的理论。当然，"公共需要"理论是从《人权与公民权利宣言》发展而来，内容明确，基于某些特定的公共建设的需要，行政机关直接以"公共需要"的理论作为理论支撑。尽管有这些理论的支持，为了更好地保障公共用益征收的进行，

---

①Voir. Jeanne LEMASURIER，Le droit de l'expropriation，3e édition，Economica，2005，p.26 — 27.

②Voir. Jeanne LEMASURIER，Le droit de l'expropriation，3e édition，Economica，2005，p.99 — 103.

对行政机关与司法机关的权限的控制仍然存在必要性。

四、法国不动产征收实践对公共用益的界定与保障

征收的"结果将毫无疑问会对私人利益造成损害——但这不是伟大工程中所应提出的问题——从现今行政视角而言，另一方面更加重要——在公共利益的宣告中，首先就应保护私人所有权以及在私人利益与公共利益（intérêt public）之间实现平衡，这应该是今天公共利益裁断的多样性也是合法性之所在"[1]。

（一）公共用益的界定

为了避免仅仅以"公共用益"之名从事私人利益的行为，需要对"公共用益"进行界定[2]。征收的发生以及对公共用益的界定乃属于行政法院[3]的权限。在对"公共用益"条款的反思与完善中，司法判例总结出属于"公共用益"的事项[4]：（1）建造城镇而对土地进行分批征收；（2）建造手工业或者轻工业区；（3）修建动物的休憩的区域；（4）建造马术中心；（5）修建学校食堂；（6）修建青年旅馆；（7）创造绿色区域；（8）建造牧场；（9）修建平面湖；（10）设立休闲中心等。但是，这些判例的内容对公共用益的内容的解释过于狭窄。学者认为，公共用益的概念具有抽象的特征，主要表现为公共利益优先于私人利

---

[1]Conseil-Etat，L' utilité publique audourd' hui，Etude adoptée par l' Assemblée général du Conseil d' Etat le 25 novembre 1999，La Documentation Française 1999.p.14.

[2]Art. L.11.1 à 5 et R 11-1 à 3 du Code de l' expropriation（Partie Législative），Art. L 123-8 du Code de l' Urbanisme.

[3]Tribunal Administratif，Cour Administrative d' Appel et Conseil d' État.

[4]Voir. Conseil-etat.L' utilité publique aujourd' hui，rapport du 25 novembre 1999，La Documentation Française 1999. http：//www.conseil-etat.fr/ce/rappor/index_ra_li9905.shtml.

益的保护，在立法中，只要是公共卫生与健康、历史遗产、体育事业以及经济的发展都能够成为公共用益的内容。[①]《公用征收法》也规定了若干属于公共用益的事项。该条规定，如果关系国家防御工事的修建所进行的征收，[②] 基于某些工程的性质与重要性，如高速公路的修建（不包括对现有的高速公路的改建）、能源以及供水计划、扩张可航行的船只载重 1500 吨的航行河道、修建或者延长不小于 20 公里的铁路网（不包括旧有铁路的改造与兼并）、修建大于 100 千瓦的发电站、海洋能源工厂和大于 100 兆瓦的水电站，以及原子能源的开发与生产的相关设施等，由最高行政法院颁布法令行使公共用益的宣告[③]。

（二）公共利益的程序控制

1. 公共利益程序控制的必要性

对公共利益的界定，最好的方法是对公共利益进行程序控制，这主要基于以下理由：

第一，对公共利益的程序控制是公共利益本身的要求。在现代国家，不动产征收中多元化利益的存在，需要一个公正合理的对这些复杂的利益进行协调的程序。其实公共利益本身就是一种利益衡量的规

---

①Voir. Jeanne LEMASURIER, Le droit de l' expropriation, 3e édition, Economica, 2005, p. 76 – 78. 这些内容也为《公用征收法》得以确认。See Article R11-2, du Code de l' expropriation（Partie Réglementaire - Décrets en Conseil d' Etat）. Décret n° 2002-152 du 7 février 2002, Art. 1 Journal Officiel du 9 février 2002, Décret n° 2004-127 du 9 février 2004, Art. 2 Journal Officiel du 11 février 2004.

②Art. L.11.3 du Code de l' expropriation（Partie Législative）.

③Décret n° 2002-152 du 7 février 2002Art. 1 Journal Officiel du 9 février 2002, Décret n° 2004-127 du 9 février 2004.Art. 2 Journal Officiel du 11 février 2004, Art. R.11 — 2 du Code de. l›expropriation（Partie Réglementaire - Décrets en Conseil d›Etat）.

则，也可以说是一种通过利益的衡量来确定对某种利益予以优先保护的方法。正如学者认为公共利益"不是对实质目标的追求，而是存在于不同集团利益协调的过程之中"[1]。何况，不动产征收行为并不是对公共利益本身进行绝对保护，"行政法必须具有一方面以实现国家公共利益为目的，另一方面为维护公民的利益，减少摩擦、冲突和抵抗，公正地调整行政主体和行政相对人之间的关系的特点。现代国家行政法以尊重和确保公民个人的权利、利益为原则，同时不断地调整其与一般公共利益的关系，以求得从整体上实现公共利益的目的，而不是承认绝对的公共利益的优先"[2]。只有合理处理各种利益，才能有效地对公共利益与个人利益进行协调。法国学者也如此认为，征收的"结果将毫无疑问会对私人利益造成损害——但这不是伟大工程中所应提出的问题——从现今行政视角而言，另一方面更加重要——在公共利益的宣告中，首先就应保护私人所有权以及在私人利益与公共利益之间实现平衡，这应该是今天公共利益裁断的多样性也是合法性之所在"[3]。而且，即使是维护真正的公共利益的需要，对个人利益的牺牲也需要一个合法有效的程序才能得以进行。这种协调过程就是不动产征收的程序之所在。

　　第二，对不动产征收的公共利益的程序控制是现代商谈性行政发展的必然结果。如达尔指出："每个公民都应当具有充分的、平等的

---

① 参见徐键：《城市规划中公共利益的内涵界定——由一个城市规划案引出的思考》，载《行政法学研究》2007 年第 1 期。

② 参见胡锦光、杨建顺、李元起：《行政法专题研究》，中国人民大学出版社 1998 年版，第 14 页。

③Conseil-Etat，L' utilité publique audourd' hui，Etude adoptée par l' Assemblée général du Conseil d' Etat le 25 novembre 1999，La Documentation Française 1999.p.14.

机会来发现和论证对有待决定之问题的可能最好地服务于公民利益的选择……因为公民的诸善或利益要求关注公共的诸善或普遍的利益，所以公民应该有机会去获得对于这些问题的理解。"① 公共利益不仅需要目的价值之正当性，更需要倚重其形式程序的合法性。只有在一个平等协商的程序之下，所有参与者才能够根据充分信息和有效理由对必须调整的利益问题和公共利益的整合达成明确的理解与共识。决策和执行全过程公开透明，依法保障行政相对人的知情权、听证权、陈述权、申辩权、参与决策权等程序权利和民主权利的有效行使，只有这样，才能有效促进商谈性行政的发展。但是这些权利的保障只有在一个有效控制的程序中才能实现。

第三，对不动产征收的公共利益的程序控制是保护被征收人的利益的需要。以公共利益为由实行的征收，会严重影响公民的基本权利。同时，征收是一个复杂的过程，只有做到程序的公开与透明，被征收人的权利才能免遭损害以及在权利受到侵害时才能得到有效救济。而且，即使不动产征收本身符合公共利益目的，但如果在征收程序中完全忽视被征收人的利益需求，也会违背公共利益本身。

第四，对不动产征收的公共利益的程序控制也是权力制约的必然要求。以公共利益为由强制克减和限制公民权利，极易造成政府与人民之间的关系紧张，特别是当某些地方政府或者某些部门为了地方利益或者部门利益的要求，在征收中屡屡发生违反既定的程序的情形，则更需要对其进行有效的监督制约。这也是建设有限政府、法治政府

---

① R·A·Dahl: Democracy and Its Critics. New Haven，1989.p.112. 转引自郑贤君:《"公共利益"的界定是一个宪法分权问题——从 Eminent Domain 的主权属性谈起》，载《法学论坛》2005 年第 1 期。

的要求[1]。在不动产征收中，利害相关的民众需要表达意愿、参与协商、寻求说法，这本身也是现代法治精神的基本表现。

所以说，公共利益本质上是一个程序问题。公共利益的界定与保障只能在一个完整的程序中进行，即使是以公共利益之名发起的征收，也需在合法的程序中才能实现。不经过法定的程序，无论基于何种理由，都是对公共利益本身的背离。正如学者认为，公共利益"是一种话语霸权的力量，它往往由于缺乏平等商谈所确立的合法性权威而失去公共的善的优势。公共利益不仅需要目的价值之正当性，更需要倚重其形式程序的合法性。只有这样，公共利益才是真的善和美"[2]。阐述的也是这一观点。

2. 法国公共利益征收的程序控制及评析

法国不动产征收程序中最主要的一个特点就是行政权与司法权分离。法国宪法委员会认识到，行政权与司法权的独立以及在它们各自的范围内发挥功能是宪法的重要价值[3]。因此，征收就形成司法机关与行政机关两个步骤。不动产的征收中对公共利益[4]的控制，主要是通过行政机关与司法机关的权限的控制以及相关程序的进行来予以保障

---

[1] 参见［德］汉斯·J.沃尔夫、奥托·巴霍夫、罗尔夫·施托贝尔：《行政法》（第二卷），高家伟译，商务印书馆2002年版，第323—324页。

[2] 参见郑贤君：《"公共利益"的界定是一个宪法分权问题——从 Eminent Domain 的主权属性谈起》，载《法学论坛》2005年第1期。

[3] 22 juillet 1980 - Décision n° 80-117 DC，Recueil，p. 42；RJC，p. I-81 - Journal officiel du 24 juillet 1980，p. 1867.

[4] 法国不动产征收中词为"l'utilité publique"，笔者更愿意翻译为"公共用益"。但笔者请教了我国著名罗马法学家徐国栋教授，他说在古罗马词汇中"utilitas publica"也具有"公共利益"的意思。加之为了表述的方便，本章将"l'utilité publique"作为"公共利益"或者"公益"的表达。

的。公共利益程序的保障不仅仅是行政程序的范围，也是司法程序的内容。法国的司法机关与行政机关的分权遍及于不动产征收的每一个阶段。

第一，公益的调查与宣告。征收的进行需要公共利益的调查。公益的调查由调查员或者调查委员会进行，根据《环境法典》的第二章第三节的条款从事相关的行为，对所涉及的环境以及城市规划需要进行详细的论证[①]。调查员或者调查委员会应该在公开调查后的最多六个月内递交他们的调查结论。[②]最后需要按照一定要求做成档案，并接受公开辩论的检验。[③]只有调查在规定时间内得以结束，公共利益宣告的程序才能得以进行[④]。对不动产的全部还是部分的征收，或者对不动产权的征收，都不可能在公共利益的声明宣告之前进行。[⑤]公共利益的宣告视其情形由省长与最高行政法院行使[⑥]。公共利益的宣告需要符合事先的调查，符合《城市规划法典》与《环境法典》的相关规则，同时公共利益的需要应该包括实现计划所需要的期限[⑦]。否则，最高行政法院可以对公共利益的宣告进行撤销[⑧]。

---

①Gilbert GANEZ-LOPEZ，L' expropriation pour cause d' utilité publique，2004，p.21 — 22.

②Art. L.11.1 3 du Code de l' expropriation（Partie Législative）.

③Art. L.5 — 11 — 4 du Code de l' expropriation（Partie Législative）.

④Article R11-14 — 14，du Code de l' expropriation（Partie Réglementaire - Décrets en Conseil d' Etat）.

⑤Art. L.11.1 3 du Code de l' expropriation（Partie Législative）.

⑥Article R11-23，du Code de l' expropriation（Partie Réglementaire - Décrets en Conseil .d' Etat）；Article L12-2，L13-27 du Code de l' expropriation（Partie Législative）.

⑦Art. R.11 — 3，R.11 — 5，du Code de l' expropriation（Partie Réglementaire - Décrets en Conseil d' Etat）.

⑧Voir. Jeanne LEMASURIER，Le droit de l' expropriation，3e édition，Economica，2005，p.180.

第二，所有权转移。根据法国宪法委员会对 1958 年《宪法》第
34 条规定的"确定所有权制度的基本原则"由"立法规定"的解释原则，
关于公共利益征收中所有权的转让应该由立法规定新的法律规则[①]，
这使公共利益征收中所有权转让的规则具有特殊性。宪法委员会认为：
"基于共和国的法律，通过司法来保护不动产的所有权是分权的基本
原则。"[②] 所以，单凭行政机关的程序并不能导致征收的所有权的转移，
需要经过相应的司法程序才能得以实现。实现不动产的转移有双方协
商与通过行政机关单方裁定两种方式[③]。前者可以在征收裁定之前的
任何环节中完成，这里主要介绍后者。

（1）行政机关的所有权转让命令

根据《公用征收法》的规定，在对单个的所有权调查档案公布之后，
需要由省长颁布不动产转让的命令。该命令不仅需要公告，而且也需
要告知所有者以及利益相关人。但该所有权转让的法令并不会导致所
有权的真正移转[④]，因为该命令不是抽象行政行为，也与"公共利益宣
告"的性质具有差异[⑤]。与此相关，该所有权转让的法令必须在公共利
益宣告的有效期间进行，同时也需要符合之前公共利益宣告的内容，

①9 février 1965 - Décision n° 65-33 Nature juridique de certaines dispositions de l' ordonnance n°
58-997 du 23 octobre 1958，Recueil，p. 73 ； RJC，p. II-19 - Journal officiel du 22 mars 1965.
［Partiellement réglementaire］ "portant réforme des règles relatives à l' expropriation pour cause d'
utilité publique".
② 该判例对 1982 年 7 月 29 日的第 82-652 判例进行修改。See 13 décembre 1985 - Décision
n° 85-198 DC Recueil，p. 78 ； RJC，p. I-242 - Journal officiel du 14 décembre 1985，p. 14574.
③ArticleL12-1 du Code de l' expropriation（Partie Législative）.
④Voir. Jeanne LEMASURIER，Le droit de l' expropriation，3e édition，Economica，2005，p.212.
⑤Voir. Jeanne LEMASURIER，Le droit de l' expropriation，3e édition，Economica，2005，p.208 —
212.

否则将导致该转让行为无效。此外，该转让命令不能对具有争议的不动产所有权人作出[1]。

（2）司法机关的所有权转移的裁定

在确认法国省长移交的材料的完整以及所有权转让命令的六个月之内，主管征收的法官[2]作出所有权征收的裁定[3]，并且对具体所有权人以及利益相关者进行通知。在所有权涉及抵押的场合，需要对抵押权进行公布[4]。该裁定应该告知所有权人以及利益相关者转让所有权的具体时间，同时也告知被征收人如果对裁定不服，可以向最高人民法院起诉[5]。裁定宣告之后，征收者成为所有权人，承受被征收的不动产灭失的风险[6]。原所有权人仍然具有使用所有权的权利，直到补偿完全给付或者完全提存为止。但原来所有权人不能对所有权进行处分。在此时，所有权人仍然有权收取或者享受所有物的自然的、民事的（如租金）或者工业的利益，也承担相应的费用。[7] 根据《公用征收法》的规定，在一般情形下，公共利益宣告后的两年内，行政机关不对所有权进行强制征收。但是，在该规定的时间范围内，如果所有权的转

---

[1]Voir. Jeanne LEMASURIER，Le droit de l' expropriation，3e édition，Economica，2005，p.209 — 212.

[2] 这种裁定是主管征收的法官的特权，其他法官做出的裁定不具有法律效力。Article L12-6，du Code de l'expropriation（Partie Législative）.

[3]Article R12-1，du Code de l' expropriation（Partie Réglementaire - Décrets en Conseil d' Etat）。不过，学者认为，该条也没有规定法官有必须在此时期做出裁定的义务。Jeanne LEMASURIER，Le droit de l' expropriation，3e édition，Economica，2005，p.225.

[4]Article R12-5，du Code de l' expropriation（Partie Réglementaire - Décrets en Conseil d' Etat）.

[5]ArticleL12-1 du Code de l' expropriation（Partie Législative）.

[6]Jeanne LEMASURIER，Le droit de l' expropriation，3e édition，Economica，2005，p.224.

[7]Article L15-1 du Code de l' expropriation（Partie Législative）.

移不能在协商中完成，征收法官可以径直确定征收土地的价格，宣告所有权的转移并对所有权扣押①，从而实现所有权的转让。在涉及抵押的场合，抵押管理机构收到裁定之后，将不动产抵押涉及的第三方的材料归档，以便对抵押予以涤除，具有优先权的债权人按照原来的序列实现所有权获得补偿②。

　　第三，不动产征收的补偿。公共利益宣告之后，在征收两年的期限内，部门的行政长官可以就补偿等达成协议。如果此时没有达成协议，所有权人也可以向征收法官申请对该不动产进行评估，按照评估的价格来获得补偿。法律规定，只有在被征收的不动产补偿已经支付或者提存之后，征收机关才有权占有被征收的不动产。因为征收是被强制转让所有权，征收的价格的补偿往往超过了不动产买卖价格，这似乎是弥补被征收者为了社会整体利益所遭受的个人损害。但是，被征收者也不能漫天要价。因非直接损害具有不可预见性，不动产的征收只对直接损害予以补偿。根据《不动产征收法》的规定："征收中给予的补偿应涵盖全部直接的、具体与确定的损害。"③举例说来，如果不动产权利人因为征收在获得居住前失去的房租，这被认为是直接损害，但是对在重新获得居住之后所失去的房租，则认为是间接、不确定的损害而不予以补偿④。在征收中，补偿的数额可以由行政机关与被征收人双方协商确立。如果协商失败，补偿问题就由法官单方面决

①Article L11-7 du Code de l'expropriation（Partie Législative）.

②Article L22-4 du Code de l'expropriation（Partie Législative）；Article R13-69 du Code de l'expropriation（Partie Réglementaire - Décrets en Conseil d'Etat）.

③Article L13-13 du Code de l'expropriation（Partie Législative）. Gilbert GANEZ-LOPEZ，Le droit de l'expropriation，3e édition，Economica，2005，p.84.

④Voir. Jeanne LEMASURIER，Le droit de l'expropriation，3e édition，Economica，2005，p.390.

定。为了保障被征收人的利益，立法规定确定补偿的法官最少由三名组成①。如果被征收人对补偿的标准不服，可以向最高法院的第三民事法庭或者申诉法院申诉，由他们确定补偿的价格②。

我们在考察法国的不动产征收程序中发现，对不动产征收公共利益的控制更多地是程序完备的需要，而非立法对公共利益内涵的列举。法国征收中的这些制度是紧密协调的，如果某一程序在规定的时间内不能实现，后续程序也就不能进行。如《公用征收法》规定，对不动产的全部还是部分的征收，或者对不动产权的征收，都不可能在公共利益的声明宣告之前进行。③公共利益宣告之前需要对公共利益进行调查，该调查如果在规定的期限内没有完成，就得重新组织调查人员；公共利益的宣告行为也应该在事前的调查结束的一年以后进行；超过六个月的期限（非最高行政法院进行的宣告），需要进行一项新的调查程序④；公开调查的违法，将可能导致公共利益的宣告以及所有权转让命令的无效。⑤法国的不动产征收通过行政机关与司法机关分离的制度，征收中公共利益的调查、宣告、所有权的移转，补偿等程序，不仅保障了不动产征收的顺利进行，也有力地维护了公民的财产权，在公民的财产权保护与国家的征收权之间实现了平衡。

为了不对社会、政治以及经济进行干涉，法官认识到行政机关应在它的范围之内具有一定的自由裁量权。因为立法或者规章已经事先

---

①ArticleL13-1 du Code de l' expropriation（Partie Législative）.

②Voir. Gilbert GANEZ-LOPEZ，Le droit de l' expropriation，3e édition，Economica，2005，p.14.

③Art. L.11.1 3 du Code de l' expropriation（Partie Législative）.

④Art. L.11 — 5 du Code de l' expropriation（Partie Législative）.

⑤Voir. Jeanne LEMASURIER，Le droit de l' expropriation，3e édition，Economica，2005，p.250.

预料到实行某项工程征收的各种情形，法官应自我限制对公共利益进行评价，不能对征收实行的具体环境、行为的资格以及实现计划所应采用的方式的社会或者经济的效用进行控制。所以，直到 1970 年，行政法院一直保留着公共利益概念的抽象性，立法的独立使征收权的自治性得以保持。也基于此，公共利益的概念不断得到发展，此时非直接的公共利益也成为征收的条件①。但是，该理论的发展，也导致了以非直接公共利益来掩盖其他目的的征收行为，这导致了公众对该意见的不满。为了防止公共权力的移转，法官也开始考虑在具体的情形下对公共利益的构成与界定。其实，因为公共利益概念本身定义的缺乏，由此需要对整体利益进行论证。所以，法官对公共利益的扩展也存在必然，由此对法官的权力控制也就存在必需。实践中，主要表现为法官的客观控制与主观控制。

（1）客观控制

法国司法实践认为，对征收"公共利益"的客观控制，主要是对征收的"需要（nécessité）"进行界定。最高行政法院将其发展成为"存在而非此种必需（l'existence ou non de ce besoin）"理论，即征收不动产是为了整体利益的需要，首先需要对被征收者给予必要的保障。举例来说，如果征收忽略了所有权人在征收期间的生活与享有财产的权利，同时，征收者修建的公寓并不能满足被征收所有权人居住的需

---

① 在该案中，先后两次征收的行为被地方法院宣告不是出于公共利益的目的，但最后行政法院经过调查认为即使是开设赌场，促进旅游，也是出于公共利益的目的。Conseil d'Etat，statuant au contentieux N°　68380 68456 72097 Lecture du 12 avril，1967，Publié au Recueil Lebon.

要，这时征收也就不具有正当性[①]。如果在同等条件下进行的行为能够实现征收所带来的利益，那么此种征收也不具有存在的必需[②]。如此行为，作为不动产征收中的公共利益，与维护整体利益以及征收的必需紧密相连。

（2）主观控制

对征收的主观控制，主要是对公共利益中的"效用（utilité）"进行界定。[③]因为公共利益概念本身具有"经济"的内涵，所以对公共利益的经济分析也就成为确定该概念本身内涵的合理路径。对公共利益的经济分析表现为"成本收益平衡"理论。在同等条件下实行征收计划，这种工程要具有公共利益，至少要具有财政利益。自从1971年5月28日的判例以来，法官对公共利益的控制就成了对收益与成本的控制。[④]法官认为："事先知道某项行为能够带来公共利益是不可能的。应该根据它的缺陷与优点，它的成本与收益，或者说，按照经济学家的观点，来判断它的公共利益与非公共利益。"[⑤]该判例宣告了对公共利益概念抽象性的摒弃。此后，公共利益的经济分析就成为判断征收

[①]Voir. Jeanne LEMASURIER，Le droit de l' expropriation，3e édition，Economica，2005，p. 267.

[②]Voir. Jeanne LEMASURIER，Le droit de l' expropriation，3e édition，Economica，2005，p. 268.

[③]Voir. Jeanne LEMASURIER，Le droit de l' expropriation，3e édition，Economica，2005，p. 267.

[④]Voir. Cour administrative d' appel de Nancy，1e chambre，1994-06-30，94NC00040，Inédit au Recueil Lebon.

[⑤]CE，28，mai，AJDA，1971，p.463.cit. Français RANGEON，L' idéologie de l' intérêt Général，ECONOMICA，1986，p.21.

的标准[1]。实践中发展出来了征收行为的"成本收益平衡"（bilan-coûts–avantage）理论，用来判断公共利益的内容，[2] 即在征收行为的积极受益（bilan positif）的情况下承认该行为的公共利益，在该行为负债（bilan négatif）的情况下限制或者否认该行为的公共利益[3]。在 1979 年的一个宪法判例中，宪法委员会认为，建设城市酒店并不是扩建镇所需要的。因为在同等条件下该集体人员可以以他种方式得到或者实现这种利益[4]。根据这种理论，法官将会对征收所带来的优点与不足进行比较，对征收的时机（opportunité）进行控制，此也即"成本收益平衡"理论[5]。从这些方面对法官进行主观控制，从而也就实现了征收的公共利益控制。[6]

对法官的主观与客观的控制并不是严格分离的程序。对法官的客观控制，将会导致对征收行为中所具有的不利与有利因素进行比较，从而走向对征收行为的经济分析，转变为对征收行为的时机控制，也

---

①Voir. Conseil d' État ，Lecture du 24 février 2006，Mentionné aux Tables du Recueil Lebon.Jeanne LEMASURIER，Le droit de l' expropriation，3e édition，Economica，2005，p. 81 — 82.

②Voir. Conseil constitutionnel，jeudi 28 décembre 2000 - Décision n ° 2000-441 DC，Journal officiel du 31 décembre 2000，p. 21204. CE，28，mai，AJDA，1971，p.463.cit. Français RANGEON，L' idéologie de l' intérêt Général，ECONOMICA，1986，p.21.

③SeeJeanne LEMASURIER，Le droit de l' expropriation，3e édition，Economica，2005，p. 86 — 88. Nicolas Molfessis，Le Conseil Constitutionnel et le Droit Privé，L.G.D.J.，1997，P.81 — 98. Michel HUYGHEV，Expropriation pour cause d' utilité publique，La Semaine Juridique Edition Générale n° 25，16 Juin 2004，I 151. CE，sect.，3 juill. 1998，no 172736，Salva-Couderc：BJDU 5/1998，p. 375.

④Voir. CE.29 juin 1979 Malardel，leb，p.294.

⑤Voir. R. Hostiou，Deux siècles d' évolution de la notion d' utilité publique "in" Un droit inviolable et sacré：La propriété：ADEF，1991，p. 30

⑥Jeanne LEMASURIER，Le droit de l' expropriation，3e édition，Economica，2005，p.268.

就是对法官的主观控制。对法官的主观控制，使公共利益概念的抽象性转变为具体的数字对比分析，由此使征收是否具有公共利益变得更具有操作性。

不过，为了保障征收行为的顺利进行，法官对不动产征收程序的介入也不能完全取代行政机关的职能。"法官不能控制行政程序的开展，不能指定他们调查委员会或者调查员具体的成员，不能指定他们所应进行的事项，也不能对调查委员会的观点的正确与否作出评价。"[1]法官也并不总是对行政机关的征收的权威进行干涉，"没有权力评价征收是否适时与适法，也没有权力评价行政程序是否符合规则"[2]。法官对行政程序的限制主要实行间接控制。因为在所有权征收程序中，需要法官的密切配合才能完成，特别是所有权转让的裁定的颁布[3]，对公共用益与具体所有权的调查完结的确认，可以实现对程序间接控制的效果。笔者认为，这种控制避免了法官对行政权力的过分干涉，这也符合法官的中立地位的特征。

五、我国建立对公共利益征收进行控制的路径与方法

尽管《宪法》第 10 条、第 13 条及《土地管理法》第 2 条等规定，国家对土地或公民的私有财产实行征收的前提是为了公共利益的需要，但并没有明确规定公共利益的内容。基于实践中不动产的征收很大一部分是假公共利益之名追求私人利益之实进行的。故在《物权法》的立法过程中，诸多学者倡议通过对公共利益进行定义的方法来

---

①Jeanne LEMASURIER，Le droit de l' expropriation，3e édition，Economica，2005，p.223.

②Voir. Gilbert GANEZ-LOPEZ，L' expropriation pour cause d' utilité publique，2004，p.7.

③Voir. Jeanne LEMASURIER，Le droit de l' expropriation，3e édition，Economica，2005，p.224.

予以界定。但因为公共利益内容的不确定性及受益对象的不特定性，对公共利益进行准确定义非常困难，而且即使对其作出界定，也不符合以立法规定公共利益本身来克服成文法局限性之目的。所以，《物权法》第 42 条最终并没有采纳该种观点。在立法机关确立"公共利益"概括条款这一法律保留的前提下，实践中"公共利益"的界定主要是由行政机关进行的。行政机关在处理具体的征用或者征收个案中，通常综合各种情况做出判断，决定何谓公共利益。这些具体情况包括时间、地点、国家的经济政策、对公共健康和安全是否构成威胁、公共用途等。行政机关这一权力为绝对的支配权[①]。绝对的权力容易导致绝对的腐败，而在现有国情下，地方政府为了片面追求政绩等需要，对此权力的滥用也就成为必然。如何在现有的制度框架下寻求一种合理的公共利益界定与控制机制，也就成为必然。

我国不动产征收程序的弊端主要表现在程序的不公开与不透明。征收是涉及多方利益的复杂过程，需要事前调查程序与事后补救程序，但是在我国，事前调查程序缺乏或者流于形式。此外，我国法律规定的征收程序是由政府主导的，其中，作为司法正义的人民法院缺席。尽管诸多学者一直主张在征收中需要增加司法的救济机制，但遗憾的是，《物权法》没有采纳这种意见。[②] 不过，笔者认为，尽管在不动产征收中建立司法救济机制是必要的，但即使建立传统的司法救济制度，

[①] 参见胡锦光、杨建顺、李元起：《行政法专题研究》，中国人民大学出版社 1998 年，第 14 — 16 页。

[②] 参见王利明主编：《中国物权法草案建议稿及说明》，中国法制出版社 2001 年版，第 17 页。该草案第 65 条第 3 款规定："征收执行人违反法律规定的程序或者做出的补偿过低的，被征收人有权向人民法院提起诉讼，请求给予合理的补偿。"

仍然不能有效解决公共利益征收中所面临的诸多问题，这主要是因为：

第一，传统的司法救济是在不动产征收中违反了法定程序，从而使公民或者法人的财产权受到侵害的情况下才能得以进行的。这就决定了在不动产征收中，对公共利益损害的界定仍然属于行政机关的单方权限。这也就决定了单凭该制度本身并不能有效保护公民或者法人的合法权益。加之诉讼机制的复杂与漫长，"民告官"所处的种种不利地位，更加使公民或者法人的合法利益难以获得有效保障。

第二，这种救济方式也不能对公民的财产进行有效保护。根据行政法的一般原则，行政诉讼并不会导致具体行政行为的终止，这样会严重损害被征收人的利益。如果不动产征收是以立法机关颁布行政征收法令的方式得以实现的，那么在我国行政法理论中，颁布法令的行为仍然属于抽象行政行为的范畴，人民法院对此很难进行审查。而且，行政诉讼通常审查的是行政行为的"合法性"，而不审查其"合理性"，只要政府具体行政行为形式合法，即使补偿价格不合理，老百姓欲告也无门。

第三，传统的司法救济方式不能对行政权的任意行使进行有效控制。在行政机关单方面主宰的征收程序中，征收的各个环节的进行完全由政府单方面决定；征地安置补偿方案的确定同样也是如此。尽管《土地管理法》第47条规定了土地征收中两个"公告"制度，即公告征收方案和安置补偿方案，实际上是让老百姓到指定单位办手续的"通知书"。而《国土资源听证规定》《关于完善征地补偿安置制度的指导意见》赋予当事人有要求举行听证的权利，但基本都是形同虚设。① 在此种情况下，又如何能够维护被征收人的权益呢？

有学者认为，民主制度和"公共利益"的选择有着本质上的一致性，都是体现多数人的利益，"公共利益"应该由权力机关以"一事一议"方式界定。用民主（代议）的方式界定"公共利益"也具有最充分的正当性②。在我国，具体方案是，由各级人民代表大会常委会根据个案来判断是否属于公共利益。的确，各个地方的立法机关根据各地实际情况对公共利益进行判断，能够解决实践中公共利益的界定偏差的问题。但问题仍然存在：一是这样将导致我国立法权的不统一。这种理论有可能导致这种情况的出现，即某项征收行为在某个地方属于公共利益的范畴，在国家的另外一个区域可能不属于公共利益的范围。这种标准的多样性，直接损害了法制统一的原则。二是各个地方的人大常委会根据各自的情况界定公共利益，仍然不能有效地控制行政机关对权力的滥用问题。相反，某项征收行为只要得到了立法机关的允许，在我国现有的立法、司法、执法的体制下，行政机关就得到了征收的"尚方宝剑"，除非该法律或者规章因对上一级法律甚至宪法的违反而被撤销，司法机关、执法机关只能遵循立法机关的决议。作为被征收者对征收行为的合法性的异议以及不动产征收引发的争议问题更难以得到法律的有效保护。而且，这样也会直接使司法机关在不动产征收过程中无所作为，无助于征收程序中司法权力的有效介入，也不利于对被征收人的利益的保护。三是在我国现有的国情下，不可避免地将出

---

① 参见王富博：《土地征收的私权保护：兼论我国土地立法的完善》，载《政法论坛》2005 年第 1 期。

② 参见张千帆：《"公共利益"是什么？——社会功利主义的定义及其宪法上的局限性》，载《法学论坛》2005 年第 1 期。

现某些地方立法机关为了局部的地方利益，直接或变相地以公共利益之名损害公民的财产权的情况。所以，笔者认为，这种方案具有一定的弊端，不宜采取。

还有一种观点认为，为了控制行政机关的权力滥用，需要在不动产征收程序中引入征收人与被征收人的协商机制。的确，引入协商机制，这有利于征收人与被征收人所面临问题的妥善解决，这在某些情况下也是切实可行的。但问题是，协商机制仍然解决不了公共利益的界定问题，特别在双方不动产征收中公共利益的内容、补偿的数额发生严重分歧的情况下，这种协商机制往往只是法学家的美好夙愿，并不能解决实际问题。在争议发生时，往往是政府机关单方拍板决定。正如学者所说："一旦政府利益与公共利益冲突时……政府可能利用各种手段阻止公众参与、表达意见，包括提高参与成本，设置参与障碍等，或者将公众参与形式化。"① 而我国现有的相关制度如听证制度等的存在形同虚设，就已经很好地说明了这个问题。

通过上文对法国不动产征收法相关过程的分析，我们得知，对不动产征收的程序控制的一个重要措施就是法院对行政征收程序的合理介入与有效监督。因为，即使立法规定了行政机关征收的程序，但如果没有司法机关的介入，在现有的制度框架下，很有可能会使这种程序流于形式，更有甚者可能成为行政机关以合法程序掩盖非法目的的一个工具。不过，对基于公共利益之名进行的司法介入不能单纯地理解为诉讼法（民事诉讼或行政诉讼）规范的对象，而应该将司法机关

---

① 参见徐键：《城市规划中公共利益的内涵界定——由一个城市规划案引出的思考》，载《行政法学研究》2007 年第 1 期。

的介入作为不动产征收中一个独立的程序。这种独立不应该理解为公民在受到行政机关程序的损害之后的诉权的行使（消极救济）。因为如果仅仅是公民受到损害之后的维权行为，公民个人仍然不能有效地对抗行政机关的威权行为。同时，这种救济程序的复杂与漫长不能有效地维护被征收人的利益，而且不利于保障行政征收的顺利进行。只有司法机关主动介入不动产征收的程序，才能对不动产征收进行有效与合理的控制。也就是说，在基于公共利益之名进行的不动产征收程序中，一方面，被征收人因为在被征收过程中违反相关的程序而受到损害具有向人民法院提起行政诉讼或者民事诉讼的权利，另一方面，人民法院应该有确定不动产征收中财产的移转与补偿的权力，这种权力的行使可以直接影响不动产征收程序的进行。

在现代法治社会，所有权的移转与转让应该在协商一致（自愿的情况下）与人民法院的宣告转让（强制剥夺）下才能得以进行，而不能通过行政机关径行宣告实现。"这是一项既定的原则：每个公民非经法院裁判的情况下不能被剥夺所有权，只有在遗嘱、赠与以及购买的情况下他人才能取得所有权。所有取得所有权的行为都是法律行为。人们只有在通过买卖或者判决的同等法律行为中获得所有权。"[1] 即使在法律中规定了行政机关具有征收公民或者法人的不动产之权，但这种权力的实现应该通过正当程序才能得以行使。《美国联邦宪法》（第五修正案）就规定，联邦政府非经"法定程序"不得剥夺公民的财产权，非经"公正补偿"与"出于公共使用的需要"，不得征用公民的财产。

---

①Michel Huyghe，Expropriation pour cause d'utilité publique La Semaine Juridique Edition Générale n°　27，6 Juillet 2005，I 152.

这里征收的"法定程序"也就是公共利益的需要，除了在自愿的情况下，所有权的移转只有通过法院的宣告才能实现。作为大陆法系的法国，明确规定了不动产征收中行政机关与司法机关各自的权力，这是宪法分权一般原则的具体表现。在法国，不动产所有权征收中所有权的转移、补偿等主要是司法机关进行的。相较于不动产征收的司法权的行政（民事）诉讼机制，司法权积极有效地介入不动产征收过程具有明显的优越性，理由主要表现在以下几个方面：

第一，司法权的介入能够实现征收的公共利益。正如上文所述，法国因公共利益之名引起的征收，首先需要经过公益的调查，该调查的结果是不是属于公共利益，这是行政机关的职权，不过这也需要经过法官的判断。法官对公共利益的判断，所持的标准通常是"成本收益平衡"理论。这样避免了征收中由行政机关单方决定公共利益的内容，也有效保障了征收目的的正当性。正如诸多学者所认为，因为公共利益概念的抽象，只有通过司法的个案审查才能确定其内容[1]。而司法权的介入，正是这一原则的具体体现。

第二，司法权的介入能够有效控制行政权的滥用问题。司法权的介入，能够在程序的进行中审核行政权的合法性，也能够在征收中控制行政权的滥用[2]。这也能够在一定程度上克服征收的程序流于形式的弊端。而且，只有引入司法权，征收人与被征收人的协商制度等才能真正有效地建立起来。此外，司法权的介入，能够防止行政机关的单方面决定补偿的数额，损害被征收人利益的情况发生。

---

① 参见王利明：《物权法草案中征收征用制度的完善》，载《中国法学》2005年第6期。王泽鉴：《民法总则》（增订版），中国政法大学出版社2000年版，第553页。

②See Jeanne LEMASURIER，Le droit de l' expropriation，3e édition，Economica，2005，p.219.

　　第三，司法权的介入能够节省司法资源，促进问题的解决。法国在不动产的征收中，由专门的法官行使征收的权力。司法权的介入能够有效地减少诉讼情况的发生，即使发生，也能够促进诉讼的快速解决①，从而能够有效节省诉讼成本。

　　总之，不动产征收中司法权的介入，本质是通过国家司法权对行政机关的征收权的合法与合理进行审查，从而决定征收程序是否能够继续进行，进而有效制约行政权的不正当行使，达到合理维护被征收人的利益的目的。司法权对行政权在征收过程中权力行使的审查，也是司法权的本质之所在。作为司法裁判机关，不仅是公民人身权利与财产权利的维护者与保障者，司法权的存在一方面是给那些受到损害的个人权利提供一种最终的、权威的救济，另一方面也对那些颇具侵犯性和扩张性的国家权力实施一种中立的审查和控制②。对于行政机关而言，法院的介入旨在对行政机关的征收权实施直接的审查、制约和控制，这也是从根本上维护不动产征收的公共利益。当然，我们应该看到，尽管对不动产征收的程序控制对保障公民的财产权、保障行政征收的顺利进行是必要的，但对不动产征收的程序控制也会危及行政效率的实现，过分冗长的行政程序也极有可能阻碍行政职能的正常行使，导致诸多必备的行政征收难以进行。而且，如果司法机关对不动产征收程序过度介入，将会影响人民法院对当事人的实体权利的介入，损害了人民法院的中立的地位与职能。所以，在不动产征收程序中，

---

①See Élise Carpentier，L' expropriation est-elle une prérogative，〈 juridiquement subsidiaire 〉 La Semaine Ju-ridique Administrations et Collectivités territoriales n° 9，26 Février 2007，2057.
② 参见陈瑞华：《司法权的性质——以刑事司法为范例的分析》，载《法学研究》2000 年第 5 期。

一是要在国家的征收权与公民的财产权的保护之间实现平衡，找到一种"适中"的行政程序，使公民有能力通过正常的法律程序去维护自身利益，从而促使行政机关依法行政，以实现良好的立法目标，而同时又不会因此阻碍行政权力的正常行使。二是在不动产征收中人民法院与行政机关之间要建立一种权力的制约与平衡机制。而这些正是我国立法所欠缺的，这就需要我们在未来的不动产征收立法中予以体现。而法国在对不动产征收中为避免司法权的过度扩张而对法官进行主客观的限制机制，也为我们解决相关问题提供了进路。通过上文对法国不动产征收的分析，我们可以看到，司法权对公益征收程序的介入既是形式的，也是实质的，既是直接的，也是间接的，其着眼于合理限制与法官地位中立之间实现平衡的问题。这尤其值得我们不动产征收立法与司法实践借鉴。

小结

通过对法国的不动产征收研究，我们可以总结出法国的不动产征收的公共用益理论所具有的特点：

第一，法国的公共用益与其说是一种理论，不如说是不动产征收的标准。在不动产征收中，公共用益处于重要的地位，一方面，它是损害私人利益的标准。由于公共用益的出现，公民的不动产征收只有在公共用益的情况下才合法有效；因为公共用益，公民的财产权能够被征收。另一方面，公共用益也是征收行为行使的标准。征收行为之所以能够进行，主要是以公共用益之名进行的。公共用益本身具有经济的内涵，使征收行为中"成本收益平衡"理论的运用成为可能，由此也去除了公共用益本身所具有的抽象性，也就使不动产征收的标准更具有实践的操作性。

第二，法国法的民法中的公共用益组成了适用宪法与私法利益层次的鲜明整体。公共用益夹杂于整体利益、公共秩序、集体利益、共同利益、个体利益等庞杂的利益概念中。它对这些利益概念不能完全替代，也不能进行统领。这正决定了对公共用益的内涵进行界定的标准或者理论成为可能。由此也使法国的公共用益表现出：一方面"具有多面的（multiforme）、人为的（artificiel）、短暂（évanescent）不确定特征"①，但其内涵是"固定的（robuste）"②，不仅具有利益的主体性，而且具有实际的客观性。另一方面，该概念又能够适应形势不断发展的需要。该概念的活力主要来自"人们不能给它赋予固定的、先验的含义。其柔韧性与整体利益的内涵一样，在社会的不断演变中内涵得到丰富，从而实现新形势的需要"③。这决定了公共用益的理论的演变表现出内容的多样性，同时也表现出理论演变的一致性与延续性，在实践中不仅能够满足不动产征收的操作的需要，而且能够满足社会发展对不动产征收的新的要求。

第三，对不动产征收中的公共用益的控制更多的是程序完备的需要，而非立法对公共用益内涵的列举。法律对不动产征收需要确定征收的权限与征收的规则，是为了修建公共工程如公路、教堂、铁路以及满足城市建设的需要，这本质上是为了维护整体利益。即使在对公共用益的内容的判断进行控制，这种控制也是有限的，征收权的行使

---

①See Jeanne LEMASURIER，Le droit de l' expropriation，3e édition，Economica，2005，p. 75.

②Conseil-Etat，L' utilité publique aujourd' hui，Etude adoptée par l' Assemblée général du Conseil d' Etat le 25 novembre 1999，La Documentation Française 1999.p.21.

③Conseil-Etat，L' utilité publique audourd' hui，Etude adoptée par l' Assemblée général du Conseil d' Etat le 25 novembre 1999，La Documentation Française 1999.p.110.

必须依靠公共用益的程序来实现。法国的不动产征收通过的行政机关与司法机关分离的制度，征收中公共用益的调查、宣告、所有权的移转、补偿等程序，不仅保障了不动产征收的顺利进行，也有力地维护了公民的财产权，在公民的财产权保护与国家的征收权之间实现了平衡。

第三节　法国不动产征收的补偿

法国早在1789年《人权宣言》中宣布"财产是神圣不可侵犯的权利，除非当合法认定的公正需要显系必要时，且在公正而且预先补偿的前提下，任何人的财产不得受剥夺"，该条规定后来直接成为法国宪法的序言；而且，《法国民法典》第545条规定："任何人不得被强制转让其所有权，但因公用并在事前受公正补偿时，不在此限。"据此，法国坚持公正补偿原则乃是基于宪法与民法典的双重确定。

一、法国不动产征收的补偿模式——公正补偿

公正补偿模式系世界上大多数国家采用的补偿模式，同时也是相较而言较严格的一种补偿模式，需要统筹考虑被征收者的财物损失、土地利用状况、土地市场及征收时间等因素，使被征收人"在金钱上处于和财产没有被没收时间同样的地位或者能够重建在征收期间被打

破的生活秩序"①。

（一）以直接的、确定的、物质的损失作为判断标准

"公正补偿下的市场价格不是财产所有人赋予其财产的价值，而仅仅是边际所有人对其财产所赋予的价值，其边际性是外在的和客观的，在大多数情况下，许多所有权人的边际性实际上是内在的和主观的，即所有权人由于拆迁成本和对其财产具有的情感或特殊（可能是怪诞的）的需要，对其财产赋予的价值往往会大于该财产的市场价格。对这些所有权人来说，如果政府征收他们的财产而仅仅给予他们市场价格的补偿，那么这些人就会感到受伤害。征收实际上剥夺了他们从财产上所获得的附加价值或私人价值。但是，只要征收是用于公共使用目的，公平市场价格便是公平的补偿。"②法国法规定对于"由于公用征收产生的全部直接的、物质的和确定的损失"③都包含在征收补偿的内容之中。法国不动产征收补偿机制旨在使被征收不动产的所有者及其他权利人的全部损失都能够得到补偿，同时也不能超过他们的损失以得到更多的补偿。从中看出，法国不动产征收补偿的对象是直接的、物质的、确定的损失，不包括精神上的和情感上的损失，也不包括将来可能发生的不确定的损失。④

1. 征收补偿的直接损失确定

法国进行土地估价坚持直接原则，即能够被补偿的范围限于直接由征地行为所导致的，不是征收导致的损失不计在补偿范围内，因城

---

① Cass. 3e civ., 16 mars 2005，no 04-70.056.

② Coniston Corp. V. Village of Hoffman Estates，844 F.2d 461，466-467（7th Cir. 1988）.

③ 参见 1977 年《法国公用征收法典》第一部分第一编。

④ 参见杜闻：《财产征收研究》，中国法制出版社 2006 年版，第 235 页。

市规划计划或者已经存在的土地安排的修改所造成的损失不计算在补偿之中。因为非直接损害具有不可预见性，不动产的征收只对直接损害予以补偿。[①]直接损失系具有直接因果关系的损失，如房屋征收后租金的损失、房客的损失，但对于征收土地修建高速公路后噪声干扰、解除抵押的费用、提前偿还借款、贷款利息损失以及因此增加的交通成本（由于征收执行后住宿搬迁而距离变远，交通费用增加）等是间接损失，不应予以补偿，与征收缺乏直接关联的间接损失不应该计算在征收补偿金额内。[②]

2. 征收补偿的物质损失确定

物质损失是针对丧失的可触及利益而言的，不包括精神损失。原因是公用征收的补偿是对合法行为的补偿，不是对违法行为的补偿，因此不考虑精神上的损失。如世袭的财产被征收后，原所有人不仅蒙受物质上的损失，而且遭受感情上的痛苦。但征收补偿的有限性决定，这种难以确定的、不可预期的感情期待损失不在征收补偿范围之内。

3. 征收补偿的损失之确定

确定的损失是指已发生或将来一定发生的损失，不包括将来可能发生的不确定的损失，如市场机会的损失等。当然，确定的损失范围不小于当下的损失，对于将来才会发生的损失只要是现在能确定的并且是可以计算的，也属于确定的损失，应计入补偿范围之中。[③]

[①] 参见许中缘、陈珍妮：《法中两国不动产征收制度的比较研究》，载《湖南大学学报（社会科学版）》2009 年第 6 期。

[②] 参见金伟峰、姜裕富：《行政征收征用补偿制度研究》，浙江大学出版社 2007 年版，第 104 页。

[③] 参见钟头朱：《中法公益征收制度之比较》，载《湖北经济学院学报（人文社会科学版）》2011 年第 1 期。

（二）以事先补偿作为征收进行的前提

法国《人权宣言》中明示："财产是神圣不可侵犯的权利。除非由于合法认定的公共需要的明显的要求，并且在实现公平补偿征收的条件下，任何人的财产不能被剥夺。"1804 年的《法国民法典》第 545 条规定："任何人不得被强制出让其所有权，但因公用，且受公正且事前的补偿时，不在此限。"法国不动产征收坚持的是事先补偿原则，即在财产征收启动后，财产所有权尚未发生转移时，就由征收人对被征收人进行补偿的原则。这与民事领域的损害赔偿制度具有显著区别，损害赔偿制度基于民事主体之间的平等性，任何一方在损害事实及责任不确定的前提下都不负有承担责任的义务，因此，损害赔偿责任都是在既有损害的前提下启动。而征收补偿制度的双方当事人之间的关系及地位不同于此，征收人与被征收人之间的关系并不平等，并且征收主体凭借其自身的意志便可启动征收程序，于此，事后补偿难以保障社会的安定性，而事先补偿便可体现政府诚信力及实现公平效率。

同时，事先补偿原则符合政府建立之目的性。"人们参加社会的理由在于保护他们的财产……所以立法者们图谋夺取和破坏人民的财产或贬低他们的地位使其处于专断权力下的奴役状态时，人民因此就无须再予服从。"[1]政府被赋予保证人们财产权利的义务，任何限制或者剥夺人们财产权利的行为都应充分体现其保障人们财产权益的良苦用心，从而才能使人们产生对政府的信任。因此，政府的征收行为必

---

[1] 参见［英］洛克：《政府论》（下篇），叶启芳、瞿菊农译，商务印书馆 1982 年版，第 133 页。

须充分体现其计划性和公益性，而事先补偿系简单的对征收资金的提前支配，却体现出执政者的智慧。建立事先补偿制度，对于政府公信力的提升客观上效果显著。"我们认为，国家不是也不应当是别的什么东西，仅仅是一种公共警察力量，它不是压迫和互相掠夺的工具，相反，只是为每个人提供一种保障，并使正义和安全主宰所有人。"[①] 土地补偿采取事先补偿的方式，可以防止被征收人在损失业已形成的情况下，无力建设新家园的情况，在补偿实现的空白期，甚至出现生活无着、颠沛流离的困境，防止社会不稳定因素扩大，彰显土地征收的公益性。[②]

（三）以土地价格作为公正补偿的基准

1. "公正"解释一：计算被征收不动产价值的时间标准

被征收不动产价值有多个维度，其中一个重要的维度就是时间维度。在不同的时间，不动产的价格可能不一样。而对征收财产的补偿参照的市场价值标准通常被解释为"一个自愿的买家愿意支付给一个自愿的卖家的价格"[③]。但是在征收场合，交易并非真实发生，补偿金额也仅是根据一个推定的虚拟的交易价格来确定，这将面临一个无法回避的问题——被征收不动产的价值是变化的，应该以哪个时间点的不动产市场价值作为补偿标准呢？在多数情况下，政府征收不动产的目的是建造公共工程，而公共工程的施工会带动土地的升值，进而拉

---

① 参见［法］弗雷德里克·巴斯夏：《财产、法律与政府》，秋风译，贵州人民出版社 2004 年版，第 193 页。

② 参见季金华、徐骏：《土地征收法律问题研究》，山东人民出版社 2011 年版，第147 页。

③ Voir. Monongahela Navigation Co. V. United States，148 U.S.312，326（1893）.

动该区域范围内的不动产升值预期。[①] 补偿标准确定时间的前后可能将带来补偿数额的巨大变化。因此，确定财产被征收的时间意义重大，这不仅可以确定"赔偿权"的归属，同时也为被征收财产价值的确定提供了时间节点。

（1）赔偿权的主体确定

赔偿权是指由征收令引起的不动产所有权转移，"被剥夺了财产"的人享有的接受补偿的权利。然而，由于征收程序烦琐而冗长，其间被征收不动产发生财产转移是否会影响赔偿权主体变更，究竟哪一步骤决定赔偿权的归属？法国法规定，在征收令下达后，物主将无权出售被征收不动产，此时不动产所有权已经归属征收部门，补偿金也会根据征收令下达时的物主对其进行补偿。[②]

（2）参考日期

自财产转让开始，人们也就获得了要求补偿的权利，允许人们根据"当时"财产评估的价值获得补偿。价值的评估不会考虑因后续工程产生的财产价值变动。而对于"当时"这一时间节点如何确定？法国法将其称为"参考日期"并规定"最高法院必须明确财产评估日期、参考日期以及土地的定性"[③]。征收令上的补偿金实施办法也要明确征收补偿确定的日期，且必须符合有关参考日期的规定。[④] 根据《法国征收法》L.13-15-1 条规定："财产评估按照一审判决日期进行，上诉法

---

① 参见刘连泰：《宪法文本中的征收规范解释——以中国宪法第十三条第三款为中心》，中国政法大学出版社 2014 年版，第 191 页。

②C.urb., art. L. 314-6.

③Cass. 3e civ., 16 mars 2005, no 04-70.056.

④Cass. 3e civ., 24 octobre 2007, no 06-15.054, JCP G 2008, chr. no 155.

院应明确评估日期。"[①]"如果用来明确支付给被征收人补偿办法的判决没有明确财产评估日期，第一法院对此审判不予通过。"[②]一般而言，法国法规定，计算补偿财产的价格的计价日期，应当以第一审法院关于补偿金额判决之日为准，作为计算被征收财产市场价格的日期。[③]此外，参考日期作为确定补偿金额的补充标准。对于不动产和不动产物权以事前调查程序开始前一年期间的实际使用情况作为计算补偿金的财产价格的补充标准，目的在于防止所有者为多得补偿金进行改良。[④]

2."公正"解释二：公平市场价格的确定

"公正补偿"模式下强调以土地的公平市场价格作为补偿标准，也就是说，在具体时间、具体地点，房屋出售和买入的价格。《法国土地征收法》禁止因考虑房屋的未来用途而对其进行估价。此外，补偿金的评估也需要考虑其他因素，比如建筑物自身的状态、所处的位置及周边交通情况在城市规划中所处的位置，以及公共或私人地域的存在。

（1）公平市场价格估量的财产范围

法国法律规定以公用征收裁判当天的财产结构作为计算补偿财产的范围，即从裁判之日起，被征收的不动产及其附属物就被转移到征收单位。此后，即便被征收财产的结构发生改良（如增加建筑、种植、增加设施等），都不影响补偿金的金额确定。而且，若有迹象表明，

---

① Cass. 3e civ.，11 octobre 2006.

② Cass. 3e civ.，28 septembre 2005，no 04-70.111，04-70.147，CCI Lille Métropole c/EURL Sofa，JurisData no 2005-030158.

③ 参见王太高：《土地征收制度比较研究》，载《比较法研究》2004 年第 6 期。

④ 参见王名扬：《法国行政法》，中国政法大学出版社 1988 年版，第 393—395 页。

增加被征收财产结构价值的行为是以多得补偿金为目的的，即便此行为发生在裁判日之前，也不计算在补偿金额的范围内。[①] 为了避免证明困难，法律规定凡在事先调查程序开始以后的财产结构的改良，如无相反证明时，皆假定为以企图多得补偿金额为目的，不包括在应收补偿的财产结构以内。[②]

此外，法国法中对公平市场价格确定中不应考虑的因素做出了特别规定：第一类即为财产重置。即不按照被征收人打算重新购入房屋的价格进行补贴，因为此价格可能高于或低于财产评估的市价。而且，征收补偿一般只能通过货币支付，被征收人不可要求征收机关对其进行财产置换。第二类即为房屋收益，不能将房屋给物主带来的收益作为标准确定补偿金额。[③]

（2）"公平市场价格"确定的特别规定

虽然在《法国土地征收法》中并没有对被征收财产市场价值评估的直接标准，但其无疑是根据供需关系下不动产买卖的价格。但是在一审判决作出一日后，即便有买卖行为可以证明价值发生变化，若此种变化是由以下因素引起，也不计入估价考虑范围：①含公共用意宣告要求在内的工程或施工公告；②土地使用规则变化之预期；③公共调查开始前三年期间内不动产所在区域公共工程成就。可见，公平市场价值的确定只考虑在征收意图被社会知晓之前业已形成的土地市场

---

① 参见金伟峰、姜裕富：《行政征收征用补偿制度研究》，浙江大学出版社 2007 年版，第 105 页。

② 参见王太高：《土地征收制度比较研究》，载《比较法研究》2004 年第 6 期。

③ Voir CA Paris，expr.，21 avril 1989，JCP 1989，IV，371 ； CA Versailles，expr. 28 juin 1982，JCP 1982，IV，340 ； Cass. 3e civ.，1er avril 1987，AJPI 1987，p. 816.

情况及不动产使用情况断定。值得肯定的是，法国法对于具有特殊财产价值可能的财产的评估机制作出了指引性规定：

其一，具有建设用地合法资格的不动产。法官必须确认所征收的不动产是否具备建设用地资格，如果一块土地不属于建设用地，那么也就无法按照建设用地的价格来确定其价值，只能依据其实际用途确定价值。一般来说，建设用地所能获得的补偿要比纯粹的农业用地高出许多。而一块土地被认定为具备建设用地资格，一般应满足技术和法律两个方面的要求：第一，技术上要有道路和公共网络与之连通并且道路足够宽敞，网络必须是直接相连，网络包括水网、电网和卫生网络。第二，法律上，处在土地利用规划或其他城市规划文件所规定的建设区内。①

其二，享有特权的土地。这一类土地是指处于城市建设周边并对土地市场有一定影响的土地，例如涉及政府城市规划中的新建城区周边的不动产征收时，征收法官在确定定价时要考虑被征收地区未来的土地市场价格发展带来的增益情况，而不是参照土地或者被征收土地未来的使用情况来定价。这类土地即便不能获得建设用地资格，在估价时也可以获得一个稍高于纯粹农业用地的价格。

3. "公正" 解释三：防止被征收人的土地投机行为

法国土地征收补偿标准的确定需衡量两项要素：（1）征收所需要支出的财政利益，不能对国家的整体利益进行损害；（2）要反对

---

① 根据《法国土地征收法》第L.13-15-II条的规定，只有位于土地征收计划指定的可建造建筑物区域的土地，或者根据城市规划文件，配备交通网、电力网、饮用水系统，必要的话还有污水排放系统（这些设备应该位于土地近旁并且要符合土地的建设能力）的土地才可能获得可建设土地的资格。

被征收方进行土地投机的过分补偿要求。[①]法国法对于征收过程中可能发生的土地投机行为作出了预防性规定，根据《法国土地征收法》规定，补偿金额的确定根据财产转移命令作出当日之财产构造判断。对所有物的改良，如对房屋、工厂或商业资金所为的修建、种植、各种安装及货物购置，即便是在征收命令发布之前均不得要求补偿，此种行为之目的被推定为获取更高数额的补偿金。[②]

此外，在被征收不动产补偿价格确定过程中，需要特别注意，对于被征收不动产之财产产权在财产转移命令作出之日前五年的期间内发生过无偿或昂贵的移转，导致行政机关根据财政法进行的估价产生的效果低于不动产市场估价的，主要补偿金额不能超过土地管理机构的估价或者不动产项目委员会的意见，也即不能超过产业部门对该财产价值所做的评估。但是该财产在产权变动后，发生了可证明的物质上或法律上的结构变更、财产状况或者占有状况变迁的，[③]那么在估价过程中可以根据情况消除被征收人土地投机行为的主观意图推定。

（四）补偿方案的形成机制

被征收不动产价值的确定，法国采取的是"市场价格"定价。但是以土地价格作为土地征收补偿标准的基准，并非一定要以此为土地征收的补偿标准。因为根据"公平补偿"中"公平"的第一层含义——市场交易价格可知，如果邻近土地最近没有交易，自然出现"土地市场缺乏"，补偿价格定价缺乏参照，单一的补偿价格确定模式难以适应多元化的社会现象，因而法国法中规定了多元化的土地征收补偿方

[①]Voir. Jeanne Lemasurier.Le Droit de léx propriation.Economica，2005.

[②]《法国土地征收法》第 L13-14 条。

[③]《法国土地征收法》第 L.13-17 条。

案确定机制。

1. 友好协议定价

允许征收方和被征收方缔结友好协议，共同委托第三方确定补偿金额。当补偿工作开始时，按照协议的相关条文进行。[1]此友好协议的签订必须包含"一半以上利益相关所有权人和涉及至少三分之二（被征收）土地面积，或者包含至少三分之二利益相关所有权人和涉及一半以上土地面积时"[2]，该友好协议才会得到法院认可，并作为法院判决依据。对于征收人与作为公共用意宣告对象之工程涵盖范围内的各种权利人之间达成的友好协议，法院必须进行审核，友好协议内容确定的参考标准在没有明确反对理由的情况下必须作为法院判决及补偿工作进行的参考标准。

2. 法官评估权定价

征收法官拥有独立评估权，以确定赔偿金额。在法国土地征收补偿金额确定中，补偿的数额可以由行政机关与被征收人双方协商确立。如果协商失败，补偿问题可由法官单方面决定。为了保障被征收人的利益，立法规定确定补偿的法官最少由三名组成。如果被征收人对补偿的标准不服，可以向最高法院的第三民事法庭或者申诉法院申诉，由他们确定补偿的价格。[3]在任何情况下，无论被征收人是谁，都是由征收法官来评定最终的补偿办法。一般来说，法官在确定征收补偿时，大部分的金额是以被征收财产的市场价值为基础的，此为主要补偿金；

---

[1]Voir. BOED 9538，p. 493.

[2]《法国土地征收法》第 L13—16 条。

[3]参见许中缘、陈珍妮：《法中两国不动产征收制度的比较研究》，载《湖南大学学报（社会科学版）》2009 年第 6 期。

在此基础上，还有附加次要补偿金，主要是对被征收人的安置补偿费，而后者主要是根据主要补偿金，按照比例进行计算。因此，征收法官的主要职能是估计财产的价值，主要是不动产的价值，也有动产价值（如营业资本、租约费用等）。具体而言，法官在估量被征收财产价值时，主要采取以下估价方法：

（1）对于征收不动产的估值

对于不动产的估值主要采取的是对比法，即寻找与被征收不动产各方面状态、性质类似的有市场价值的不动产的价格作为参考来进行估值。主要参照的不动产样本由当事人双方选择，征收法官只需要审查当事人所选择的参照不动产与需要估值的不动产的主要特征是否相似，并对比二者价值即可。

（2）对营业资本和租约费用的估计方法

对于营业资本和租约费用的估价主要采用的仍然是对比法，对比参照物由政府专员提供；另外，也可采用"专著法"，即采用发表在权威期刊上的论文或专著中论证的计算方法对营业资本和租约费用进行估价。

（3）对地底物权的价值估算方法

当征收只涉及地下部分而不影响地上部分时，或者当征收所涉及的土地地下有矿层或地下资源而使得土地价值可能增加时，需要对地底物权进行补偿评估。对于前一种情况而言，地底物权补偿属于主要补偿，也属于现实中最常见的情况，如建设地下铁路或者停车场；后一种补偿属于次要补偿，但是对于这种情况法律规定要获得补偿需要满足下面的条件：转移财产之日矿层或地下资源已经开始开采或者可以开采，参照日之前没有法规或条例禁止开采并且开采获得必要的行政许可。对于地底物权的估值主要采用的是专家评定方法作为确定补偿金的参考。

3. 依据征收命令下达时的法律条文定价

命令下达使得法律成为补偿金额确定的重要依据，[①]因此，在补偿方案中标注日期显得十分必要。[②]法律的变更对于补偿金的计算没有效力，除非在法律条文中对此有特别的处置权。[③]在下达征收命令后，法律条文的变更不会影响补偿金额的计算，依旧按照征收命令下达时的法律进行计算。在征收程序进行中，法律条文的变动也不会影响补偿办法，但是程序的执行需要按照新的法律执行。如果一方面法律规定已经发生变更，另一方面征收令迟迟没有下达，此时新的法律规定将直接进入征收程序，[④]尤其是当征收令被卷入某项诉讼时。此时新的法律将会被应用在补偿金额实施办法的决策中。

（五）法国不动产征收补偿方式

为了保障征收财产人的权利获得全面补偿，法国不动产征收补偿除一般条件下使用现金支付外，[⑤]其他补偿方式均坚持同等置换原则，即使被征收人在被征收前后生活、生产条件保持不变。主要包括以下三种方式：其一，对于公用征收使得被征收人不能使用其承租房屋的，征收机关可以在同一区域内为其提供同样条件的房屋作为补偿，主要

---

① Voir. Cass. civ. 27 mai 1975，Bull. civ. III，1975，p. 177 ；CA Paris，20 octobre 1977，AJPI 1977，p.383 ；Cass. 3e civ.，29 avril 1986，Bull. civ. III，no 57，p. 43 ；CA Paris，expr.，5 mars 1987，JCP 1987，IV，277.

② Voir. Voir supra.

③ Voir. Cass. 3e civ.，17 janvier 1990，AJPI 1990，p. 517.

④ Voir. Cass. expr. 22 octobre 1965，Gaz. Pal. TT 1986，p. 118，no 50 à 63.

⑤ 参见刘婧娟：《中国农村土地征收法律问题》，法律出版社 2013 年版，第 168 页。

适用于对从事工商业或者手工业的承租人的征收；[①]其二，对于因公用征收剥夺了承租人的使用权，而征收机关没有相应能力为其提供条件相同的房屋的，应当允许被征收人自由选择合适的迁居场所，并给予承租人迁居补偿金以及因迁居产生的其他损失的补偿性津贴；其三，因公用征收而剥夺的经营场所的使用权，征收机关应当给予经营者补偿金，或者征收机关为经营者提供相同条件的经营场所作为补偿。[②]

二、法国法视角下中国土地征收补偿标准的确定

中华人民共和国自成立以来，土地征收补偿经历了一个曲折发展的过程，在范围、方式和程序等方面都有所进步，但在补偿标准上一直按土地原产值倍数标准进行补偿。

（一）我国现行土地征收补偿标准的局限

1. 公平补偿观念缺失

我国现行土地征收补偿标准中公平补偿观念的缺失，源于标准制定时的特定立法背景。从 1953 年《国家建设征用土地办法》强调农民土地被征用后，"应照顾当地人民的切身利益，必须对土地被征用者的生产和生活有妥善的安置"，到改革开放之后强调的"使被征地农民生活水平不因征地而降低"，以及国家和各地方制定的规范性文件中强调加强对被征地农民的社会保障，均是基于此一目的。在此基础上，要求农民做出牺牲，"使群众在当前切身利益得到适当照顾的情况下，自觉地服从国家利益和人民的长远利益"[③]。1982 年《国家

---

① 参见钟头朱：《法国土地征收补偿制度探析》，载《新西部》2019 年第 14 期。
② 参见沈开举：《征收、征用与补偿》，法律出版社 2006 年版，第 234 页。
③ 参见 1953 年《国家建设征用土地办法》第 5 条。

建设征用土地条例》的立法理由表明："这些年来，有些地区征地费
用越来越高，加上有些干部片面迁就和支持农民的要求，把多付征地
费当成使农民富起来的捷径……许多建设单位因为满足不了社队或有
关方面提出的征地条件，建设工期一拖再拖，影响了国家建设。"[1]1998
年《土地管理法》修订过程中，官方声明："在制定现行土地管理法
的征用土地补偿标准时，曾经做过大量调查研究和测算工作，遵循了
这样两条原则：一是根据宪法关于'国家为了公共利益的需要，可以
依照法律规定对土地实行征用'的规定，征地是一种国家行为，也是
农民对国家应尽的一种义务，不是农民向国家'卖地'。国家征用的
土地再出让时，决定不同地价的级差地租是国家投资形成的，原则上
这项收益应当属于国家。二是征地补偿以使被征用土地单位的农民生
活水平不降低为原则。[2]"长期以来，立法坚持的"不降低被征地农民
生活水平"的原则，使土地一直未被视为一项财产对待。征地补偿标
准并非根据被征收土地的财产价值衡量，而是根据财产权利人原有的
生活水平。在此观念下，不但土地作为财产的原有价值被忽略，土地
被征收前后产生的增值收益也一直未予分配。

2. 平等观念缺失

国有土地补偿使用物权化市场标准。根据《城镇国有土地使用权
出让和转让暂行条例》规定，国有土地依法按照市场标准出让。我国
国有土地上的城市房屋征收补偿标准也采用市场标准。根据现行《国

---

[1] 参见李牧、耿宝建：《论我国土地征收及补偿制度的完善》，载《法商研究》2005
年第 2 期。

[2] 参见时任国土资源部部长周永康 1998 年 4 月 26 日在第九届全国人民代表大会常务
委员会第二次会议上所作"关于《中华人民共和国土地管理法（修订草案）》的说明"。

有土地上房屋征收与补偿条例》第2条规定："为了公共利益的需要，征收国有土地上单位、个人的房屋，应当对被征收房屋所有权人给予公平补偿。"第19条第1款规定："对被征收房屋价值的补偿，不得低于房屋征收决定公告之日被征收房屋类似房地产的市场价格……"可见，对于城市房屋征收的补偿标准采用市场价格，同时贯彻公平补偿原则。

然而，实践中集体土地征收补偿标准依旧采用"产值倍数法"。其实，土地的原有用途产值既不能反映土地在城镇化进程中因"近邻效应"产生的价值，也不能反映土地作为"永久性的和不可破坏的地力"的价值，更不能体现环境和文化的价值。[1]集体土地作为农民世代赖以生存的物质基础，作为一项可以永久性利用的物权和财产，在征收过程中却未体现其财产属性。

国有土地与集体土地征收补偿标准的确定严重偏离《民法典》确立的物权平等原则，即国家对各种所有制的物权，对不同主体所有的物权，都予以平等保护。[2]国有土地和集体土地仅仅因为权利人不同，便采取不同补偿标准，实则严重背离法律上的平等原则。这样的制度设计，也滋生了地方政府依靠集体土地征收产生的土地差值获取"土地财政"的行为，引发社会不平等，影响农村社会稳定。

---

[1] 参见叶必丰：《城镇化中土地征收补偿的平等原则》，《中国法学》2014年第3期。
[2] 参见王利明：《平等保护原则：中国物权法的鲜明特色》，载《法学家》2007年第1期。

（二）我国土地征收补偿机制程序的缺陷

我国土地征收补偿程序缺乏公众参与。中国土地征收补偿的确定大致沿袭"征收方案确定—征收补偿方案确定—公示并听取民众意见"的路径展开，对比法国"民意调查与土地调查—公益声明—征收法令—补偿金的确定与支付"进程而言，民众只能被动地参与补偿方案的确定。从某种意义上说，民意调查程序是一个公布消息与咨询讨论的程序，而非公众进行决策的程序，因此，民意调查程序只能是一项对行政命令的约束程序，可以对决策制定者施加一定压力的规范程序。充分的民意调查能够保证被征收人在征收决定作出前参与其中，有利于对项目施工可行性的有效评估，进而有效解决征收协议难以达成的问题。

（三）我国征收补偿机制的完善路径分解

1. 确立公正补偿观念

（1）征地补偿市场价值的法律本质

集体土地作为农民世代赖以生存发展的物质基础，是农民生存发展的保障。基于集体土地性质的特殊性，集体土地征收将不仅涉及对农民财产权利的补偿，还要涉及对农民生存权利的补偿。现代社会产权资本理论认为，财产权价值的显化在于法律制度对权利人财产让与利益的保障与损害的利益填补。[1]而农民集体土地被征收之情形，只有获得以市场价格为标准的补偿，才能具有获取与被征收财产价值相当之物的能力。

---

① 参见郭洁、崔梦溪：《论农民集体土地征收补偿的市场标准及股权化实现的路径》，载《法学杂志》2017 年第 2 期。

与此同时，集体土地始终作为农村社会保障的来源，承担着吸收农业人口就业、获取基本生活来源的生存保障功能。在集体土地征收过程中，对于农民生存权利的保障应当成为征收补偿的重要部分。回顾我国当前集体土地征收的补偿标准的"产值倍数法"，明显存在补偿标准过低的问题，可见只有实行市场价格标准，补偿农民与土地之间一切直接或者间接的利益，才能真正解决土地征收带来的新的社会不公平。

（2）公平补偿与市场价格的中国语境

所谓"公平补偿"，其本身是一个极其抽象的概念，在不同的国家存在不同的学说和论述，在法律实践和制度设计上也不完全一样，但其本质上是一种"国家—个人"在征收补偿中的利益平衡。[1] 各国确立了"公平补偿"的征地标准，但却又有各自不同的具体标准，因此在中国确立的"公平补偿"标准必须区别于其他各国的判别标准，立足于中国土地权利现状。美国征地法律实践中依据"最高最优"原则确定公平市场价值，[2] 法国在《公用征收法典》中所确立的标准为"直接的、物质的和确定的全部损害"，英国1961年《土地补偿法》第5条规定"对土地的补偿应按照其在公开市场上自愿出售所期得的价格"。

在研究中国征地补偿问题时，制定中国土地征收标准时必须结合

---

[1] 参见方涧、沈开举：《土地征收中的公平补偿与增值收益分配》，载《北京理工大学学报（社会科学版）》2017年第3期。

[2] 最高、最优原则基于规划、经济、环境、法律、社会、物理特征等让财产使用的利益最大化，以下四个标准必须被满足：（1）法律可行性；（2）物理可能性；（3）经济可行性；（4）利益最大化。

以下事实衡量：第一，"公平补偿"是"国家—个人"利益相互平衡的结果，应当尽可能使得被征收人恢复到被征收之前的状态，既不蒙受损失，又不因此一夜暴富。[①] 第二，中国城镇化程度较低，农地非农化转化产生的土地增值收益数量巨大，应当保障农民和集体更多地参与到土地增值收益的分配中来。土地增值收益分为内力增值和外力增值：内力增值来源于土地权利人对于土地的投入、土地地力的提升等因素带来的土地价值增长；外力增值是包括城镇化进程在内的国家政策、地方开发等因素带动产生的土地价值增长。各种因素对土地增值所占具体比例是难以衡量的。而土地增值收益体现的是土地发展权，土地发展权来源于土地所有权的分化，因此，农民和集体作为土地权利人应当有权分取土地增值收益。

2. 征地补偿方式的创新路径：股权化设置

（1）现有补偿方式不能对应集体土地权利的特殊性

我国目前的征收补偿标准仍然坚持《土地管理法》确定的"产值倍数法"，并且不断强调要"使被征地农民生活水平不因征地而降低"。之所以设定此补偿标准，是由于政府对农民土地权利的忽视，而对于国家建设的顺利进行过多关注。1982 年《国家建设征用土地条例》的立法理由表明，"这些年来，有些地区征地费用越来越高，加上有些干部片面迁就和支持农民的要求，把多付征地费当成使农民富起来的捷径……许多建设单位因为满足不了社队或有关方面提出的征地条

---

① 参见方涧、沈开举：《土地征收中的公平补偿与增值收益分配》，《北京理工大学学报（社会科学版）》2017 年第 3 期。

件，建设工期一拖再拖，影响了国家建设。"①直到1998年《土地管理法》修订过程中，立法机关仍旧坚持不同地价的级差地租是国家投资形成的，因而土地增值收益属于国家，而征地补偿标准的设定只需要保证被征用单位的农民生活水平不降低。②

对比我国现有征收补偿范围，即土地补偿费、安置补助费、地上附着物和青苗的补偿费四类。其中，土地补偿费是针对集体经济组织的集体所有权给予的补偿。其补偿范围并未涵盖被征收土地的承包经营权人的财产性权利以及宅基地使用权人的财产性权利，但必须充分认识到我国农民集体土地财产权利的特殊性，其系兼具财产权和生存权的社会性综合性权利。③而征收涉及对集体土地所有权的根本性侵夺，在确定补偿方式时，不仅应当兼顾对财产权的补偿，更应该兼顾对生存权的保障。④

（2）土地增值收益分配推动股权化路径实现

十八届三中全会提出"一体两翼"战略部署，"建立兼顾国家、集体和个人的土地增值收益分配机制，合理提高个人收益"，"分别从集体经营性建设用地产权流转和集体土地征收补偿安置两个领域的增值收益分配机制改革"。笔者认为，土地增值收益的国家分配份额

---

① 参见李牧、耿宝建：《论我国土地征收及其补偿制度的完善》，载《法商研究》2005年第2期。

② 参见时任国土资源部部长周永康1998年4月26日在第九届全国人民代表大会常务委员会第二次会议上所作"关于《中华人民共和国土地管理法（修订草案）》的说明"。

③ 参见郭洁、崔梦溪：《论农民集体土地征收补偿的市场标准及股权化实现的路径》，载《法学杂志》2017年第2期。

④ 参见李江鸿、陶信平：《论我国土地征收补偿的性质与改革方向》，载《国土资源情报》2005年第12期。

应当通过土地增值税的方式实现，而其他利益应当归属于集体和农民个人所有，对于土地级差收益应当在此三者之间分配，这才是土地增值收益的合理布局。合理的社会财富分配机制应当包括三个步骤：初次分配以保护产权为基础，通过自由市场交易完成；第二次分配通过政府征税和提供社会保障方式实现社会公平；第三次分配则主要通过社会捐赠方式。[①] 在土地的初次分配中，政府应当为集体土地建立与国有土地相同的自由市场秩序，尊重集体和农民个人基于土地所有权享有的土地发展权，并以此为基础确定土地市场价格。而考虑到土地增值收益的分配与政府的投资规划密切相关，土地发展权同时还应具备一定的社会性，因此，对于集体土地的第二次分配应当以市场价格补偿＋合理征税的方式将部分土地增值返还社会，同时可以确保在部分土地增值社会返还目标与保护公民权利、维护社会稳定等目标之间进行有效的平衡。[②]

　　然而，实际上，征地补偿款的落实常常受到阻碍。首先，被征地农民难以获得补偿款项。中国人民大学、美国农村发展研究所和美国密歇根州立大学1999—2011年共同开展的六次有关中国农民土地权利的抽样调查显示，一次性现金补偿是最普遍的土地征收补偿方式，平均金额为每亩补偿费1.8739万元，而政府卖地的平均地价为每亩77.8万元；失地农民中有64.7%得到了一次性的现金补偿，有12.8%获得了分期支付的补偿，有9.8%得到了补偿的承诺，但钱还没有到位，

---

① 参见刘剑文、陈立诚：《税制改革应更加注重分配正义》，载《中国税务报》2013年11月6日。
② 参见程雪阳：《土地发展权与土地增值收益的分配》，载《法学研究》2014年第5期。

有 12.7% 没有得到任何补偿。[①] 其次，由于现行立法并未对被征收集体土地上他项权利之独立补偿地位予以明确规定，被征地农民只能以集体成员的身份与其他未被征地的成员一起参与土地补偿费在集体内部的分配，而这一做法往往因为村集体经济组织对土地补偿费的存留比例过高或者坚持平均分配原则而使得被征地农民的损失不能得到公正补偿，由此引发了被征地农民的不满。[②] 再次，对于行政程序确定市场价格的机制难以保证定价的中立性。国土资源部 2004 年发布的《关于完善征地补偿安置制度的指导意见》规定："在征地依法报批前，当地国土资源部门应告知被征地农村集体经济组织和农户，对拟征土地的补偿标准、安置途径有申请听证的权利。"征地的具体补偿标准由省级人民政府制定，而政府在具体的土地征收法律关系中具有公共利益的认定者、征地的执行者和土地纠纷的裁判者等多重身份，土地补偿纠纷的裁决属于行政系统内部的自我监督行为，因而在组织体例上由行政机关确定征收补偿的标准难以保证其中立性。[③]

笔者认为，实行征收补偿标准的市场化的本质在于利用市场机制调节被征收人、政府、征收人之间的利益分配，解决征地过程中对农民权益的过度侵夺问题。基于集体土地权利的多重属性，必须为失地农民创设保证其生存发展的合理路径。集体土地作为农民和集体生存的基本保障，能够持续并源源不断地为农民提供基本的生存来源，因

---

① 参见美国农村发展研究所：《十七省地权现状》，载《社会科学报》2012 年 3 月 29 日第 2 版。

② 参见田韶华：《论集体土地上他项权利在征收补偿中的地位及其实现》，载《法学》2017 年第 1 期。

③ 参见郭洁、崔梦溪：《论农民集体土地征收补偿的市场标准及股权化实现的路径》，载《法学杂志》2017 年第 2 期。

此，自然应当允许征地补偿以持续性补偿方式存在。随着征收补偿利益的权利化发展，征收补偿权入股分享收益的形式应得到广泛运用。国务院办公厅印发《贫困地区水电矿产资源开发资产收益扶贫改革试点方案》明确，将入股作为征地补偿的新方式，实现农民补偿利益的资本化，实现农民对用地项目的利益共享，实现农民对土地未来的增值收益分享，保障农民的长期的生存发展和利益。因此，在未来的征地补偿方式中，补偿权入股应当成为一种创新方式：对有长期稳定收益的项目用地，在农户自愿的前提下，被征地农村集体经济组织经与用地单位协商，可以以征地补偿安置费用入股，或以经批准的建设用地土地使用权作价入股；实施土地征收时，由投资主体首先与被征地集体经济组织签订征地协议。[①] 允许征地补偿权入股具有天然的制度优势：一方面，通过征收项目入股后的分成可以保证失地农民与被征收农民集体得到分期支付，保证失地农民的基本生活；就"合理替换标准"而言，以该股份替换具备生存保障功能的承包经营权具有天然的合理性。另一方面，通过股份分红形式支付征地补偿款，能够有效缓解政府财政负担，降低征地单位用地成本，同时还能通过征地项目与农业发展的结合，为当地农业发展引进社会资本，形成农业投入的长期机制，保障农民的长期生存和发展利益。

（3）补偿权股权化的制度构建

征地补偿权入股的权源法律依据来自国土资源部 2004 年 11 月《关于完善征地补偿安置制度的指导意见》中的规定："对有长期稳定收

---

① 参见郭洁、崔梦溪：《论农民集体土地征收补偿的市场标准及股权化实现的路径》，载《法学杂志》2017 年第 2 期。

益的项目用地，在农户自愿的前提下，被征地农村集体经济组织经与用地单位协商，可以以征地补偿安置费用入股，或以经批准的建设用地土地使用权作价入股。农村集体经济组织和农户通过合同约定以优先股的方式获取利益。"由于《土地管理法》并未对此种方式作出规定，因此，需要具体明确该方式实施的规则：

第一，明确征收补偿权入股的适用情形。首先，通常为集体土地被全部征收或者大部分被征收，所在地农民在社区内无法通过再行分配土地进行生活安置的情形，可以选择以征收补偿款入股的方式获取持续性收益；其次，被征地农民可以自愿选择以入股方式取得征地补偿款，且成为股权主体。

第二，明确适用的征地项目类型，控制农民入股风险。作为失地农民生存保障的替代措施，其入股必须考虑征地项目的运营风险，以保证农民生存权益得到保护。一般而言，鼓励参与入股形式的征地项目应当是"有长期稳定收益的项目用地"，以尽量避免市场风险。

第三，被征收主体与用地单位应当遵循自愿原则，签订股权协议。被征地农民应当自主决定是否以入股形式获得征收补偿，并且须与项目单位签订股权协议。被征地农民可以作为股权主体以及入股协议的缔约主体，也可以授权集体经济组织或者经合法授权的第三方与项目单位签订入股协议。[1]

---

[1] 参见郭洁、崔梦溪：《论农民集体土地征收补偿的市场标准及股权化实现的路径》，载《法学杂志》2017年第2期。

<table>
<tr><td>第四节</td><td>法国不动产征收的
法律程序</td></tr>
</table>

一、法国不动产征收权程序控制之理论基础

土地征收符合"正当程序"是土地征收的三大合法性要件之一。[①]程序本身即具有独立的存在价值,评价程序的好坏已经成为判断法律事实活动成功与否的重要标准,这种价值并不依赖于其所保障的结果正义,而是出于程序本身具备内在的一些品质,而不仅仅在于它实现某种外在目的手段的有用性。[②]在法律秩序中,程序主要在以下几方面发挥作用:第一,确定最优选择,尤其是存在多种可能的选择和方案时;第二,为公众参与提供表达平台,通过程序设置使当事人的原始动机得以中立化;第三,公正透明的程序可以做到对不满意见的容纳,从而使决定变得容易被失望者所接受;第四,通过决定者与分担角色的

[①] 其他两大合法性要件为"公共利益"和"公正补偿"。参见李集合:《关于土地征收征用制度的宪法比较》,载《河北法学》2007年第8期。

[②] 参见陈瑞华:《程序正义论——以刑事审判角度的分析》,载《中外法学》1997年第2期。

当事人之间的相互作用来进行合理的选择，这在一定程度上可以改组法律体系的结构，实现重新制度化，至少使变化的必要性容易被发现。[①] 笔者认为，程序在为法律行为设定步骤性措施之外，同时还必须为各项权力设置不同的分权机构并为其确定具体的负责领域，而这便是程序的灵魂所在，即进行角色的分工与实现角色的独立。[②] 因此，征收的程序正当性一方面在于权力配置层面，对于集中化的征收权予以合理分工，以使征收权在合理空间内行使且不被滥用。

笔者通过总结法国土地征收权的配置，认为法国土地征收权主要通过纵向配置来完成，同时加上横向配置的辅助作用，保障征收权的合理分工。

法国的征地权权力配置主要通过纵向配置的方式实现。法国属于典型的中央集权国家，其行政建制由高到低分为四个等级：国家、大区、省和市镇一级。对于土地征收权的配置，法国实行的是中央放权机制，由市镇一级负责制定土地规划，因此，根据法国土地管理法的相关规定，有权发动征地机制的主体可以是各级政府的公法人或者承担公共职能的私人机构，但批准公用目的以及征地项目的机关却集中在中央和省一级，有权批准征地的机构只有三个：总理、部长和省长。[③] 同时，根据征地项目的性质和重要性，对于需要大规模征地的全国性重点工程项目，公用目的宣告甚至需要以咨询国家参议院的政府命令形式作

---

① 参见季卫东：《法律程序的意义——对中国法制建设的另一种思考》，中国法制出版社 2004 年版，第 59—60 页。
② 参见季卫东：《法律程序的意义——对中国法制建设的另一种思考》，中国法制出版社 2004 年版，第 59—60 页。
③ 参见刘婧娟：《中国农村土地征收法律问题》，法律出版社 2013 年版，第 113—121 页。

出。① 可以说，法国征地启动程序较为谨慎，其对公共利益审查的机制保留在中央和省一级：①能够有效防止征地权的滥用。有权提起征地意向的机构较为广泛，能够保证最了解当地经济与发展现状的地方公法人一定的发展规划自主权，但其并不能直接批准启动征地程序，能够有效防止地方政府以追求土地财政为目的进行频繁征地。②对于征地前公共利益的审查机制保留在中央和省一级的做法能够保证征地权启动的统一性以及标准的一致性。若征地公益审查机制下放到各级政府、公法人层面，必然造成各地征地启动标准不一，"同地不同权"的现象。

　　法国土地征收权在横向角度主要由行政机关启动并执行，司法机关也行使一定的审查权，但是立法制约并不存在，因此，也需要自上而下的纵向监督进行补充。② 一般而言，征收权的横向分配主要涉及立法、行政、司法机关之间的分工协作，在法国土地征收制度中，启动征地程序的机构集中在行政机关——国家机关、地方团体和公务法人作为项目人可以申请进行公用征收，但批准权只能是总理、部长和各省省长，这些主体皆为行政主体。法国土地征收权的横向配置也表现在司法机关对征收权的限制，主要体现在司法机关对征收主体征收行为的公共目的的司法审查，其有权直接对征收行为是否具有合法性、合理性作出判断，进而影响征收行为的实施。相应地，在此机制下，行政机关为防止征收决定被司法审查机制否定，其在作出征收决定时便会选择进行自我优化，主要表现在三个方面：其一，征收机关会通

①《公用征收法典》第 L.11-2 条第 2 款。转引自张莉：《法国土地征收公益性审查机制及其对中国的启示》，载《行政法学研究》2009 年第 1 期。
②参见刘婧娟：《中国农村土地征收法律问题》，法律出版社 2013 年版，第 113—121 页。

过部门通令和内部指令等形式，向其具体执行人员传达"损益对比"分析方法（该方法是法院判决合法与否的重要标准，指分析征地造成的损失以及获益之间的比例），他们在处理征地业务时，会自觉按照判例法的要求履行法定职权。[①]其二，大型工程项目的征地所需公共利益的宣告需要咨询国家参事院意见，以政府令形式作出，而参议院给出咨询意见时会组建由法律专业人士组成的机构进行专门分析和把关，并且按照最高行政法院的要求充分考虑工程项目的利弊得失，从而降低司法审查的风险。其三，为降低司法审查的风险，行政机关通常会主动提出降低工程对生态环境和社会生活的不利影响，并以"说明"形式一并提交司法机关审查。[②]

综上，法国征收权的配置充分体现了制衡因素。纵向层面，通过上级机关对下级机关的征收决定批准权，实现公益性审查及征收合法性标准的统一性；横向层面，通过司法机关对行政征收权的控制实现征收决定制定机制的自我优化。但是，笔者认为，该机制的潜在原因在于法国高度集中的政治体制，这决定其只能主要通过纵向制衡角度限制征收权滥用，横向制衡辅之。而相较于分权制的美国，其征收权的配置大不相同。美国征地权的配置呈现典型的"三权分立"模式，只有立法机关享有征地决定权，但法院对立法机关通过的征地方案享有合宪审查权；其行政权受到立法机关、司法机关的双重限制，能够在较大程度上防止司法权的滥用。相较于美国而言，法国土地征收权

---

① 参见刘婧娟：《土地征收的程序合法性要件分析——域外经验与中国问题》，载《河北法学》2012 年第 4 期。

② 参见张莉：《法国土地征收公益性审查机制及其对中国的启示》，载《行政法学研究》2009 年第 1 期。

的限制缺少立法机关的干预，这与其背后的政治体制与经济格局密切相关。

二、法国不动产征收的具体程序

法国的土地征收程序分为两个阶段进行：行政阶段和司法阶段。行政阶段主要解决公用征收目的审批与需征收财产范围的确定两个方面的问题；司法程序主要解决关于所有权的转移和补偿金的确定的问题。一般而言，行政程序先于司法程序进行，但为了避免补偿金不能达成一致而导致行政阶段的工作无效，1928 年的改革规定了补偿金额的确定可以和行政阶段同时进行，以便征收单位认为费用太高时，及时终止征收程序。[①]普通法院内部专设专门的公用征收法庭，专设有公用征收法官受理所有权转移和补偿金确定的案件。此外，这两类案件在审理中也吸收法庭所在地的省共有财产局局长或其代表参与公用征收补偿金的评定。

（一）行政程序

一般而言，法国征收的行政程序分为以下四个阶段：

1. 事前调查

根据法国行政征收法典的规定，事前调查首先由征用单位向被征用单位的不动产所在地的省长提交调查申请书。省长接到调查申请书后，做出是否进行调查的决定以及确定具体调查的方式，对于拒绝调查的决定，申请人可以向行政法院起诉。调查结束后写成调查报告提

---

① 参见谢敏：《法国土地征用制度研究》，载《国土资源情报》2012 年第 12 期。

交省长。① 事前调查是行政征用程序的开始，其目的是收集必要的信息和必须咨询的意见。

2. 批准公用目的

事前调查程序结束后即进入批准公用目的程序。公用目的的批准是征收决定合法性的基础，也是法院裁判转移所有权和确定补偿金额的合法性前提。在法国有权批准公用目的的机构共有三个：最高法院、部长和省长，而其批准行为是一项具体行政行为，行政征用的申请单位、被征用的不动产所有人以及利害关系人，不服行政征收目的的批准决定的，都可以提起行政诉讼，请求撤销该决定。但是在一般情况下，起诉不停止批准决定的执行，除非法院裁定暂停执行。②

3. 具体位置的调查

省长在做出征收决定之前应当进行一次调查，以确定可以转移的不动产的具体位置以及私有土地的产权和其上存在的其他权利关系，从而确定应收补偿的所有者和其他权利人，并充分听取利害关系人的意见。③

4. 需征收财产范围的确定

省长根据具体位置调查的结论，决定可以征收的不动产范围，但该决定仅限于规定转让不动产的具体位置，不发生实际的不动产转移效果；所有权的转移由普通法院根据行政机关的上述决定作出裁判。④ 该决定属于行政机关的具体行政行为，当事人可以向行政法院提起越

① 参见王名扬：《法国行政法》，中国政法大学出版社1998年版，第376—377页。
② 参见王名扬：《法国行政法》，中国政法大学出版社1998年版，第379—382页。
③ 参见刘婧娟：《中国农村土地征收法律问题》，法律出版社2013年版，第128—129页。
④ 参见刘婧娟：《中国农村土地征收法律问题》，法律出版社2013年版，第128—129页。

权之诉。行政机关可以转让的决定必须在六个月内移交普通法院，普通法院根据行政机关的上述决定作出所有权转移的裁判。

（二）司法程序

行政程序完成之后，即进入公用征收的司法程序，司法程序由普通法院管辖，主要解决所有权的转移和补偿金的确定两个问题。

1.移转所有权的裁判程序

（1）征收法令的发布

由被征收财产所在地省长或者其委托的代理人向公用征收法庭提出申请，申请时应提交公用使用的声明、分阶段实施计划、由省长签署的启动分步调查文件、被征收不动产具体位置图、进行具体位置调查的决定和通知以及调查结束后的记录、可转让决定以及其他相关文件。由公用征收法官进行书面审查（法官只负责形式审查，审查法律规定的程序是否完备、文件是否齐全），并在八日内作出裁判。如果法官检查发现提交的文件没有包含所有材料，有权要求省长在一个月内将材料补齐。征收法官只负责确认征收机构向其提交的文件是否依据《土地征收法》的相关规定适用于公用事业的目的而创设。[①]如若符合公益征收的规定，则在法律上确认其正当的公益征收目的，并发出所有权转移的法令，法令一经作出，则被征收土地所有权转移于公用征收单位，而原所有权人和其他权利人被征收土地之上的权利归于消灭，转变为获取补偿金的权利。如果法官认为征收申报不符合公益目的，其可以发布具有决定性的决议以撤销行政程序中的公益申报和转

[①] 征收法官没有权力评判：征收程序中行政阶段的合法性；行政决议的及时性；在调查结束后，调查员实施工作及其总结内容的有效性。

让协议，此时，所有的被征收方都可以要求法官证实转让所有权的法律缺乏法律基础。

（2）公用使用声明或可转让协议被撤销时的紧急审理和暂停程序

征收过程中，司法程序和行政程序并列运行的构造会产生很多问题。如，在司法审理程序进行中，行政权对公益使用声明作出撤销或可能作出撤销决定时，为防止法官发布征收法令，法国法特意规定了"延缓裁定"制度以对该风险进行规避。根据《法国土地征收法》R.12-2-1，如果公益使用声明、可让性决议或者相关代替的决议在紧急审理时被暂停，省长在接到通知时，应告知法官。法官随即宣布延迟颁发征收令，并等待行政审判的最终结果。法国法规定司法程序进行过程中，可转让协议在紧急审理程序中被暂停时，征收法官应开启"延缓裁定"程序，等待行政审判的决议。无论是省长还是部长或者是行政法庭颁布的公用使用声明或者是可转让协议，一旦有可能被撤销，省长应该及时告知法官，令其暂停宣布财产转让法令。

（3）征收法令的通知程序

征收法令宣告后，必须通知所有文件记载的所有人。主要包括以下几种情况：

其一，夫妻共有财产征收。对于涉及夫妻共有财产征收的，征收法令应该送达夫妻双方，仅送达任意一方会致使法令无效。其二，共有财产征收。在财产共有的情况下，通知应当送达每一位共有人。然而，有时通知仅送达一位登记在册的所有人也是合法的，但前提是，该共有人掌握其他共有人的身份信息并且未告知法庭。其三，无权利能力人财产征收。如果没有任何通知寄给被征收人的法定监护人，则征收法令对其不发生效力。

2. 补偿金确定程序

确定补偿金是司法程序中的一个重要部分，可在公用征收进程中任何时间启动。确定补偿金程序之初，由公用征收单位以个别通知和公告的方式，要求被征收土地的所有权人和其他权利人在八日内申报其所享有的权利。在公益申报之后及公益申报到期之前，允许征收方与被征收方（包括被征收不动产所有权人及其他权利人）在被征收人自由意志表达前提下，通过协议方式明确所有权转让事项及确定补偿价格，而不必通过法令进行所有权转让，这成为公益申报实现的方式之一。协议被称为"友好收购协议"。《法国土地征收法》规定，法官在确定补偿金额时，优先考虑友好协商的解决方案，征收法官仅仅在不能友好协商的情况下才能介入确定补偿金额。在存在友好收购协议的情况下，所有权转移到征收机构还需要经由公证证书或者行政证书确认。而在征收程序中，补偿金确定需经过的程序阶段以及"友好收购协议"如何获得程序保障，将是本部分着重介绍的内容。

（1）通知的限制性规定

法国法中的土地征收补偿确定之前，必须征求所有被征收权利人的意见，此目标需要在征收方案确定阶段将意图传达给所有被征收权利人。对此，法国法规定了两种通知方式：向不动产所有权人发出的征收补偿通知和向所有当事人发出的集体公示。

第一，向不动产所有权人发出的征收补偿通知。

征收补偿通知发出的目的在于使征收人能够将其征收意图告知被征收不动产的所有权利人。通知通常以挂号信或者不属于诉讼程序的文件的形式发出。[①]通知中应当明确，接到通知的所有权人或者用益权人必须在八日内通知该在不动产上有长期租赁权、使用权和地役权的权利人；并在接到通知的一个月内，不动产所有权人（或者用益权人）应当主动联系并告知征收人以下相关权利人的信息：承租人、长期租赁权人、使用或居住权人、地役权人。通知作为征收人与被征收权利人之间沟通的渠道，未发通知的结果则在于，使承租人等相关权利人应得的补偿因未直接出庭而被全部剥夺，也因未收到征收意向通知而失去向法院提交权利申请的机会，直接使得《法国土地证书法》赋予被征收权利人的被保护权被剥夺这一明显的损失。然而，《法国土地征收法》并未规定任何惩罚措施惩戒忘记通知相关权利人的所有权人，相关权利人只能向法院提起损害赔偿诉讼，要求对其因未收到通知而受到的损失给予补偿。

第二，向所有当事人发出的集体公示。

征收人表达征收补偿意向的另一种方式是通过集体公示，通过在所涉及的市镇张贴告示以及在大区的报纸上刊登告示以告知当事人，催促所有的当事人行使自己的权利。告示内容必须附载一份已经被宣读过的征收正式文件。告示中明确指出所涉及的权利人应当在一个月内自行告知征收方，否则会丧失索要补偿金的权利。

（2）征收方下达报价通知书

通过征收补偿通知以及集体公示方式确定被征收权利人之后，征收方应当将报价通知书以回执挂号信的方式告知每一个有可能获得补偿金的当事人，通常报价通知书应当包含以下几个部分：①基本赔偿

---

① C. expr.，art. R.13-15 et R 13-41.

金数额；②每位权利人可得的附加赔偿金；③在转让合同到期前，权利人要求以实物相抵的报价规则，或者提供市镇当局的指示；④告知权利人，接受报价的在一个月内以书面形式告知征收方；或者以书面形式告知征收方其主张的补偿金额及依据。

报价通知书作为法国土地征收程序中的一项基本程序，系征收法官在进行审查过程中的必要内容。但其发出通知的时间并不强制在征收法令发布之前，只要征收方能够辨别其欲征收的土地范围，也可以在公益申报的事前阶段就开始此项程序。对于征收方发出报价通知书的时间不做任何限制，但是从转让协议签订之日起，任何当事人都可以责令征收方进行通知，并且，责令后征收方仍未发出报价通知的，授予被征收方报价权。报价通知书中应当以明显方式标示《法国土地征收法》第 L13—21 条款，根据此条款，从报价通知书发出之日起六周内，没有达成友好协议的，应当提交征收法官审查。

（3）"临时补偿金"适用程序

在某些情况下，存在征收者继续获得所征财物的情形，为了使征收方尽快获得土地所有权，通常采用紧急和非常紧急程序进入征地的快速流程，这在法国法上称为"紧急征地程序"①。紧急征地程序的启动，需要征收方将征收方案提交征收法官审理。要求在方案提交征收法官审理前的 15 日内，征收方必须将征收价格以通知单的形式告知被征收方，在收到被征收方回函后，将其与价格通知单一并提交征收法官，请求启动紧急征地程序。在紧急征地程序启动后，实地调查、

① 紧急征地程序的启动必须满足以下条件：第一，必须有公益性声明或者相同性质的文件对其进行说明；第二，已经通知公众和相关权利人。

听证会以及庭审时间都将相应缩短。如果征收法官认为现有资料已经能够确定补偿金额，则在庭审结束后立即宣判补偿额度；如果征收法官认为现有资料不够充分，那么可以设置一个"临时补偿金"，只有在该临时补偿金得到支付或者寄存后征收方才能合法拥有被征收不动产的所有权。被征收方对临时补偿金不满意的，可以申请最高法院审理。

对于紧急性的确定，法国法明确规定，该紧急性不仅表现在对所有权取得方面，而且应当持续体现在公共业务申报或者相同性质的后续行为之中。但是，法国法缺乏对紧急事件的明确规定，而是采取不完全列举方式进行规定："以下情况视为征收中的紧急事件：（1）高铁路线铺设；（2）高速公路施工；（3）高速公路连接段的铺设。但是，行政机构永远不得承认用作楼盘建设的行为为紧急事件。"征地中公共业务的紧急性要经由具有申报公共业务权限的权力机构鉴定，并在行政法官的监管下进行。

小结

法国的土地征收程序设计中特别重视对征收权的限制，其纵向制约与横向制约起到控制征收权滥用的效果。土地征收属于典型的国家公权力行为，过于集中会导致滥用，因此，既必须重视对征收权的合理分配，又要保证权力在正常行使的过程中又不被滥用。各国对于土地征收权的配置主要有横向制约与纵向配置两种，① 而法国属于典型的集权制国家，因此在征收权的分配中，纵向配置成为主要方式。法国

---

① 参见刘婧娟：《土地征收的程序合法性要件分析——域外经验与中国问题》，载《河北法学》2012 年第 4 期。

的土地征收虽然不是由议会发起，但却需要报请中央或者省一级行政官员的批准。同时，在征地权行使过程中，司法权起到重要的制约作用，司法机关的介入能够在征收中形成对行政权的对抗，控制了行政权的任意行使，也能够在一定程度上克服征收的程序流于形式的弊端。[1]

---

[1] 参见许中缘：《论不动产征收的司法权介入：兼谈司法权的本质》，载《华东政法大学学报》2009 年第 6 期。

第五章

日本土地征收
制度研究

第一节　　　　问题的所在与
　　　　　　　问题的限定

一、问题的所在

近年来，随着我国城市化进程的发展、旧城区改造、市区再开发等，农村集体所有的土地征收问题以及城市地区的房屋征收问题层出不穷，比如征收权滥用、补偿金额过低、征收程序不完善、欠缺必要的救济手段等问题，[①] 如何在兼顾公共事业，和集体土地所有权人、房屋所有权人等的利益的基础上，切实有效地推进公共事业改善民生，成为我国财产征收领域面临的重要课题。然而，各种报道为我们呈现的是在许多涉及征收的案件中，权利人的利益难以得到保障，甚至出现极度侵犯个人财产权的"强拆"现象，成为我国现阶段社会矛盾的来源之一，这些促使我们法律人反思现在的财产征收法律制度的现状和问题点。鉴于我国法上所有权体系的特殊性，在财产征收领域，形成了农村集体土地征收和城市居民房屋征收（房地一体原则下，土地

[①] 江利红「中国における土地収用制度とその改善に向けた課題（1）」比較法雑誌 46 巻 4 号（2013）171 頁。

所有权也随之被收回）的二元构造。关于前者，目前我国并不存在一部《农村集体土地征收补偿条例》，农村土地征收过程中出现的问题主要依靠《土地管理法》解决；关于后者，为应对城市化发展过程中出现的各种问题，国务院于 2011 年制定了《国有土地上房屋征收与补偿条例》，就城市房屋征收的范围、要件和程序做出了详细规定。

然而，仅仅依靠现行的《土地管理法》并不能够解决农村土地征收过程中出现的所有问题，规制城市房屋征收的《国有土地上房屋征收与补偿条例》也没有有效遏制现实中出现的强制拆迁①公然侵害个人财产权的现象。从实际问题出发，反思当前法制的问题以及完善路径，固然是较为可行的研究思路，但借鉴域外先进的法制经验，寻找可供我国本土化的理论架构，未尝不是值得选择的思考路径。

以日本法为比较法研究对象的文献并不多见，在笔者检索能力范围内，国内既有的研究文献如下：朱芒的《日本房屋征收制度的基本状况》、②宇贺克也（肖军译）的《日本土地征收法中的行政程序》、③胡春秀的《从日本土地征收制度的发展看我国土地征收立法的完善》、④彭立峰的《土地征收公共目的美法日三国比较研究》、⑤黄宇骁的《日

---

① 强制拆迁的背后突显的是被征收人对补偿金额的不满，抑或对农地征收公共性的质疑。

② 参见朱芒：《日本房屋征收制度的基本状况》，载《法学》2007 年第 8 期，第 30 页以下。

③ 参见宇贺克也：《日本土地征收法中的行政程序》，肖军译，载《时代法学》2010年第 2 期，第 92 页以下。

④ 参见胡春秀：《从日本土地征收制度的发展看我国土地征收立法的完善》，载《云南大学学报（法学版）》2010 年第 5 期，第 79 页以下。

⑤ 参见彭立峰：《土地征收公共目的的美法日三国比较研究》，载《行政法学研究》2014 年第 3 期，第 107 页以下。

本土地征收法制实践及对我国的启示》、①平松弘光的《从日本法视角看中国土地征收法律制度》②等。

既有的比较法研究虽然在一定程度上介绍了日本土地征收法制方面的先进经验，并且针对我国目前存在的法制问题，提出了一定的解决方案，但除个别文献外，讨论停留在宏观层面，未就具体的制度设计展开详细论述。如朱芒、宇贺克也主要是对日本土地（房屋）征收程序进行介绍，朱芒仅于必要之处论及日本法经验对我国的借鉴意义。彭立峰的文章未将日本法作为唯一的参考系，而是在概括介绍美国、法国、日本三国关于土地征收过程中公共利益的确保问题后，就如何从立法、行政（认定程序）、司法角度保障公共利益展开讨论。胡春秀的文章虽然介绍了日本土地征收的程序和损失补偿问题，但在立法论层面的检讨上，主张"制定统一的土地征收法"的结论不仅无视我国目前土地制度的现状，而且也没有提出切实可行的路径；在如何确保公共利益这一点上，虽意识到程序保障以及判断标准的重要性，主张在规定公共利益的认定标准上，"以同时满足土地利用的合理性和征收土地以实现公共利益的必要性为标准"，③但对公共利益的判断方法以及司法审查问题却未涉及；在损失补偿标准上，论述则稍显单薄，仅就应当采取事前补偿原则以及农村土地所有权的性质界定展开讨论，而未涉及农地征收的补偿标准、补偿金的算定时间等问题的检

---

① 参见黄宇骁：《日本土地征收法制实践及对我国的启示——以公共利益与损失补偿为中心》，载《环球法律评论》2015 年第 4 期，第 121 页以下。

② 参见平松弘光：《从日本法视角看中国土地征收法律制度》，杨官鹏译，载《科学发展》2016 年第 8 期，第 83 页以下。

③ 参见胡春秀：《从日本土地征收制度的发展看我国土地征收立法的完善》，载《云南大学学报（法学版）》2010 年第 5 期，第 83 页以下。

讨。这其中值得关注的是黄宇骁的文章，在概括介绍日本土地征收法制的整体构造的基础上，分析了日本法的判例与学说关于公共利益与损失补偿问题的讨论，最后从日本法制的先进经验转向对我国法的启示，提出了如下具体观点：（1）关于公共利益的保障模式和认定方法，黄宇骁的文章强调应当在"立法技术和司法审查中保障公共利益"。具体来说，首先不需要盲目地借鉴日本法制定一部统一的土地征收法，摒弃以"需要"为着眼点的公共利益界定的立法技术选择，而应借鉴日本法的经验，通过较为详细的"限定列举"的立法模式，保障公共利益的征地类型；其次，在司法审查层面，应采取"判断过程型审查方式"，确保具体公共性的认定，在城市规划事业的公共性确保上，应采用"根据规划性的公共性确保"理论，保障城市规划整体的公共性，至于整体城市规划的具体环节是建立商业设施还是基础设施，在所不问。（2）关于损失补偿的标准和范围问题，土地制度的现状决定着城市房屋征收补偿与农村集体所有土地的补偿计算标准出现差异，这一点无可厚非，但着眼于农村集体土地补偿标准过低的问题，黄文中认为应参照日本最高裁判所的做法，将补偿金额设定为"可以使得农民重建或购买到附近同等房屋"的标准。在补偿金的计算标准方面，尤其是在城市房屋征收领域，应导入日本法上的"价格固定制度"，以排除房屋所有权人对开发利益的享受，在保障公益事业进展的同时也能很好地遏制因讨价还价而产生的纠纷。对于补偿范围，应仿照日本法的做法，设定补偿范围的"概括性条款"，为将来扩展补偿的范围提供可能性。不可否认，黄宇骁提出的上述观点具有一定程度的参考价值，但在备受学界诟病的以"建设需要"为标准判断公共利益的问题上，黄宇骁认为应当借鉴日本法的做法，按照"根据规划的公共性确保"理论确保规划的具体环节——比如营利目的的商业建设——的公共性，该结论的妥当性仍需进一步探讨。另外，关于损失补偿金的算定时间，文中通过对日本判例的介绍，认为在对待城市房屋征收补偿金的问题上，应当引入"价格固定制度"以排除开发利益，但对于如何确保"价格固定制度"的实效性，因未详细展开该制度导入的背景、意义以及配套的制度设计，上述结论很难成为我国未来制度设计的具体参考。

二、问题的限定

虽然既有的研究存在如上所述的问题，但不妨碍我们从中析出比较研究的论点。正如有研究指出的那样，土地（房屋）的征收主要涉及如下四个问题：土地所有权制度、征收程序、公共利益和损失补偿。[①]土地制度的差异决定着在制度设计上借鉴日本法经验的可行性（比如是否应当制定一部统一的土地征收法），征收程序的完备能够从程序上保障公共利益、实现行政的透明化，公共利益和损失补偿是土地（房屋）征收的核心问题，只有满足公共利益的事业实施才能通过土地征收权的发动强制剥夺或限制财产权，仅满足公共利益而在损失补偿标准的设定以及损失补偿金的算定上不能保障公平、公正的话，再完美的制度设计都将会沦为一纸空文（尤其在农地征收领域）。

基于对上述先行研究[②]的把握以及核心论点的提取，笔者将研究

[①] 参见黄宇骁：《日本土地征收法制实践及对我国的启示——以公共利益与损失补偿为中心》，载《环球法律评论》2015年第4期，第122页。

[②] 缺憾之处在于笔者未对涉及土地征收问题的论文进行网罗式的梳理和分析，仅将分析的视角限定在中日比较法研究的文献。

思路设定如下：

第一，对日本土地征收制度进行宏观介绍，当然以征收程序与损失补偿为侧重点（第二部分）；

第二，从国内关于土地（房屋）征收的研究热点以及既有的中日比较法研究文献的侧重点出发，本章将主要围绕《土地收用法》第20条的解释，着重介绍日本法上"公共性的判断"（立法技术上的限定和司法审查）（第三部分）；

第三，以日本法上关于损失补偿的计算标准——价格固定制度的介绍为中心，讨论损失补偿的具体问题（第四部分）；

第四，从公共利益的确保和损失补偿两个方面，讨论日本法经验对中国法的借鉴意义。

三、用语确认

由于两国土地制度的不同以及法律用语的差异，在展开具体论述之前，有必要就本章使用的表述确认如下：

"土地收用"包括土地征收和征用，凡无特别说明，本章仅在土地征收意义上使用"土地收用"一词，目的是与《土地收用法》的条文表述保持一致。

因日本承认土地的私有制，而中国采用国家所有制和集体土地所有制的二元结构，日本法意义上的"土地收用"包括房屋收用，所以未特别说明，土地收用包括房屋收用，仅在与中国法比较时区分土地收用与房屋收用。

事业实施者的用语对应日本《土地收用法》上的"起业者"。

第二节　日本土地
　　　　征收制度概述

一、土地私有制与土地征收

在日本，私人可以享有土地的所有权，所以不管是私用还是公用，当需要取得他人土地时，理想的状态是与土地所有权人签订买卖合同，取得土地的所有权。[①]然而，作为理想状态的例外，面对公益事业主体签订买卖合同取得土地所有权的要求，如果土地所有权人不同意或者无法确认土地所有权人的，事业主体可以根据宪法的要求，通过严格的法定程序和正当的损失补偿，发动征收权剥夺并消灭原土地所有权人的权利。这就是为包括日本在内的世界各国所普遍承认的土地征收制度。

土地征收制度是利用强权剥夺或限制财产权人的权利，所以法律必须通过制度设计保障严格的法定程序和正当的损失补偿。日本于

[①] 参见平松弘光「土地収用と損失補償」『転機に立つアジアの土地法』（有斐閣、2005 年）31 頁。

1951年按照二战后新宪法第29条第3款的价值精神，^①废除旧土地收用法，制定了现行《土地收用法》。

关于公益事业的用地取得，仅限于法定的土地征收适格事业，认可其可进行土地征收，且须顺次完成事业认定程序^②和裁决程序^③（为直观起见，关于日本的征地程序，参见下文图1）。

二、事业认定程序

事业认定机关（国土交通大臣、都道府县知事）^④对事业主体提出事业认定申请，完成相应的事业认定程序。如果申请事业认定的事业有助于土地适当且合理的利用，且具备征地的公益必要性，事业认定机关发布事业认定的公告。^⑤为确保"行政的透明性"和公众参与，^⑥

---

① 参见日本宪法第29条第3款规定："私有财产在正当补偿之下，可将其收为公用。"

② 参见《土地收用法》第16条以下。

③ 参见《土地收用法》第39条以下。

④ 由前者做出事业认定处分的情况包括，申请事业认定的事业属于本法第17条第1款各号规定的事业的情况（《土地收用法》第17条）、都道府县的知事拒绝做出事业认定的情况（《土地收用法》第27条第1款第1号），以及自申请受理之日起经过三个月都道府县的知事仍未做出事业认定的情况（《土地收用法》第27条第1款第2号、第3款、第4款）。除此之外的情形由都道府县的知事做出事业认定。

⑤ 参见《土地收用法》第20条、第26条。事业认定阶段主要由事业认定机关判断申请的事业是否满足公共性，后文将立足第20条的解释论，详细分析日本法上土地征收公共利益的认定方法和司法审查的态度。

⑥ 在日本旧土地收用法（1900年）时代，关于事业认定，美浓部达吉博士曾批判道：像"日本这样的土地收用法，内务大臣对事业认定享有专断权，如果说有必要对这种审查设置必要的特别程序的话，不得不说日本的立法在诸多的国外立法例中程序是最简单的。从这一点足以看出日本法的官僚主义的倾向"。美浓部达吉『公用收用法原理』（有斐閣、1930年）151頁。

日本《土地收用法》于2001年修订，增设"事业认定申请前召开说明会"①"事业认定机关认为有必要的，可以在作出事业认定之前听取具有专业学识或相关经验人的意见"②"应利害关系人的请求，事业认定机关召开听证会"③"利害关系人提出意见书"④"听取社会资本整备审议会的意见"⑤"应当在事业认定书中记载事业认定的理由"⑥等规定。国土交通大臣或都道府县知事作出事业认定所依据的判断资料中，最重要的是事业认定申请书及其附件资料，⑦而土地管理人及相关行政机关的意见、⑧听证会的一般意见、利害关系人提出的意见书、必要时的专家学者意见以及社会资本整备审议会等的意见有时也会作为事业认定的判断资料。

根据《土地收用法》第28条的规定，事业认定自公示之日起生效，事业认定公示之后，任何人不得未经都道府县知事许可擅自对事业实施地造成明显障碍等改变其性状的行为。⑨

关于事业认定的性质，通说认为属于具有可诉性的行政行为。问题是，事业认定机关对满足第20条第1—4号要件的事业认定申请，

① 参见《土地收用法》第15条之十四。
② 参见《土地收用法》第22条。
③ 参见《土地收用法》第23条。
④ 参见《土地收用法》第25条。
⑤ 参见《土地收用法》第25条之二。
⑥ 参见《土地收用法》第26条。
⑦ 参见《土地收用法》第18条第1、2款。
⑧ 参见《土地收用法》第21条。
⑨ 参见《土地收用法》第28条之三。

是否享有拒绝认定的裁量权。判例①及学说②一般认为，当法律条文使用"可以"的表述授权行政机关作出一定行为时，该行政机关享有作出或不作出处分的裁量权。对此，杉村敏正教授认为，以行政的最终目的——公益概念规定行政行为的要件时，即便法律条文使用了"可以"的表述方式，但从理论上来说，行政机关不可能一方面认定要件的满足，另一方面又不做出相应的行政行为，既然认定要件的满足，就必须受其羁束。③虽然《土地收用法》第 20 条使用了广泛承认行政机关裁量权的表述，实践中是否存在满足第 20 条规定的四项要件而事业认定机关拒绝认定的特殊情况，还需具体讨论。小泽认为，在如下两种情况下，事业认定机关可以基于特殊考量，拒绝作出事业认定：一是申请事业认定的事业虽然满足土地利用上的合理性和公益性要件，但民众对该事业的实施表示强烈反对甚至引发反对运动的，应当能够预见到该事业的实施势必造成极大的社会动乱，即便推迟事业认定也于事无补，事业认定机关基于维稳的考量可以拒绝作出事业认定；二是事业规划涉及在日外国人居住区域的，如果能够预料到事业实施会引发外国人的反对运动的，事业认定机关可以基于外交上的考量，拒绝事业认定。除上述特殊情况外，以"可以"之表述为依据认可行政机关裁量权限的情况并不多见，2001 年《土地收用法》修改后，如果在事业认定之前，事业实施者的事业说明违反《土地收用法》第 15

---

① 参见松原下笭ダム事件東京地判昭和 38・9・17 行集 14 卷 9 号 1575 頁。

② 参见高田賢造＝国宗正義『土地収用法（法律学大系コンメンタール篇）』（日本評論社、1953 年）93 頁。

③ 参见杉村敏正『法の支配と行政法』（有斐閣、2002 年）198 頁。

条之四以及相应实施细则的，事业认定机关可以拒绝作出事业认定。[①]

三、裁决程序

裁决程序是指以事业认定为前提，由征收委员会就事业实施者或土地所有权人、其他相关权利人提出的裁决认定申请，进行审理，确定权利归属的程序。具体而言，在事业主体提起裁决申请之前，应当根据《土地收用法》"第四章第一节调查书的作成"之相关规定，制作土地、物件的调查书，并且按照第40条提交裁决申请书时，应当提供"损失补偿的预算及明细"。除裁决申请满足第47条规定的驳回裁决申请的情形外，原则上征收委员会应当就事业认定申请进行公开审理，在听取土地所有权人等权利人的意见后，作出土地征收的裁决。

根据《土地收用法》第47条之二的规定，收用裁决包括权利取得裁决和土地迁出（让出）裁决。前者是对"被征收的土地区域以及被征用的土地区域、征用方式、征用期间""对土地或土地所有权以外的权利之损失补偿""权利取得或消灭时期"（权利取得时期）以及其他法律规定的事项[②]进行的裁决。权利取得裁决一经作出，只要事业主体在权利取得时期之前支付了相应的补偿金，便能取得对象土地的所有权，原土地所有权等权利相应消灭。关于后者，根据《土地收用法》第47条之二第2款以及第49条的规定，土地迁出裁决应当与权利取得裁决同时或在其之后作出，它是对土地补偿以外的损失的

---

① 参见小泽道一『逐条解説土地収用法第三次改訂版（下）』（ぎょうせい、2012年）335頁以下。

② 参见《土地收用法》第47—48条。

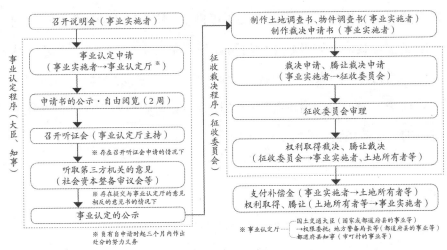

图1　《土地征收法》的主要程序

注：根据日本国土交通省公布的资料制成。

补偿额以及土地迁出期限的裁决。土地迁出裁决的法律效果是，原土地所有权人取得事业主体支付的补偿金后，应当在第49条规定的"土地迁出期限"到来之前将土地交付给事业主体，如果逾期未完成土地交付的，事业主体可以请求都道府县代为执行。如果事业主体在权利取得期限或土地迁出期限到来之前未提供补偿金的，裁决失去效力。

土地收用裁决属于行政处分，不服行政处分者，可依法申请行政不服审查或提起行政诉讼。根据传统的行政法原理，行政不服审查与行政诉讼原则上不妨碍裁决的执行。

土地征收程序是通过发动征收或征用权，剥夺并限制土地所有权人等的权利，土地征收制度使这种行政强权对私权的公用剥夺或制约变得正当。按照宪法的要求，必须在满足严格的法定程序和正当补偿的前提下，才能够发动征收或征用权。相较于行政机关介入的硬性处理方式而言，如果对于用地的取得，双方当事人可以通过其他程序实现相同目的，原则上应当尽力促成上述程序的完成。比如，涉及用地取得等纠纷处理时，《土地收用法》提供了"斡旋"[①]"仲裁"[②]以及"征收委员会在裁决审理过程中随时可以规劝事业实施者、土地所有权人以及其他利害关系人达成和解"[③]等制度设计，这些充分体现了日本《土地收用法》为了实现增进社会公共利益与尊重私有财产之间的平衡所进行的立法政策上的考量。

四、损失补偿

（一）损失补偿的种类以及具体的补偿规则

《土地收用法》设专章规定了因土地收用产生的损失补偿。根据日本宪法第29条的规定，私有财产的公用必须满足"正当补偿"的要求，该价值在《土地收用法》中的体现就是"使被收用人收用前后的财产价值不发生变化"，[④]即所谓的"完全补偿"原则。[⑤]

在日本法上，因土地收用产生的损失补偿以金钱补偿为原则，[⑥]损失补偿金额是征收委员会记载于裁决书的金额。补偿分为土地的损失补偿和伴随土地收用"通常会产生的损失补偿"（通常称为"通常损失的补偿"），前者的具体金额由权利取得裁决确定，后者是由征收委员会通过土地迁出裁决，在必要限度内予以确定。不管是何种性

---

① 参见《土地收用法》第15条之二以下。

② 参见《土地收用法》第15条之七以下。

③ 参见《土地收用法》第50条。

④ 参见最高裁判所1973·10·18民集27卷9号1210頁。

⑤ 关于损失补偿原则的具体论述，详见下文。关于确立完全补偿原则的判例介绍，参见黄宇骁：《日本土地征收法制实践及对我国的启示——以公共利益与损失补偿为中心》，载《环球法律评论》2015年第4期。

⑥ 参见《土地收用法》第70条。

质的补偿，原则上采取分别支付原则，即在裁决书中明示各不同的土地所有权人及其他利害关系人应当获得的金额。[①]如果在裁决确定的期限到来之前，逾期未支付相应补偿金的，裁决失去效力。[②]按照《土地收用法》第95条的规定，当面临支付不能的问题时，事业实施者可以在权利取得期限到来之前提存补偿金。另外，根据《土地收用法》第133条的规定，在裁决书原件送达之日起6个月内，土地所有权人、事业实施者对征收委员会确定的补偿金额不满的，可以提起行政诉讼要求增减补偿金额。

结合《土地收用法》第六章的具体规定，可将损失补偿按照如下标准分类[③]：

1. 对价补偿与通常损失的补偿

对价补偿是指填补因土地收用土地所有权或其他权利被剥夺或限制而产生的直接损失，即补偿权利消灭或被制约的对价，《土地收用法》第71、72、74、80条以及第80条之二规定的补偿属于这种类型。除第80条规定的补偿项目外，这些补偿项目都是由权利取得裁决确定的，适用"价格固定制度"[④]的对象。而通常损失的补偿是指伴随着土地收用产生的附随损失的补偿，即上述对价补偿对象之外的补偿项目，《土地收用法》第75、77、88条等规定的补偿属于此种类型。

---

① 参见《土地收用法》第69条。参见平松弘光「土地収用と損失補償」『転機に立つアジアの土地法』（有斐閣，2005年）第43页以下。
② 参见《土地收用法》第100条。
③ 参见小澤道一『逐条解説土地収用法第三次改訂版（下）』（ぎょうせい，2012年），第6页以下。
④ 参见本章第四部分的论述。

2. 金钱补偿与现物补偿（实际补偿）

如上所述，《土地收用法》遵循金钱补偿原则，除金钱补偿外，该法还规定了现物补偿，如《土地收用法》第82—86条规定的补偿就属于现物补偿。

3. 事前补偿与事后补偿

根据损失的发生与补偿的先后关系，可以将补偿分为事前补偿和事后补偿。《土地收用法》规定的绝大部分补偿属于事前补偿，但也有例外，比如第91、92、124条等规定的补偿属于事后补偿。另外，还有些补偿兼具事前补偿和事后补偿的双重性，比如《土地收用法》第83条第2款、第84条第2款、第93条既属于事前补偿，也属于事后补偿。

4. 对被收用人的补偿与对第三人的补偿

按照补偿金支付对象的不同，可以将补偿分为对被收用人的补偿和对第三人的补偿。《土地收用法》第93条规定的补偿即属于对第三人的补偿。

5. 收用损失的补偿与事业损失的补偿

广义上的因公共事业产生的损失可分为直接起因于土地收用的损失与起因于事业预定实施、事业规划的工程施工、事业完成后的供用产生的损失，前者为收用损失，后者为事业损失。《土地收用法》明文规定事业损失补偿的条文是第75条以及第93条。

（二）损失补偿额的算定标准

1. 法定补偿标准的确立

关于损失的补偿标准，《土地收用法》未做出明确规定。在很长的一段时间内，日本各地的征收委员会都是以1962年由内阁确定的公共用地取得的损失补偿标准（"建设用地买卖契约的补偿标准"）
纲要（"内阁府议定标准"）以及受内阁议定标准的影响用地对策联
络会于同年确定的公共用地取得损失补偿标准（"用地联标准"）为
参考，算定具体的补偿金额。[①]

2002 年 7 月 10 日，依据修改后的《土地收用法》（2001 年法律
第 103 号）第 88 条之二的规定，就裁决时必要的补偿事项做出详细
规定的"细则政令"[②]获准颁布并实施。自此之后，法律确定了损失补
偿的算定标准。不过需要指出的一点是，"细则政令"的内容基本上
沿用了上述内阁议定标准和用地联标准的规定，在内容上与上述二者
不存在实质差异。平松教授认为，之所以沿用过去的规定，是因为日
本政府当局不希望对用地买卖契约和土地收用裁决设定不同的补偿标
准。[③]

以下具体探讨依据法定的补偿标准，算定土地损失补偿金和通常
损失补偿金的规则（计算方法）。

2. 土地损失补偿的算定规则

如上所述，作为土地所有权以及土地所有权以外的权利因被剥夺、
消灭的对价，土地补偿金的数额通常记载于裁决书中。当然，除了以
金钱补偿权利人的损失，事业实施者还可以通过提供代替地、开垦耕
地[④]等实际补偿方式代替金钱补偿。

---

① 参见平松弘光「土地収用と損失補償」『転機に立つアジアの土地法』（有斐閣，
2005 年），第 44 页以下。

② 中文翻译版参见文后的参考资料。

③ 参见平松弘光「土地収用と損失補償」『転機に立つアジアの土地法』（有斐閣，
2005 年），第 44—45 页。

④ 参见《土地收用法》第 82、83 条。

以金钱补偿土地损失的，如果被收用人只有土地所有权人，事业实施者应当全额补偿通过"对象地的单价 × 收用面积"的计算公式算定的土地价款。对于对象地的单价，也即土地价格，参考附近同类土地的交易价格算定的、裁决申请前事业认定公示之日的价格。[①]实践中具体的做法是，如果可以收集到附近同类土地的交易案例，应以根据交易的实际情况、交易时期等，在该交易价格的基础上做出适当修正之后的价格为标准，比较考察被收用地域附近同类土地的位置、形状、环境、收益能力以及除上述因素之外的一般交易中形成价格的各种因素，算定土地的相当价格；如果无法收集到附近同类土地的交易案例，应以如下事项之一为标准，适当兼顾其他事项，确定被收用地的相当价格，即：①根据地租、耕地的使用费、租借费等收益推定的该土地价格；②土地所有权人为取得、改良、保全该土地支出的费用；③该土地的固定资产税评估额[②]以及其他课税情况下的评估额。此外，若被收用土地上存在附着物的，应以不存在该附着物时的价格为标准算定土地的价格；如果因征地事业的预定实施造成该土地价格下降的，应以不受事业实施影响时的价格为标准算定；应当按照一般交易通常的利用方法为标准，算定被收用地的价格。[③]在实务操作中，征收委员会确定最终的补偿金额时，一般会参考不动产评估鉴定专家的评估鉴定结果决定具体的补偿数额。[④]

---

① 参见《土地收用法》第71条。

② 根据地方税法（1950年法律第226号）第381条第1款或第2款的规定，固定资产税评估额是指在土地课税簿或土地补充课税簿登录的价格。

③ 参见文后参考资料中译版《土地收用法第88条之二的实施细则》第1条"征地的相当价格"。

④ 参见《土地收用法》第65条第2款。

如果被收用主体包括土地所有权人和其他权利人（比如借地权人），土地所有权人可获得的补偿金是从土地价款中扣除借地权人应得份额的部分。① 在实际的裁决书中，土地所有权人可获得的补偿数额按照"土地价款 × （1- 借地权的份额比例）× 收用面积"计算公式算定的金额，借地权人可获得的补偿金额是按照"土地价款 × 借地权的份额比例 × 收用面积"公式算定的金额。关于借地权的份额比例，根据对象土地所在地的土地利用状况进行判定。如果只是为了消灭借地权而进行权利收用的，被收用主体仅是借地权人，因此借地权人应当获得的补偿金数额是通过上述计算公式算定的、应当分配给借地权人的金额。征用土地时的补偿金的数额是依据正常的地租或者出借费算定的。②

3. 通常损失补偿的算定规则

如上所述，征收委员会在土地迁出裁决中可以在必要限度内决定通常损失的补偿。与土地等的补偿不同，通常损失的补偿不属于对价补偿，是填补因收用产生的损失（额外支出费用），所以土地迁出裁决中通常损失的补偿金数额的算定基准时是裁决作出时，③ 不同于土地等的损失补偿算定过程中适用的"土地价格固定制度"。

通常损失的补偿中具有代表性的是建筑物的移转费补偿，④ 该补偿费用是将建筑物按照通常合理的方法移转至通常合理的目的地所需

---

① 扣除原则参见文后参考资料中译版《土地收用法第 88 条之二的实施细则》第 2 条。

② 参见《土地收用法》第 72 条、细则政令第 11 条。另参见平松弘光「土地収用と損失補償」『転機に立つアジアの土地法』（有斐閣，2005 年），第 45—46 页。

③ 参见《土地收用法》第 73 条

④ 参见《土地收用法》第 77 条。

的费用。① 一般情况下，获得移转费用补偿的权利人应自行完成实际的土地迁出事宜，② 例外情况下，可以通过工事的代行 ③ 或建造宅基地等实际补偿方法实现。除建筑物移转费用补偿外，《土地收用法》还详细规定了其他类型的补偿，具体包括农业补偿、营业损失补偿、临时安置房补偿、房屋承租人的补偿、动产移转补偿、移转杂费等各种补偿项目，每种补偿项目的具体补偿标准，细则政令均做出了明确规定。

---

① 细目政令第 17 条。
② 参见《土地收用法》第 102 条。
③ 参见《土地收用法》第 85 条。

第三节　土地征收中的
公共性判断

根据日本宪法第 29 条的规定以及《土地收用法》第 1 条的规定，土地的征收或征用应当满足公共性的要求。在我国，如何界定"公共利益"以及"公共利益"的判断标准一度成为研究土地（房屋）征收的热门话题，然而对于上述问题如何解决，至今仍未形成一致观点。[①]

在日本，为了保证申请事业的公共性采用了二阶段的审查模式。第一阶段，根据事业实施者申请的事业种类，由事业认定机关判断是否属于《土地收用法》第 3 条列举的事业类型。判断某项事业是否具备公共性要件，首先须依照宪法第 29 条第 3 款之规定，分别判断不同类型的事业"是否为公共目的"。所以，如果从类型区分上被认定为不具有公共性，事业认定机关作出"征收适格事业"认定的话，会被判断为违宪。满足第一阶段的审查后，事业认定机关还须依照《土地收用法》第 20 条的规定，判断申请的事业是否具备具体的公共性，

[①] 参见黄宇骁：《日本土地征收法制实践及对我国的启示——以公共利益与损失补偿为中心》，载《环球法律评论》2015 年第 4 期，第 122 页。

即该具体事业是否存在通过土地征收实现的公共性，①此即第二阶段的审查。从后文的分析可知，第二阶段的审查主要是围绕《土地收用法》第 20 条规定的第 3、4 号要件展开的。以下对应两个阶段，分别讨论日本法上土地征收的公共性问题。

一、征收适格事业与公共性

《土地收用法》第 3 条通过以"准据法"为标准的限定模式，②列举了超过 40 种的事业类型。③申请的事业是否属于第 3 条所列情形之一，原则上只需对号入座即可。所以在这一阶段的审查中，"对于何种事业满足宪法第 29 条第 3 款规定的'为公共目的'之要件，学界鲜有深入讨论"④。

---

① 参见山田洋「土地収用と事業の公共性」『行政法の争点』（有斐閣、2014 年）264 頁以下。

② 参见平松弘光「日本法からみた中国の土地収用制度」総合政策論叢 24 号（2012 年）92 頁。

③ 参见《土地收用法》第 3 条。

④ 参见山田洋「土地収用と事業の公共性」『行政法の争点』（有斐閣、2014 年），第 264 頁。另有学者指出，"传统学说的讨论并不以土地征收的公共性作为讨论的对象，而是以公共性的存在为前提，重点讨论补偿的内容、范围以及征收程序等问题。原因可能是，从当时的国民感情角度来看，普遍认为土地征收具有明确的国家目的，而且被征收的土地基本上是用来为地区社会的一般民众提供道路或者学校用地，土地收用的公共性自然不会成为讨论的话题"，参见遠藤博也「土地収用と公共性」同『行政過程論・計画行政法』（信山社、2011 年）393 頁。早期的判例，除备受瞩目的"农地改革案"（最判 1953・12・23 民集 7 巻 13 号 1523 頁。关于该案的介绍，参见参见黄宇骁：《日本土地征收法制实践及对我国的启示——以公关利益与损失补偿为中心》，《环球法律评论》2015 年第 4 期，第 136 页）外，几乎不存在从正面讨论征收适格事业正当与否的判例。之所以对征收适格事业与公共性的问题讨论甚少，除《土地收用法》第 3 条采用明确列举的立法层面的原因外，还因为征收事业的主体多为国家或地方公共团体以及事业本身具有面向不特定多数人利益的性质。

当然，不能仅根据征收事业的主体非国家或地方公共团体，就直接否定申请事业的征收适格性。正如有学者指出的那样："随着民营化的发展，具有公共性的事业主体呈现多样化趋势，随之而来的，事业实施者也变得多样化。"①比如，废弃物处理设施的事业实施者中，除地方公共团体外，还包括民间主动融资（PFI）法人等"废弃物处理中心"。在这种背景下，判断申请事业的征收适格性的关键在于，该事业的内容是否满足"为公共目的"的要件。

如上所述，事业受益人即多数人的利益赋予申请事业以公共性的地位。虽然《土地收用法》第 3 条列举的事业均具有此种性质，但第 3 条列举的范围之外的事业并不一定不满足公共性的要件。正如国内既有研究指出的那样，日本有关土地征收的法规范是以《土地收用法》为基本法、以《城市规划法》等为特别法构成的法律体系。②虽然城市规划事业非《土地收用法》第 3 条列举的事业类型，但根据《城市规划法》第 69 条的规定，城市规划事业被看作是征收适格事业。③城市规划事业包括城市规划设施的整备事业和城区开发事业（参见平松论文，类似我国的房地产开发事业），对于前者，因事业所带来的利益面向不特定的多数人，所以这种事业具备公共性，不存在疑问。但是，对于后者，即《城市再开发法》规定的第二种再开发事业，却很

---

① 参见山田洋「土地収用と事業の公共性」『行政法の争点』（有斐閣、2014 年），第 264 页。

② 参见黄宇骁：《日本土地征收法制实践及对我国的启示——以公共利益与损失补偿为中心》，载《环球法律评论》2015 年第 4 期，第 121 页。

③ 参见山田洋「土地収用と事業の公共性」『行政法の争点』（有斐閣、2014 年），第 264 页。同样地，《住宅区改良法》规定的住宅区改良事业也属于收用适格事业，参照福冈地判平成 10・3・27 判例地方自治 191 号 72 页。

难说因为受益者的多数性使其具备公共性要件。比如，再开发公寓的租户，如大型商业设施等进驻的情况比较常见，认定这些设施具有公共性，未免有些牵强。因此，对于像城市开发事业中的"公共的私用征收"，[①]"与其说是该事业提供的设施等给直接受益人带来利益而具有公共性，毋宁说城市环境整备给全体居民带来利益，城市规划促进了生活环境的改善，赋予事业以公共性的地位"[②]。在城市化的进程中，几乎所有的城市规划事业都或多或少地具备"规划公共性"的性质，"城市规划整体上的公共性"与依据受益人数众多认定公共性的路径相比，很明显地带有"浓厚的政策性因素"，这种意义上的"公共性"具有高度抽象性，因此有学者认为"判断这些事业是否具备公共性往往非常复杂"[③]。这种"高度抽象性"的公共性无益于实践中公共性的认定，"规划的公共性"判断路径虽然巧妙，但不可否认的一点是，以整体规划的公共性证成构成规划的每一个环节的公共性，难免有所牵强。即使通过保证"规划本身"的合理性，[④]证成城市规划事业的公共性，也难以消除以偏概全之惑。对此，远藤博也教授从规划行政的特色出发，认为立法过程不可能为决定具体的公共性的内容，配置必要不可

① 参见藤田宙靖「公共用地の強制取得と現代公法」藤田宙靖『西ドイツの土地法と日本の土地法』（創文社、1988 年）170 頁。
② 参见山田洋「土地収用と事業の公共性」『行政法の争点』（有斐閣、2014 年），第 265 頁。
③ 参见山田洋「土地収用と事業の公共性」『行政法の争点』（有斐閣、2014 年），第 265 頁。
④ 如何保证规划本身的合理性，比如根据《城市规划法》第 13 条的规定，城市规划的制定必须符合严格的标准，标准的严格性为规划本身的合理性提供了担保，参见黄宇骁：《日本土地征收法制实践及对我国的启示——以公共利益和损失利益为中心》，载《环球法律评论》2015 年第 4 期，第 129 页以下。

缺的利害调整程序，只能借助于行政裁量。① 所以对于城市规划事业的公共性，除了立法提供的严格标准的城市规划的保障手段外，更重要的应当是对规划行政中行政裁量的司法审查（即第二阶段的审查）。

二、具体事业的公益性——《土地收用法》第 3、4 号要件的解释论与第 3 号要件的司法审查

如上所述，日本法上对土地征收的公共性采取二阶段审查模式。虽然从类型区分上认定申请事业属于法定的征收适格事业，但这并不意味着具体的事业具备征收所实现的具体公益性，两者是不同层面的问题。第二阶段的审查主要是通过判断是否满足《土地收用法》第 3、4 号要件来完成的。②

上文已经就《土地收用法》第 20 条第 1 号要件进行论述，虽然第 1 号要件要求事业认定机关对申请的事业是否满足《土地收用法》第 3 条所列事业类型进行形式审查，但在一定情形下事业认定机关也可就申请的事业是否符合第 1 号的规定享有判断权，比如第 3 条第 2 号规定"其他与公共利害相关的河川"，事业认定机关可以对申请的河川建设事业是否属于"其他与公共利害相关的河川"进行灵活性判

---

① 参见遠藤博也「土地収用と公共性」同『行政過程論·計画行政法』（信山社，2011 年），399 页。

② 《土地收用法》第 20 条规定："申请的事业满足下列各号要件的，国土交通大臣或都道府县的知事可以作出事业认定。第 1 号：申请的事业属于本法第 3 条各号所列事业之一的；第 2 号：事业发起人（或实施者）具有完成该事业所需的充分的意思和能力；第 3 号：事业规划有助于土地适当且合理的利用；第 4 号：具有征收或征用土地的公益上的必要性。"如无特别说明，下文所指的第 3 号要件和第 4 号要件分别指《土地收用法》第 20 条第 3 款和第 4 款。

断，从这种意义上说，依据第 20 条第 1 号要件作出的判断不是严格意义上的羁束行政行为。[①]第 20 条第 2 号要件要求事业认定机关从法律规定（比如法律规定某项事业的开展需要特别的许可或资质）、资金面、组织与人员构成等方面，对事业主体进行客观判断。[②]关于第20 条第 1、2 号要件，除涉及（一）的内容外，司法实务和学说上的争议较少。下文主要围绕《土地收用法》第 3、4 号要件的解释论，介绍日本法上关于土地征收事业的具体公共性的认定方法，以及裁判所对事业认定机关依据第 3 号要件作出的判断的司法审查态度，最后考虑到城市规划事业的特殊性，讨论城市规划事业的具体公共性的判断。

（一）第 3 号要件的解释论

1. 第 3 号要件与第 4 号要件的关系

《土地收用法》第 3 号要件规定"事业规划有助于土地适当且合理地利用"，第 4 号规定"具有征收或征用土地的公益必要性"，单从条文表述来看，两者存在怎样的关系，并不明确。学说上，也认为"两者的关系未必明确"，但"主要是第 3 号要件明示了事业的具体公共性的内涵"[③]。实务上，1951 年 12 月 15 日发布的《关于适用土地收用法第三章事业认定规定的说明》明确表示，第 4 号要件主要是审查各种申请事业是否具备具体的公共性，如果对第 4 号要件作此解

---

① 参见小泽道一『逐条解説土地収用法第三次改訂版（上）』（ぎょうせい、2012 年）338 頁以下。

② 同上，第 338 頁。对于第 2 号规定的"充分"应当如何作出判断，可参照松原下笠ダム事件東京地判昭和 38・9・17 行集 14 卷 9 号 1575 頁。

③ 参见小泽道一『逐条解説土地収用法第三次改訂版（上）』（ぎょうせい、2012 年）第 338 頁以下。

读，那么依据第 4 号要件进行的审查理应包含在第 3 号要件的审查中。①
围绕第 3 号要件与第 4 号要件的关系，学界产生的争议主要围绕"事
业规划替代方案"的检讨②是属于哪一个要件的判断范畴的问题，如果
严格区分第 3 号要件的判断是羁束行政行为而第 4 号要件是自由裁量
行为，则两者在司法统制层面出现差异；③如果认为两个要件在裁量性
上不存在实质差异，只是裁量的程度不同，那么无须执着于上述问题
的讨论。④

2. 第 3 号要件的解释论

考察申请事业的具体公共性，首先须根据第 3 号要件，审查具体
的事业在具体状况下是否具备通过征收手段应当实现的价值，⑤以及被
征收的土地用作公用给私人、公共利益的侵害，⑥即通过比较衡量的方
法综合比较事业实现的"公共利益的大小和程度"与"丧失利益"。
最先提出这一解释方法的是已经被国内研究介绍的、著名的"日光太
郎杉案件"，⑦之后许多下级裁判所均沿用这种判断构造，学说和实务

---

① 参见山田洋「土地収用と事業の公共性」『行政法の争点』（有斐閣、2014 年），
第 265 页。

② 参见小澤道一『逐条解説土地収用法第三次改訂版（上）』（ぎょうせい，2012 年）
第 362 页。

③ 小澤道一「事業認定と土地収用法二〇条三・四号要件」別冊ジュリスト『街づく
り・国づくり判例百選』（有斐閣、1989 年）122 頁。

④ 参见阿部泰隆『行政裁量と行政救済』（三省堂、1987 年）128 頁。

⑤ 参见小澤道一『逐条解説土地収用法第三次改訂版（上）』（ぎょうせい，2012 年）
第 265 页。

⑥ 参见小澤道一『逐条解説土地収用法第三次改訂版（上）』（ぎょうせい，2012 年）
第 342 页。

⑦ 東京高裁 1973・7・13 行集 24 巻 6・7 号 533 頁。

部门也支持这种观点。[1]但正如学者指出的那样，"虽然判例、学说和实务部门多倾向于支持上述解释理论，但判例仅提供了解释公益性是否满足的大体框架，在具体判断公共性时，还需探讨比较衡量的具体对象——价值与利益以及比较衡量的具体方法"[2]。因此，本部分着重分析比较衡量的对象——价值与利益的范围以及比较衡量的具体方法。

首先，关于比较衡量的对象——价值与利益的范围。

考察具体事业通过征收手段实现的价值时，应当综合考虑事业的种类以及事业的规划方法，[3]此外还应兼顾民众法律意识的增强对判断利益种类的影响。[4]事业可能带来的公共利益因事业的种类不同各异，公共利益的大小取决于该事业必要性的程度以及利益所及的地域范围和可以享受该利益的人数多寡，所以不能简单地认为事业的实施目的之一是为了解决某一私营企业的需要，就否定事业本身的公共性。[5]事业规划方法的不同，也会影响对公共利益大小的判断。比如建设公共道路的，通常会规划道路的交通量；建设河川的，通常会规划河川的水流量，因此依据第3号要件进行审查时，会充分考虑事业规划的恰当性（是否过大或过小）。另外，随着民众法律意识和权利意识的增强，再像过去那样一味强调一般的便利性，恐怕难以获得大众的理解和支

---

① 参见小泽道一『逐条解説土地収用法第三次改訂版（上）』（ぎょうせい、2012年）343頁。

② 参见小泽道一『逐条解説土地収用法第三次改訂版（上）』（ぎょうせい、2012年）347頁以下。

③ 参见小泽道一『逐条解説土地収用法第三次改訂版（上）』（ぎょうせい、2012年）344頁。

④ 参见山田洋「土地収用と事業の公共性」『行政法の争点』（有斐閣、2014年）265頁。

⑤ 大津地判1978・10・16判例タイムズ372号116頁。

持，应当具体考察事业实施能够实现的价值。[1]

考察事业实现的价值之对立面——"丧失的利益"时，不应仅限于土地被征收相对方的利益，[2]还应考虑多方面的利益。例如，判例承认的利益范围有：噪声[3]、污水[4]等生活环境利益，景观、自然环境[5]、民族文化价值[6]、宗教价值[7]等。涉及农地征收的，还应考察以现在的土地状况为前提的利益以及将来具有利用可能性的利益。比如，同样是农地，城市近郊城市化区域内的农地和城市化调整区域的农地在利用可能性上存在不同，前者作为宅基地过渡地，其利用价值显然高于后者的利用价值。[8]

另外，根据征地类型的不同，"丧失利益"的大小也会出现差异。实务上，一般认为按照宅基地、农地、山林、荒野荒地的顺序，"丧失的利益"逐渐变小。所以，如果特定道路建设事业征收宅基地的，

---

① 参见岐阜地判 2003·12·26 判例時報 1858 号 19 頁。

② 而且应当明确的是，事业实施地是指被征收土地的整体，并不是分属不同所有权人的单笔土地，因此比较衡量的对象应当是事业实施地内具体土地所具有的价值总和；（小泽道一）；比如道路工程建设后，权利人为了避免机动车噪音的影响，不得已搬家的情况，因属于权利人自身的特殊情况，故不在考虑之列。比如广岛地判 1982·9·1 实务提要 2630 頁。

③ 参见東京地判 2010·9·1 判例時報 2107 号 22 頁。

④ 参见東京高判 2008·3·31 判例地方自治 305 号 95 頁。

⑤ 参见東京地判 2010·9·1 判例時報 2107 号 22 頁。

⑥ 参见札幌地判 1997·3·27 判例時報 1598 号 85 頁。

⑦ 参见長野地判 1986·5·15 判例地方自治 28 号 85 頁。

⑧ 参见小澤道一『逐条解説土地収用法第三次改訂版（上）』（ぎょうせい、2012年），第 346 頁。

事业认定机关可能会认定不满足第 3 号要件的要求。[①]

其次，关于比较衡量的方法。

不管是民法还是宪法，涉及利益冲突时，通常会选择利益衡量的解释路径。比如，在民法领域，由加藤一郎教授倡导的利益衡量解释路径是，通过比较双方当事人的利益状况得出实质正当性的结论，然后以此为导向展开具体的法解释，证成结论的正当性。[②]宪法领域在处理私人利益与公共福祉冲突时同样也会采取利益衡量的解释路径。但是，这种利益比较衡量的解释只是提供了解决问题的思路，没有明确具体的方法，具有内容空洞、同义反复的解释与难以预测最终结论的缺点。[③]所以，"通过何种尺度、何种标准"对"事业实现的价值"与"丧失的利益"进行比较显得尤为重要。[④]不过，正如上面所述，随着民众权利意识的增强，主张利益的范围呈现扩张趋势，我们无法找到评价所有利益的统一标准，而且在土地征收层面，互相对立的两种利益在"利益的性质"[⑤]上明显不同，增加了比较衡量的难度。例如，判例上承认的景观利益虽然具有一定的客观性，但与地区居民的主观感受密不可分。利益的复杂化要求我们通过合理的比较衡量方法作出判断时，

---

① 参见小澤道一『逐条解説土地収用法第三次改訂版（上）』（ぎょうせい，2012 年）346 頁。

② 加藤一郎「法解釈学における論理と利益衡量」『岩波講座　現代法 15』25 頁以下。

③ 田村悦一＝芝池義一「日光太郎杉事件控訴審判決」立命館法学 5・6 号（1973 年）566 頁。

④ 参见小澤道一『逐条解説土地収用法第三次改訂版（上）』（ぎょうせい，2012 年）347 頁以下。

⑤ 一方是国家的、社会的、地区的、集体的公共利益，另一方是被征收人对被征收土地享有的私人利益以及公益。

尽可能地使被主张的利益客观化。①

　　另外，还需兼顾被征收地范围内民众的民主决定，比如对于公害发生型的事业，重视环境价值的人一般认为对其作出事业认定是违法的，而对不太重视环境价值的人来说，会作出截然相反的判断。鉴于此，有学者提议，"基于价值相对主义的立场，探究处于社会支配地位的价值观，以此作为比较衡量的标准"②。该观点背后的逻辑是，通过事业造成影响范围的民众之民主决定，作为比较衡量的依据。司法实践中，前述"日光太郎杉案"一审判决便运用了这种方法，引用国民各阶层对该案提出的意见，作为裁判所价值判断的依据。

　　司法实践中，裁判所一般结合具体情况进行比较衡量。比如，适用"比例原则"，认为"如没有该土地不会对事业产生实质影响，而征收该土地则产生更好的效果"的，则事业实施地范围并不满足必要最小限度的要求。③如果因征地丧失的利益可以在其他场所复原，那么在比较衡量的过程中，应当予以考虑，比如静冈地方裁判所判决就是关于在机场建设事业中考虑动植物保全对策实施的最好例证。④另外，实践中可能出现的情形是，工程已经着手实施后才提出事业认定申请，更为极端的情况是工程已经完工才提出事业认定申请的，法律虽然未明文禁止，但是在依据第20条第3号要件作出判断时，不应考虑工程已经开工或完工的事实。

① 参见山田洋「土地収用と事業の公共性」『行政法の争点』（有斐閣，2014年），265頁。
② 参见小澤道一『逐条解説土地収用法第三次改訂版（上）』（ぎょうせい，2012年），第348頁。
③ 参见静岡地判2010·3·18实務提要2697号101頁。
④ 参见静岡地判2010·3·18实務提要2697号101頁。

　　在具体的比较衡量中，经常运用的方法是比较事业实施方案与替代方案的优劣。虽然法律和裁判实务均没有明确要求事业认定机关必须就申请的事业规划方案与替代方案进行比较，[①] 但是如果裁判所认为"事业规划本身的合理性存在问题的而事业认定机关又未比较检讨规划方案和替代方案的"，事业认定机关的认定就存在"滥用裁量权"的嫌疑。[②] 因为法律未要求事业实施者负担提供替代方案的义务，因此应当根据不同情况分别作出判断。如果根据事业实施者提供的资料，无法得出明显优于事业规划方案的，事业认定就不违法[③]；而如果事业认定机关为了形成自由心证，要求事业实施者提供替代方案的，即使事业实施者未提供替代方案，也不妨碍事业认定机关通过考量事业实施地周边土地的利用状况，审查事业规划是否满足第3号要件的要求。[④]

　　对于城市规划事业，必要时，同样需要考量城市规划方案与替代方案的优劣。如上所述，关于公共性，在第一阶段的审查中，规划本身的合理性担保城市规划决定事业的公共性，但最终判断城市规划事业是否具备具体公共性，还须考察城市规划决定事业与城市规划之间的适合性[⑤] 以及城市规划本身是否合理。例如，国内既有研究介绍的日本最高裁判所 2006 年 11 月 2 日 "小田急高架化诉讼案"[⑥] 就是通过比较规划方案与替代方案的优劣，撤销事业认定的。

---

① 参见秋田地判 1996·8·9 判例地方自治 164 号 76 页。

② 参见東京地判 2004·4·22 判例时报 1856 号 32 页。

③ 参见冈山地判 2004·3·16 判例地方自治 265 号 4。

④ 参见小澤道一『逐条解説土地收用法第三次改訂版（上）』（ぎょうせい，2012 年）354 页。

⑤《城市规划法》第 61 条第 1 款。

⑥ 最判 2006·11·2 民集 60 卷 9 号 3249 页。

3. 裁判所对事业认定机关依据第 3 号要件做出判断的司法审查的态度

第 3 号要件是否具有裁量性，直接影响着裁判所司法审查的态度。因为按照传统的行政法理论，如果认为第 3 号要件规定的"适当且合理的利用"属于不确定的法律概念，事业认定机关基于独自判断做出的事业认定将属于"裁量行政行为"，裁判所必须尊重行政机关做出的判断，"一般不对行政机关的判断进行实质性审查，仅审查其是否滥用裁量权"①。当然，根据裁量性质的不同，日本的学说和实务一般将行政行为的裁量区分为"适合进行司法审查的裁量行为"与"不宜对其进行司法审查的裁量行为"，前者为"羁束裁量"或"法规裁量"，后者为"自由裁量"或"便宜裁量"，问题是从何种角度对两者进行区分。关于这一点，学界历来存在争议。② 相反，如果认为事业认定机关依据第 3 号要件做出的判断属于羁束行政行为，那么裁判所在对其进行合法性审查时，即判断事业认定机关是否存在事实认定或法律适用错误时，裁判所根据事实关系进行法律适用得出一定结论，基于自己得出的结论独立判断行政机关做出的判断，这种司法审查的方式通常被称为"实质判断代替型"司法审查。③

由是观之，第 3 号要件是否具有裁量性直接左右着裁判所司法审查的态度和方式，因此考察判例和学说关于第 3 号要件的性质显得尤为必要。以下分别分析判例及学说的立场，在此基础上讨论裁判所对

---

① 参见黄宇骁：《日本土地征收法制实践及对我国的启示——以公共利益与损失补偿为中心》，载《环球法律评论》2015 年第 4 期。
② 原田尚彦『行政法要論（全訂第七版補訂版）』（学陽書房，2011 年）146 頁。
③ 原田尚彦『行政法要論（全訂第七版補訂版）』（学陽書房，2011 年）146 頁。

事业认定机关依据第 3 号要件做出判断的司法审查态度和方式。

根据小泽教授的分析，在第 3 号要件的判断属于羁束行政行为或兼具羁束性与裁量性的行政行为还是适用日本行政案件诉讼法第 30 条的裁量行政行为这一点上，判例的立场并不一致。[①]"虽然多数案例认为第 3 号要件具有裁量性，但仍有部分案例认为根据第 3 号要件做出的判断具有羁束性。"[②]日本法的判例之所以未形成统一立场，原因在于学说关于第 3 号要件的性质未达成共识。主张第 3 号要件的判断具有羁束性的观点[③]认为，事业认定属于剥夺国民财产权的行政处分，所以依据第 3 号要件作出的判断具有羁束性。持"羁束说"学者的观点都可以追溯到美浓部达吉博士的如下论述："侵害人民既有权利或使人民负担义务的行为，即使法律明文规定属于行政权的自由裁量范围，其裁量也常常受到羁束，并不能简单地认为属于行政裁量行为。"[④]持"裁量说"的学者多认为，第 3 号要件的审查必然伴随着政策性或专业技术性的判断，因此应当尊重事业认定机关的裁量权限。[⑤]

如上所述，围绕第 3 号要件的性质，学说观点的分歧导致判例立场的不统一。正如小泽道一教授指出的那样，"羁束说"和"裁量说"

[①] 参见小泽道一『逐条解説土地収用法第三次改訂版（上）』（ぎょうせい，2012 年）354 頁以下。

[②] 小泽道一『逐条解説土地収用法第三次改訂版（上）』（ぎょうせい，2012 年）354 頁以下。

[③] 参见柳瀬良幹『公用負担法（新版）（法律学全集）』（有斐閣、1971 年）204 頁。

[④] 美濃部達吉『行政法提要（上）（第 5 版）』（有斐閣，1936 年）43 頁、藤田宙靖『行政法Ⅰ総論第 4 版〔改訂版〕』（青林書院，2005 年）111 頁。

[⑤] 持"裁量说"的学者有中川善之助＝兼子一『土地収用・税金（改訂版）』（青林書院新社，1976 年）298 頁〔荒秀執筆〕、原田尚彦「土地収用法 20 条 3 号の判断における建設大臣の裁量権と司法審査の方法」判例タイムズ 301 号 77 頁。

的观点虽然都有可取之处，但两者都难以实现逻辑自洽。[①]首先，采"羁束说"的判例都认为《土地收用法》第 20 条第 4 号要件的审查适用日本《行政案件诉讼法》第 30 条，属于裁量行政行为，如果羁束说的观点萌芽来自美浓部达吉博士的前述论述的话，那么不管是第 3 号要件还是第 4 号要件，依据两者进行的判断都应具有羁束性，否则逻辑难以自洽。其次，采"裁量说"的判例的理由是，事业认定伴随着政策性或专业技术性的判断，但对于通过专业技术判断解释不确定概念（"适当且合理的利用"），判例及学说均未明确说明裁判所必须尊重行政机关的专业知识的理由。[②]此外，事业认定机关做出事业认定时，并不一定要依据专业技术知识。比如，如果事业规划非常简单，根本无须专业技术知识；《土地收用法》第 3 条列举的事业类型多种多样，一律要求事业认定机关做出所有的事业认定时均必须依靠专业的技术知识，既不现实也不可能；在大规模事业规划的情况下，公益性实现程度的评估、替代方案的优劣比较等，确实需要依靠一定的专业技术知识，但实际上具备这种专业技术知识者通常是事业实施者而非事业认定机关，事业认定机关只是在某种程度上信赖事业实施者的知识，通过听取社会资本整备会议等第三者机关的意见，必要时还可以听取专家学者的建议，然后以社会上处于支配地位的价值观为导向，进行审查。因此，对于未必具备专业技术知识的事业认定机关的判断，以专业技术性证成判断的裁量性，让人费解。[③]当然，像道路建设事

---

① 参见小澤道一『逐条解説土地収用法第三次改訂版（上）』（ぎょうせい，2012 年）357 頁以下。
② 参见宮田三郎「専門技術的裁量について」判例時報 2067 号 3 頁。
③ 参见東京地判 2004 · 4 · 22 判例時報 1856 号 32 頁。

业，如何权衡道路建设的必要性与环境保全的必要性，权衡两者的价值轻重，事业认定机关往往依据第 3 号要件做出政策性判断，这种情况下事业认定机关做出的判断具有裁量性。但是，需要事业认定机关做出政策性判断仅限于不存在普遍被一般民众接受的价值评价标准的情况，而能够通过社会普遍认同的价值标准做出判断的，无须进行政策性判断。

鉴于此，小泽教授指出，"无论主张羁束性也好，还是强调裁量性也罢，事业认定处分的羁束性和裁量性的区分已趋相对化"。对此，虽然备受学界关注的"日光太郎杉案"东京高等裁判所判决①认为"行政机关（事业认定机关）可以在一定范围内进行裁量判断"，且以该判决为分水岭，之后的学说、观点改变过去将第 3 号要件定性为法律问题（即羁束裁量）的立场，转而支持该判决提出的"裁量说"的观点，不过正如小早川光郎教授在本案的判例评析中所指出的那样，"法律问题与裁量问题的区分已趋相对化，裁判实务在承认行政机关的裁量和通过司法审查控制行政机关裁量的必要性的同时，就行政裁量是否超越一定的范围保留司法审查的可能性"②。

以上从裁判实务和学说观点出发，分析了日本法上围绕第 3 号要件性质的争论。从以上分析可知，在"裁量说"与"羁束说"观点日趋相对化的背景下，过分强调第 3 号要件属于何种性质的判断，难以获得多数学者的支持。问题的关键是，如何结合具体的状况，合理运用司法审查方法，实现对事业认定机关判断的审查。判例上，对事业

---

① 参见東京高判 1973·7·13 行裁例集 24 卷 6·7 号 533 頁。
② 参见小早川光郎「事業認定と土地收用法二〇条三号の要件——日光太郎杉事件」別冊ジュリスト 103 号（有斐閣，1989 年）120 頁。

认定机关依据第 3 号要件作出的判断，存在如下三种审查态度：

（1）判断过程统制型

前述"日光太郎杉案"东京高等裁判所采用的司法审查方式属于这种类型。所谓的判断过程统制型是指裁判所对事业认定机关的判断过程进行司法审查。"日光太郎杉案"东京高等裁判所的判决的如下表述较好地诠释了判断过程统制型司法审查的特点："控诉人的上述判断在裁量判断的方法和过程中存在错误，应当认定为违法""裁量判断的方法和过程存在错误，控诉人建设大臣的判断是违法的。"针对判断过程统制型的司法审查方式，国内相关研究已经进行了相当程度的介绍与分析，在此不再结合该案的判旨展开详细论述。[①]

（2）实质判断代替型

上文已经指出，如果认为第 3 号要件的判断具有羁束性，裁判所通常运用"实质判断代替型"的司法审查方式，审查事业认定机关的判断。该类型的司法审查的特点是，裁判所与事业认定机关处于同一立场作出判断，基于独自得出的结论审查事业认定机关判断的合法性。根据小泽教授的总结，实践中适用该种司法审查的判例有"日光太郎杉案一审判决"[②]"国道九号线松江地方裁判所判决"[③]"西大津汽车车道迂回道路大津地方裁判所判决"[④]"伊丹市立伊丹医院神户地方裁判所判决""净久寺长野地方裁判所判决"[⑤]等。

---

① 参见黄宇骁：《日本土地征收法制实践及对我国的启示——以公共利益与损失补偿为中心》，载《环球法律评论》2015 年第 4 期，第 132 页以下。

② 参见宇都宫地判 4449 行集 20 卷 4 号 373 頁。

③ 参见松江地判 1970·3·25 行集 21 卷 3 号 603 頁。

④ 参见大津地判 1983·11·28 訟月 30 卷 5 号 854 頁。

⑤ 参见長野地判 1986·5·15 判例地方自治 28 号 85 頁。

（3）裁量权超越型、滥用型

如果裁判所适用《行政案件诉讼法》第30条进行审查，必须就事业认定机关是否超越、滥用裁量权限作出判断。例如，中部电力特别高压电输送线路名古屋地方裁判所判决指出，"从性质上来说，上述判断必然伴随着政策性和专业技术性的判断，所以应当承认建设大臣或都道府县知事具有裁量权，仅当从社会一般观念来说上述判断明显缺乏正当根据的，才可以判断其超越或滥用裁量权限，构成违法"[①]。

关于上述三种司法审查方式孰优孰劣，如上所述，国内相关研究通过全面分析"日光太郎杉案"东京高等裁判所判决的立场，表现出对"判断过程统制型"司法审查方式的支持态度[②]，且认为："至少，关于《土地收用法》具体公共性认定第3号要件这一问题上，日本判例已经指明了审查方法，也就是必须使用判断过程型审查。"基于如下分析，笔者认为上述观点未免太过武断。小泽教授在比较三种司法审查方式的基础上指出，"从理论上说，判断过程统制型审查与实质判断代替型审查不能并存，但两者均可以与裁量权超越型、滥用型审查并存"，且"虽然判断过程型审查和实质判断型审查在理论上无法实现共存，但实际采用判断过程统制型审查的判例有时也会代替事业认定机关作出实质判断"[③]。小泽教授进一步指出，"虽然'日光太郎杉案'东京高等裁判所判决因采用判断过程统制型司法审查备受学界

---

① 参见名古屋地判1995·12·15判例地方自治152号101页。

② 参见黄宇骁：《日本土地征收法制实践及对我国的启示——以公共利益与损失补偿为中心》，载《环球法律评论》2015年第4期。

③ 参见小澤道一『逐条解説 土地収用法第三次改訂版（上）』（ぎょうせい，2012年）361頁。

关注"，但"该案与其他多数案例一样，不仅对事业认定机关的判断过程，而且对事业认定机关的判断的实质内容进行了审查"，因此，"日光太郎杉案采用的司法审查方式与实质判断代替型的司法审查方式并无二致"。即便依据判决屡次提及"事业认定机关的判断过程存在错误"，而将其归类为判断过程型审查，但仔细分析该案裁判官的思考过程不难发现，裁判官的判断与实质判断代替型的司法审查不存在实质差异，"过于强调司法审查方式的对立，实际上忽略了裁判的实际情况"①。

既然围绕第 3 号要件的性质，裁判实务和学说均未能达成一致意见，且通过上文的分析得出"羁束性"的观点与"裁量性"的观点日趋相对化，那么在审查第 3 号要件的判断时，应当在对比较衡量的对象——"实现价值"与"所失利益"进行比较衡量的基础上，采用灵活的司法审查方式。具体而言，如果价值与利益的比较衡量存在确定的评价标准，比如从社会一般观念上说，存在支配地位的价值观，则适用"实质判断代替型"的审查方式；如果价值与利益的比较衡量不存在确定的评价标准，且事业认定机关作出判断时依靠专业技术知识的，则适用"判断过程统制型"司法审查方式。不管是采用哪种审查方式，像"日光太郎杉案"东京高等裁判所判决那样，事业认定机关以专业技术判断为基础作出判断的，裁判所进行司法审查时应当保持一定的自制，在一定程度上尊重行政机关的裁量。②

---

① 参见小澤道一『逐条解説　土地収用法第三次改訂版（上）』（ぎょうせい，2012 年）362 頁。
② 参见小早川光郎「事業認定と土地収用法二〇条三号の要件——日光太郎杉事件」別冊ジュリスト 103 号（有斐閣，1989 年）120 頁。

（二）第 4 号要件的解释论

如前文所述，第 3 号要件与第 4 号要件的关系尚不明确。根据日本 1951 年发布的《关于适用土地收用法第三章事业认定规定的说明》，第 4 号要件是审查各种申请事业是否具备具体的公共性，如此解释必将造成第 3 号要件与第 4 号要件适用上的混乱。而如果认为第 4 号要件审查征收该土地的必要性[1]，将第 4 号要件与第 3 号要件进行区分的话，那么审查第 4 号要件时，理应针对第 1 号至第 3 号要件审查事项以外的事项，即"是否有必要采取征收或征用程序""征收或征用程序是否满足公益目的"等展开审查。[2]

关于前者，即是否具备征收或征用手段的必要性，应当从如下角度具体分析。比如，如果事业实施者已经通过任意买卖手续实际取得事业用地的，或者对于用地取得，事业实施者已经与权利人达成合意的，则应当判断事业申请不满足第 4 号要件。此外，《土地收用法》并不要求事业实施者就每一笔土地征收展开调查、查明具体的权利人，因此即便事业实施者与具体的权利人之间全然无交涉，也不能据此认为事业申请不满足第 4 号要件。再者，如果事业实施者可以依据自己的职权完成某一事业，但怠于行使职权而选择通过适用《土地收用法》征收或征用土地的，法律对此予以禁止。比如，对于河川建设工程中河川区域内的障碍物，事业实施者作为河川的管理机关，原本可以通过行使《河川法》第 75 条的监督权，实现去除障碍物的目的，反而

---

① 参见亘理格＝北村喜宣『重要判例とともに読み解く個別行政法』（有斐閣，2013 年）257 頁。

② 参见小澤道一『逐条解説土地収用法第三次改訂版（上）』（ぎょうせい，2012 年）362—363 頁。

适用《土地收用法》除去障碍物的，在这种情况下，事业认定申请不满足第 4 号要件。

关于后者，即是否满足公益目的，应当注意工程完工时间与公益认定之间的关系。"虽然事业规划有利于土地适当且合理地利用，具有征收或征用土地的必要性，但如果工程的完工时间在遥远的将来的，有时会被认定为不满足公益目的要件，被拒绝事业认定。"[①]

三、事业认定程序的完善与公共性的确保：立法论的检讨

上述讨论主要是以现行法的规定为前提展开的解释论考察，具体分析了征收适格事业的判断与公共性的确保问题，以及司法审查过程中具体公共性的确保问题。与上述视角不同，平松教授通过分析现行法规定的事业认定程序的问题点，指出应当从立法论层面完善事业认定程序，从而保障申请事业的公共性。[②]如果我国将来制定《统一征收法》[③]或者修改我国现行法律规定的话，该观点无疑可以为我国的制度设计提供有益思路。以下就平松教授的观点展开具体分析。

平松教授认为，"运用征地手段，强制征收私人财产，是以本人的自由意思决定为前提建构的私有财产制度的重大例外，应当通过严

格且慎重的程序来完成"①。虽然现行法规定的强制征收程序，一度被认为是保障公正的征收程序，是第二次世界大战以后最倾尽全力制定的行政程序规定，获得了极高的评价，但"在实际运用的过程中，该程序面临着各种各样的问题"②。

根据现行法的规定，如果某一事业涉及的利害关系较广，属于法定事业的，事业认定机关是国土交通大臣，除此之外，事业认定机关是都道府县的知事。然而国土交通大臣原本就是该事业实施政策的决定者、事业规划的决定者，很多情况下还是事业的实施者。国土交通大臣认可事业的公共性，才会决定、规划事业实施政策并制定相应的预算付诸实施，只是因为不能通过买卖契约取得事业用地，才通过申请事业认定，在这个过程中，认定主体与申请主体是同一主体，所以自然会产生对"事业认定只不过是业已作出判断的追认"的疑问。也就是说，在实际的事业认定程序中，存在事业认定机关"先入为主"的现象。为了排除事业认定机关"先入为主"观念的影响，现行法在原有的事业认定程序上，增设了"听取专家学者的意见""召开听证会""向当地的市町村送达文件并供公众阅览""利害关系人提出意见书"等规定。

但是，实践中，"第22条、第23条规定的程序并未得到有效实施""与旧土地收用法相比，现行法依然保持着行政机关'专断''官僚主义'的倾向"。曾经担任过日本兵库县征收委员会会长的足立忠

① 参见平松弘光「土地収用事業における公共性の認定」早稲田法学64巻4号（1989年）228頁。

② 参见平松弘光「土地収用事業における公共性の認定」早稲田法学64巻4号（1989年）229頁以下。

夫教授也曾指出，虽然《土地收用法实施细则》共设九个条文详细规定听证会的召开，但"自现行土地收用法颁布实施以来，没有听取过一次专家学者的意见，也没有召开过一次听证会"[1]。通常关于召开听证会，从选定公开陈述意见人到对陈述意见的回应等，程序流于形式化，作为预防纠纷的制度设计，其能否发挥实效性是存在疑问的。况且对现行法的条文进行文义解释，是否召开听证会完全属于事业认定机关的自由裁量范围。

再者，根据现行法第24、25条的规定，事业认定机关受理事业认定申请后，应当将事业认定申请书送达事业实施地的市町村，市町村的长官公示这些文件的复印件，并自公示之日起两周内供公众自由阅览，在阅览期间，有关的利害关系人可以向都道府县知事提出意见书。但是，对提出的意见书如何进行处理，法律并未明确规定。事业认定机关在判断《土地收用法》第20条的要件时，可以参考意见书的内容，但通常认为，意见书不过是参考资料，事业认定机关的判断并不受意见书内容的拘束。在实际的事业认定过程中，因事业认定机关从未公开过一件意见书的处理过程，所以我们无从得知事业认定机关是吸收了意见书的内容，驳回申请或撤回申请、改变申请的内容然后作出认定，还是认为意见书的内容与事业认定毫无关系，因此无视意见书的内容等。因此，平松教授指出，这些程序性规定"都没有发挥其预期的效果，无任何实效性，变成了单纯的形式上的原则"[2]。

基于如上问题意识，平松教授建议由第三者机关进行事业认定，

---

① 足立忠夫『行政と平均的市民—土地収用と市民—』（日本評論社，1975 年）52 頁。
② 参见平松弘光「土地収用事業における公共性の認定」早稲田法学 64 巻 4 号（1989 年）243 頁。

以此保证事业认定的公共性，提高认定事业的公共性的权威性。"由国家机关作出的行为中，原被告双方相互主张举证，然后由第三者机关（裁判官）作出判断的司法审查程序所具备的公正性，最为国民支持，权威性也最高。在事业认定程序中，对事业实施者的申请提出反对意见者，提出对公共性的疑义，事业实施者应当举证证明为了公益目的，无论如何也必须实施该事业的理由，第三者机关应当基于证据判断作出判定，事业认定程序应当导入上述这种司法审查程序。"①

---

① 参见平松弘光「土地収用事業における公共性の認定」早稲田法学 64 巻 4 号（1989年）249 頁以下。

第四节　　损失补偿
　　　　　——以"价格固定制度"为中心

　　前文已就日本法上损失补偿的种类以及具体的补偿规则、补偿标准进行概述。鉴于农地征收问题的特殊性（补偿价格过低等），本部分重点介绍日本法上价格固定制度导入的背景（开发利益的排除问题）、意义以及问题点，以期为我国的农地征收法制中补偿价格的确定提供参考。关于日本法上土地收用的损失补偿，既有研究已经结合日本最高裁判所的判例以及相关的判例评析具体分析了损失补偿的原则，并且就开发利益的归属问题展开了一定程度的讨论[①]，但讨论仍不充分，尤其对于日本法上价格固定制度导入的背景以及价格固定制度与开发利益归属的关系、价格固定制度的问题点以及解决对策分析不足，很难形成我国将来农地征收法制的参考。鉴于此，笔者主要围绕日本《土地收用法》第71条的理解与适用即第71条的解释论展开讨论，作为讨论之前提，首先介绍日本土地收用法制中损失补偿的根据以及

[①] 参见黄宇骁：《日本土地征收法制实践及对我国的启示——以公共利益与损失补偿为中心》，载《环球法律评论》2015年第4期。

损失补偿的原则，在此基础上以"价格固定制度"为讨论重点，进入第 71 条的解释论。

一、损失补偿的根据

根据宪法第 29 条第 3 款的规定，在正当补偿的条件下，可以将私有财产收归公用。那么对于土地收用产生的损失，理所当然应当予以补偿。关键是如何理解"理所当然"，即损失补偿的根据。对此，日本学界存在若干争论，可总结为如下三种理由：

（一）公平负担·利益调整

土地收用实现的利益之享受者，是受该土地收用公益事业恩惠的一般国民、地区居民和利用者。在土地收用的过程中，一般国民、地区居民和利用者享受利益而土地被收用人作出特别牺牲，按照受益者负担原则的要求，理应补偿被收用人作出牺牲而遭受的损失，只有这样才符合公平负担的要求。因此，按照这种观点，即使因土地收用产生的损失微乎其微，如果不予补偿则难谓公平；反之，即便土地收用严重侵害了被收用人的财产权，但如果一般国民也因此遭受同等程度损失的话，将不会得到补偿。

（二）财产权保障

财产权保障制度与损失补偿制度互为表里。为了保障财产权，当财产权受到公权力侵害时，如果侵害行为违法，可以通过排除妨碍或损害赔偿制度获得救济。而像土地收用这样的合法侵害行为，因侵害行为合法，权利人应当甘愿承受这样的侵害行为，但是作为这种"甘愿承受"的对价，应当补偿其因此遭受的损失，否则将不能保障财产权。从这种意义上说，损失补偿制度是财产权保障制度的担保。但是，通过财产权保障解释损失补偿的根据，与公平负担·利益调整的根据不同，未明确补偿的具体内容，因为财产权保障的观点并未明确"财产权"的实质内容。

（三）生存权保障

除上述两种理由外，部分学者认为损失补偿的根据在于保障被收用人的生活权。[1]该观点的理由是，如果依据财产的交换价值（市场价值）标准进行补偿仍然不能使权利人回归从前的生活水平，那么应当从保障生存权的角度充实补偿的内容。

围绕损失补偿的根据，学界提出的上述三种根据之间的关系，首先可以通过对宪法第29条第3款规定的"正当补偿"的含义中寻找答案，但对于宪法第29条第3款规定的"正当补偿"的理解，不同学者的观点并不一致。有的学者采"公平负担原则和平等原则"解释[2]，有的学者采"公平负担、平等原则+生存权保障"的解释[3]，还有部分学者认为正当补偿应当包含保障生存权的内容。[4]由是观之，围绕宪法第29条第3款规定的"正当补偿"与损失补偿的根据之间的关系，学说上并未达成共识。对此，远藤博也教授的如下论述，较好地阐释了三者之间的关系："公平负担和平等原则是根本，保障财产权和生存权也应当纳入考虑范围。也就是说，只有将财产权丧失、制约的对立面——财产权的保障置于天平的另一端，才能保持天平的平

---

① 参见西埜章「公法上の損失補償の原理と体系」『現代行政法大系6』（有斐閣，1983年）205頁。

② 参见柳瀬良幹『人権の歴史』（明治書院，1949年）57頁以下。

③ 参见藤田宙靖「憲法二九条第一項の効果」『憲法の争点』（有斐閣，1985年）118頁以下。

④ 参见渡辺洋三『土地と財産権』（岩波書店，1977年）240頁以下。

衡。但是，如果仅关注财产权的保障而忽视对生存权的保障，天平也将难以保持平衡。"①

二、损失补偿的原则

关于损失补偿的根据，学者从宪法第 29 条第 3 款规定的"正当补偿"寻找实定法依据的过程中，对"正当补偿"的内容作出了不同的解读。同样地，关于《土地收用法》应采用何种损失补偿原则的问题，学者从"正当补偿"的解释寻找答案的过程中，也出现了"完全补偿说"和"相当补偿说（或适当补偿说）"的对立。② 最高裁判所 2002 年 6 月 11 日判决③采"相当补偿说"的观点。④ 学说上的争议主要围绕农地买卖的对价问题⑤，对于《土地收用法》规定的为特定的公益事业之实施而进行的土地收用，在使被收用人的财产保持收用前后不发生变化⑥这一点上，学说上并不存在争议，即学界采用了"完全补偿原则"。⑦日本最高裁判所 1973 年判决虽然将"完全补偿原则"解读为"使被

---

① 遠藤博也『行政法スケッチ』（有斐閣、1987 年）198 頁。

② 桜田誉「土地収用法七一条の法意」別冊ジュリスト『街づくり・国づくり』（有斐閣、1989 年）147 頁。

③ 民集 56 巻 5 号 958 頁。

④ 相关的判例评析，参见館田晶子「土地収用法 71 条と正当な補償」増刊ジュリスト 1246 号『平成 14 年度重要判例解説』（有斐閣、2003 年）17 頁以下。

⑤ 参见小澤道一『逐条解説土地収用法第三次改訂版（下）』（ぎょうせい、2012 年），第 5 頁。

⑥ 最高裁 1973・10・18 民集 27 巻 9 号 1210 頁。判例评析参见矢島基美「土地収用法における補償の価格」『憲法判例百選Ⅰ（第 5 版）』（有斐閣、2007 年）226 頁以下。

⑦ 参见桜田誉「土地収用法七一条の法意」別冊ジュリスト『街づくり・国づくり』（有斐閣、1989 年），第 147 頁。

收用人收用前后的财产状况不发生变化"，且"通过金钱补偿的，应当补偿被收用人足以获得附近同类代替土地的补偿金额"，但正如小泽指出的那样，这种解释仍显得不够充分，有待于结合具体的补偿项目具体分析。[①]

前述最高裁判所 2002 年判决虽然引用了采用"相当补偿说"观点的最高裁判所 1953 年判决[②]的裁判要旨，针对《土地收用法》第 71 条的合宪性作出判断，使学界产生土地收用的损失补偿应当采用相当补偿说观点的印象，但是该判决与 1973 年判决一样，均以"收用前后被收用人的财产状况不发生变化"作为是否合宪的判断标准，所以最高裁判所 2002 年判决实质上采取了完全补偿说的观点。关于这一点，国内既有的相关研究浓墨重彩地介绍了学说及判例上关于损失补偿原则的争论。笔者认为，讨论学说上的对立观点固然重要，但学界既然在采用完全补偿说观点上达成了一致，无须过多着墨。

三、第 71 条的解释论

如上所述，关于损失补偿的根据和损失补偿的原则，虽然学界没有完全达成共识，但至少在土地收用领域，在损失补偿应当采取完全补偿说的观点这一点上，学界是不存在异议的。学说和判例存在争议的是，应当以何时作为损失补偿额的算定基准时算定最终的金额。

关于这一点，在旧土地收用法时代，法律并未明确规定损失补偿额的决定时期。早期的大审院判例以"收用时"作为算定补偿金额的

---

① 参见小泽道一『逐条解说土地收用法第三次改订版（下）』（ぎょうせい、2012 年）5 页。

② 最判 1953·12·23 民集 7 卷 13 号 1523 页。

基准时^①，但有学说对此提出质疑，多数学说认为应当以"裁决作出时"为标准。^②现行《土地收用法》于1967年改正以前的第71条明确规定以"收用裁决时"，即收用裁决作出后权利发生变动时的价格为标准算定被收用土地的补偿金额。

根据修改之前的第71条的规定，自事业认定之后，因事业实施带来的地价上升利益（即所谓的"开发利益"），也属于应当补偿的范围。这不仅会造成被收用人故意拖延等弊端，而且也为其无理取闹强要利益提供了口实。为了消除上述弊端，现行法第71条明确规定土地补偿金的数额是，在考虑附近同类土地的交易价格的基础上，算定的事业认定公示时的相当价格，乘以事业认定公示后依据物价变动指数的修正率得出的金额，此即日本土地收用法制中确定土地补偿金的"价格固定制度"。从如上的简要分析可知，"价格固定制度"的目的在于确定开发利益的归属，排除事业认定之后事业实施对被收用地价格的影响，确保同一事业中权利人之间的公平。当然，对于现行法确定的"价格固定制度"，其能否保证被收用人获得宪法第29条第3款规定的"正当补偿"，学说上提出了质疑。另外，单靠《土地收用法》第71条规定的"价格固定制度"，尚不能完全实现"使被收用人足以获得附近同类土地的补偿金"的目标，此制度的有效实施还需借助《土地收用法》规定的其他制度的配合，比如"补偿金支付请求制度"^③。因此，只有了解日本土地收用法上"价格固定制度"的

---

① 大審院 1910・2・4 民録 16 辑 50 頁。

② 参见桜田誉「土地収用法七一条の法意」別冊ジュリスト『街づくり・国づくり』（有斐閣、1989 年）147 頁。

③《土地收用法》第 46 条之二。

全貌，才能为我国未来制度设计提供具体的参考。

基于如上问题意识，本部分先对"价格固定制度"导入的背景作简要介绍（上文已经展开一定程度的分析），然后分析立法者导入价格固定制度的目的，在此基础上讨论日本学界对价格固定制度的批判和回应。

（一）价格固定制度的含义

关于价格固定制度的含义，上文已经进行一定程度的介绍。从《土地收用法》第71条的条文规定可知，土地补偿金的数额是在考虑附近同类土地的交易价格的基础上算定的、事业认定公示时的相当价格的基础上，乘以权利取得裁决作出之前的物价变动指数算定的金额。价格固定制度的最大特点就是，算定土地的损失补偿金时，不考虑事业认定之后的地价变动因素，仅考虑一般物价的变动因素，即排除了事业认定之后因事业预定实施对被收用地价格的影响。《土地收用法》虽然明确了土地收用的土地补偿金的算定原则，却未明确规定土地价格的具体评价方法，因此实务中具体算定补偿金额时，还需借助细则政令第1—6条的规定。另外，作为第71条的配套制度，日本法上形成了完备的不动产鉴定评估制度和土地价格公示制度，配套制度的完备将有助于合理评估具体案件中不动产的价格。所以，如何进一步精细化不动产价格的鉴定评估理论、完善土地价格公示制度以及保障不动产交易案件信息流通成为日本土地收用法制的课题。之所以需要完备上述配套制度，原因是"如果事业认定公示时的土地等价格评价本身缺乏牢固的基础和根据的话，将会使评价本身变得模糊，难以彰显价格固定制度的实效性"[1]。

（二）价格固定制度导入的背景以及制度本身的目的

根据第 71 条的规定，补偿金额的算定基准时是事业认定公示时，从而排除事业认定公示后事业预定实施对土地价格的影响。补偿金额的算定基准时（收用时、裁决作出时、事业认定公示时）的确定与是否应当补偿因期待事业实施带来的地价上升利益，在理论上属于性质不同的两个问题，不管以何时作为补偿金额的算定基准时，对该时间点之前的事业实施利益，补偿也好，不补偿也罢，在理论上都是能够成立的。[2]

以下从制度沿革的视角，分析旧法时代下裁判实务和理论界围绕补偿额算定基准时、开发利益归属的讨论以及现行法制定后的讨论状况。上文已就旧法时代向新法转变过程中，裁判实务的处理规则和理论界的讨论展开简要介绍，本部分在前文介绍的基础上，以裁判实务的理由以及理论界的争议、法律修改为中心，就现行法导入"价格固定制度"的背景以及目的展开详细讨论。

1. 旧法时代下补偿额的算定基准时

旧法未明确补偿额的算定基准时，征地实践多依赖判例及学说的解释。如上文所述，早期的大审院判例以"收用时"作为算定补偿金额的基准时[3]，自该判例之后，日本的裁判所一贯以收用时作为补

---

① 参见小泽道一『逐条解説土地収用法第三次改訂版（下）』（ぎょうせい，2012 年）38—39 页。

② 参见小泽道一『逐条解説土地収用法第三次改訂版（下）』（ぎょうせい，2012 年）40 页。

③ 大審院 1910・2・4 民録 16 輯 50 頁。

偿额的算定基准时。以收用时作为补偿额的算定基准时的理由是，权利的得丧变更发生于收用时，当然应当以收用时作为补偿金的算定基准时。[1] 显而易见，以收用时作为补偿金的算定标准时，算定土地等补偿金的数额时，必然会考虑事业实施对土地价格造成的影响。实践中，有的判决肯定了裁决后收用前事业实施带来的地价上升利益的补偿[2]，也有判决考虑裁决后收用前大地震对土地价格的影响，认可事业实施者的减额请求。[3]

对于判例的立场，多数学者提出了反对意见，认为应当以"裁决作出时"作为补偿额的算定基准时。[4] 以"裁决作出时"作为补偿额算定基准时的最主要的理由是，裁决作出时无法预知收用时的土地价格。美浓部达吉博士列举如下三点理由，说明以裁决作出时作为补偿额算定基准时的正当性：（1）既然事业实施者依据裁决取得的土地所有权是附条件的所有权，那么理应根据裁决作出时的土地价格补偿原土地所有权人；（2）根据旧法第 46 条（相当于现行法第 103 条）的解释，既然物质性的毁损灭失的风险由事业实施者负担，为了保持平衡，土地价格下落的风险也应当由其负担；（3）对于土地价格的上涨，因为裁决作出后，土地已经被裁决予以收用，那么土地价格上涨的利益不应归属于原土地所有权人。

对收用审查委员会以裁决作出时为损失补偿额的算定基准时，

---

① 参见大審院 1910·2·4 民録 16 輯 50 頁。

② 参见大判 1912·11·26 民録 18 巻 994 頁。

③ 参见大判 1928·6·4 民集 7 巻 426 頁。

④ 参见渡辺宗太郎『土地収用法論』（弘文堂書房，1929 年）194 頁、美濃部達吉『公用収用法原理』（有斐閣，1936 年）326 頁等。

能否准确算定未来土地收用时的土地价格的疑问，判例认为"土地收用审查委员会不可能以裁决作出时为基准时算定土地收用时的土地价格"①。正因如此，裁判实务不得不以收用时作为损失补偿额的算定基准时。判例之所以采取"裁决作出时"的立场，是因为判例认为最公平的做法是补偿权利得丧变更时即收用时的损失，判决一定是在收用之后作出，所以裁判所可以在收用之后对土地价格作出评价。

从以上分析可知，旧法时代下，在如何确定损失补偿额的算定基准时上，收用审查委员会的裁决实务规范与裁判规范之间出现了对立。因此，收用之后土地价格发生异常变动的，诉讼阶段以裁决确定的补偿金额不满为由提出的请求通常会被裁判所认可。

2. 开发利益的排除问题

在应否补偿土地收用给土地带来的增值利益这一点上，早期判例的态度实现了从"不补偿"到"补偿"的转变。立足前者立场的判例认为，"从土地被确定收用到实际被收用，或多或少存在时间上的间隔，如果因土地收用之外的各种因素导致土地价格的上涨或者下跌，那么因此产生的损失或利益应当归属于被收用人；但如果因土地收用计划使土地价格发生了变化，那么因此产生的损益不应归属于被收用人"②。立足后者立场的判例认为："因土地收用所产生损失的补偿金额，应当以收用时的土地价格为标准，因为土地价格上涨或下跌是土地收用事业的实施，所以当土地收用之前土地价格出现上涨或下跌的，应当根据上涨或下跌之后的价格算定补偿金额。"③

---

① 参见大判 1913・2・8 民録 19 卷 74 頁。

② 参见大判 1902・7・7 民録 8 卷 7 号 39 頁。

③ 参见大判 1912・11・26 民録 18 卷 994 頁。

虽然多数学说和实务均支持后者的立场，但少数学者仍然提出了不同的观点。例如，渡边博士参考当时德国、奥地利的立法，指出"在决定被收用地的客观价值时，考虑事业实施导致的土地价格变动因素，自始不成为问题。因为，事业实施只可能对免于被收用的相邻地的土地价格造成影响，不能将相邻地的价格变动与被收用地的价格变动等同视之。应当客观判断被收用地的价值，不能将相邻地的价格直接转化为被收用地的价格"①。虽然这种观点只获得了少数支持，但却成为1967年土地收用法改正时的理论支撑。②

3. 价格固定制度导入的背景与现行法的制定、1967年的法律修改

1951年制定的现行《土地收用法》第71条明文规定"应当根据收用委员会作出收用裁决时的价格算定损失补偿金的数额"，立法终结了学界和实务界一直以来关于补偿金的算定基准时的争议。从上文的分析可知，上述规定明显受到了旧法时代多数说和实务立场的影响。对于因事业实施带来的土地价格上涨利益能否被补偿的问题，法律仍没有正面回应。但是，1967年法律修改之前的第72条规定"被收用土地的损失补偿，应参考附近同类土地的交易价格算定"，附近同类土地的交易价格通常会因事业实施出现上涨，因此从条文的文义解释出发，事业实施带来的价格上涨利益当然属于损失补偿的范围。

众所周知，日本于1951年制定《土地收用法》后，经济社会出现了非常大的波动。由于经济的高速增长以及人口的急剧增长、人口向城市集中等问题的出现，1950年以后，日本的土地价格呈现异常上

---

① 渡辺宗太郎『土地収用法論』（弘文堂書房，1929 年）194 頁。
② 参见小澤道一『逐条解説土地収用法第三次改訂版（下）』（ぎょうせい，2012 年）42 頁。

涨的趋势，引发了深刻的社会经济问题，如何应对这一问题，稳定土地价格成为日本内政的重大课题。于是，受 1965 年 8 月经济阁僚座谈会达成的地价对策决议以及同年 11 月地价对策阁僚协商会决议之影响，《土地收用法》于 1967 年被大幅修改，其中，改正的要点正是第 71 条规定的事业认定公示时价格固定制度的导入。

4. 价格固定制度的目的与理论根据

（1）价格固定制度的目的

根据 1967 年法律修改参与者的介绍，《土地收用法》导入价格固定制度的目的如下：[①]

首先，恰当地界定开发利益的归属。

一般来说，实施公益事业，从事业规划的确定、收用程序的进展等所花费的时间来看，计划发表至收用裁决必然需要经历相当长的时间，在此期间因期待事业实施，出现土地价格上涨的现象比较常见。按照过去的"裁决作出时价格原则"，应当补偿的收用地的损失是充分吸收上述利益之后的价格。这就意味着事业实施者将自己创造的事业实施利益让与他人，这明显是不公平的。因期待事业实施给土地带来的价格上涨利益原本应当归属于事业实施者或者费用的最终负担者，即一般国民以及该公益事业的利用者。

其次，实现补偿价格的公平，避免无理取闹、强要利益的现象。

如果以"裁决作出时"作为补偿金的算定基准时，将会导致裁决越延后作出补偿金的数额就越大，被收用人将不会积极地进行交涉，

---

① 参见吉田泰夫「土地収用法の一部改正案について」土地住宅総合研究 1966 年春号 48 頁、同「土地収用法の改正」ジュリスト 252 号（有斐閣，1962 年）55 頁、379 号（有斐閣，1967 年）43 頁。

而是拖延时间，尽可能地拖延裁决审理的时间。这样不仅导致用地企业无法顺利取得事业建设用地，而且那些很早就应允通过买卖契约出让土地的权利人获得了无理取闹、强要利益的借口，不同的被补偿者获得的补偿金出现严重的不均衡。更有甚者，这样会导致整体的用地交涉变得困难，事业实施者为了实现公平补偿，可能从一开始就会以优于裁决作出时的价格补偿被收用人。导入价格固定制度，就是为了消除以裁决作出时未标准算定补偿金带来的上述弊端。

（2）价格固定制度的理论依据

根据法律修改参与者的相关论著，可以将价格固定制度的理论根据总结如下：

首先，在算定补偿金时完全不考虑事业实施带来的影响，可以完全排除开发利益，但是，通过目前的鉴定评估技术，很难区分土地固有的价值以及因事业实施所产生的增值。而且，如果严格贯彻完全排除开发利益的上述计算方法，当能够提升地价的公益事业和降低地价的公益事业相邻且并存时，因为需要考虑双方造成的影响，所以通过考量附近同类土地的交易价格算定补偿金时，将会导致事业不同补偿价格也出现差异的不合理现象。因此，只能放弃上述完全排除事业实施利益的方法。

其次，如上所述，采用完全排除开发利益的方法不可行，作为退而求其次的方法，只能采取事业认定时价格固定的计算方法。不能将补偿金的计算基准时提前至比事业认定公示时更早的时期，原因在于，因尚未就该事业是否适合收用该土地作出判断（第 20 条要件），从收用权的角度来说，还不能确定具体的事业实施地。

最后，可以从如下四个方面证成价格固定制度的合理性：①"宿命论"；②"实质价格原则"；③"代替地原则"；④"算定时期、支付时期相一致原则"。

"宿命论"，是指事业认定预示着被收用地将面临被收用的宿命，因此应当区分具有这种宿命的土地之价格与完全享受开发利益而上涨的周边土地价格。实际上，在命运被决定的那一刻，被收用地已经丧失了获得正常交易价格的机会，事业认定时的土地价格将一直保持至裁决作出时。

修改后的法律还规定，在事业认定公示时土地价格的基础上，考虑事业认定至裁决作出过程中的物价变动。虽然被收用土地的价格在事业认定之时已经固定，但日本学界认为，被固定的仅是当时的实质价格，如果一般物价发生变动，被收用土地名义上的价格也会随之变动，所以应当支付的赔偿金额相当于上述实质价格。此即所谓的"实质价格原则"。

第③④项的根据能够保证价格固定制度不违反宪法第 29 条第 3 款"正当补偿"的价值要求，可以证成价格固定的合理性。理由是，根据最高裁判所的立场，此处的"正当补偿"要求能够使被收用人获得足以取得附近同类土地的补偿金，修改后的《土地收用法》通过确立补偿金支付请求制度，使补偿金的算定时期与支付时期保持一致，完全可以满足"正当补偿"的价值追求。简言之，通过补偿金支付请求制度与价格固定制度的有效衔接，保证补偿金的算定时期与支付时期一致，就能够在事业认定之后，使被收用人及时取得足够的补偿金，以取得附近同类土地的所有权。

（3）对价格固定制度的批判

如上所述，修改后的法律通过配套制度设计以及巧妙的理论构造，证成了事业认定时价格固定制度的合理性，上述的理论根据精致且巧妙。理论的精致并不意味着制度本身不存在诟病之处，在法律改正前后，日本学界围绕价格固定制度展开了激烈的争论[①]，部分学者还对价格固定制度提出了批判。批判集中于如下四点：

第一，在对待开发利益的问题上，被收用地与周边土地之间存在不均衡。

改正法确立价格固定制度，排除被收用地享受开发利益的资格，实现了开发利益向公共利益的还原，但是在被收用地的周边土地同样因事业实施实现增值的情况下，仅针对被收用地确立价格固定制度，不仅不能够彻底实现改正法确立价格固定制度的目的，而且在对待开发利益的问题上，被收用地与周边土地出现了不均衡的待遇。[②]针对该批判，立法参与者做出如下说明：首先，为了解决上述不均衡的问题，立法已经创设补偿金支付请求制度；其次，在税收层面，已经对被收用地实施减税政策，对一般土地实施增税政策，以消除不均衡。[③]

第二，柳濑良干教授针对改正法所依据的"渡边理论"提出如下批判。[④]

柳濑教授认为，虽然"渡边理论"在事实上是正确的，但如果社会实践中尚不存在买卖被决定收用之物的案例，意味着被收用的标的物不存在客观价格、通常的交换价值、一般的有用能力，所以也就无

---

① 参见杉村章三郎「改正土地収用法批判」青山法学論集 9 巻 3 号（1967 年）193 頁。
② 参见藤田宙靖「土地の公的取得と現代公法」渡辺洋三＝稲本洋之助『現代土地法の研究』（岩波書店，1982）184 頁。
③ 参见吉田泰夫「土地収用法の一部改正について」補償研究 38 巻 6 号 17 頁。
④ 参见柳瀬良幹『公用負担法（新版）』（有斐閣，1971 年）284 頁。

法按照该理论对补偿金额进行算定。鉴于此，"在算定被收用目的物的价格时，应当暂时不考虑该物已经被决定收用的事实，而应当假设该物依然为原权利人享有且能够自由支配、使用，如果附近同类土地的价格在事业认定公示之后出现上涨，被收用目的物的价格同样也会上涨，应当以上涨后的价格为标准算定补偿金额"。

对于上述批判，小泽认为，法律改正的初衷是从政策上改变"依然为原权利人享有且能够自由支配并使用"的假设，如果批判的焦点不是政策改变本身，难谓价格固定制度的合理批判。[①]

第三，是针对物价浮动制的批判。

比如，杉村教授认为，"既然物价变动率区别于地价变动率，就应当直接根据地价变动率进行修正"。[②]今村教授认为，从经验上来说，地价变动的幅度一般比一般物价变动的幅度大，单纯依据物价浮动恐难以实现"完全补偿"，应当考虑不同地区物价变动幅度的差异，如果完全贯彻改正法的规定，有违宪之嫌。[③]但是，设立价格固定制度的目的是排除开发利益，要求在算定补偿额时排除事业认定公示对地价变动的影响，如果采用今村教授的观点，将地价变动纳入考虑范围，则制度本身就会自相矛盾。另外，改正后的《土地收用法》通过补偿金请求等配套制度，足以解决上述批判针对的问题。

第四，是针对制度实效性的批判。

价格固定制度不适用于通过买卖契约获得事业用地的情况，买卖

[①] 参见小泽道一『逐条解説土地収用法第三次改訂版（下）』（ぎょうせい，2012年）48頁。

[②] 参见杉村敏正「公用負担」公法研究29号（1967年）140頁。

[③] 参见今村成和「公益優先論への疑問」自由と正義19巻3号（1968年）25頁。

契约中的土地对价不能完全排除开发利益，如果在公共用地的取得中，对土地收用程序没有思想准备，将会出现通过买卖契约获得的土地和被收用的土地价格不均衡的不当结果。[1]另一方面，土地收用是通过征收权实现对原权利人的权利剥夺或制约，所以普通民众通常比较排斥土地收用，而改正法的规定对于土地所有权人来说更为不利，相较于法律改正前，《土地收用法》的适用将变得更加困难。"这样造成的结果是，修改后的法律不仅不能遏制无理取闹强求不当利益的情况，而且还对该法比较容易适用的对象——社会弱者发挥着强势作用，不得不让人对改正法的规定提出质疑。"[2]

（4）价格固定制度的评价与问题点

①被收用人与其他人之间的利益平衡问题

如上所述，为了排除开发利益，改正法确立了"价格固定制度"，即以参考附近同类土地交易价格的基础上算定的事业认定公示时的土地价格为标准，同时考虑事业认定后权利取得裁决前的物价变动比例，算定补偿金额。虽然立法者及相关学说通过巧妙的理论构造，证成了价格固定制度的合理性，但这并没有完全消除学界围绕价格固定制度提出的质疑。批判的焦点集中于"被收用地与周边土地之间的平衡问题""在难以保证物价变动幅度与地价变动幅度一致的情况下，以物价变动比例修正土地价格，无法实现'完全补偿'的目的""价格固定制度的实际效果不明显"等方面。虽然立法参与者针对学界的批判

---

[1] 为了配合改正法的实施，一般补偿标准纲要新设第 47 条，规定通过买卖契约获得事业用地的情况同样适用本法。因此，今村教授指出的价格不均衡现象已经从制度上予以解决。

[2] 参见今村成和「公益優先論への疑問」自由と正義 19 巻 3 号（1968 年）25 頁。

作出一定回应，但从上文的分析可知，回应仍不充分，因此结合改正法的目的与学界的批判，重新对价格固定制度进行评价、讨论价格固定制度的问题点及对策，成为不得不面临的课题。

为了更好地实现被收用人与其他人之间的平衡，价格固定制度应当妥善处理好以下三种关系：被收用人与一般国民即事业费用的最终负担者之间的关系；被收用人与事业实施地的其他土地所有权人之间的关系；被收用人与周边土地的所有权人之间的关系。法律改正的目的主要是实现前两者关系的平衡，但因为尚未完全排除事业认定之前、事业预定实施带来的利益，所以问题的解决仍不彻底。此外，对于不通过事业认定，直接通过买卖契约等取得事业用地的事业，价格固定制度无法发挥作用；即便是已经通过事业认定的事业，实务中的常态是事业主体通过买卖契约等取得大部分用地之后，就剩下的极少部分的事业用地申请事业认定，在这种情况下，价格固定制度的意义几乎荡然无存。

当然，改正后的《土地收用法》通过配套制度设计，即补偿金支付请求制度，可以使损失补偿金的算定时期与支付时期保持一致，从一定程度上实现了被收用人与周边土地所有权人之间的平衡。但被收用人利用补偿金支付请求制度请求支付补偿金，并不意味着一经请求就可以立即取得预先支付的补偿金，因为事业实施者只需在《土地收用法》第46条之四第1款的规定的支付期限到来之前支付即可。而支付期限是从支付请求之日起两个月内或裁决程序开始登记之日起两周以内中最迟的到来期限，所以即便是在事业认定之后立即请求支付补偿金额，最早也只能等到两个月后才能实际获得补偿金。[①]因此，从严格意义上来说，补偿金支付请求制度难以保证补偿金的算定时期与支付时期一致，而且通过缩短支付期限尽可能地保证两者一致的路径也是行不通的，不预留两个月的支付期限，事业实施者将无法完成权利确认作业、为支付做准备、确定补偿金的支付对象、完成裁决程序开始的登记等环节。

在现有的制度设计下，为了保证事业实施者尽快支付补偿金，改正法也采取了相关措施，比如确立懈怠金制度（第90条之四）、加算金制度（第90条之三）。

事业认定一般会通过政府公报或都道府县公报公示，但被收用人通常不会仔细阅览政府公报的内容，在事业实施者采取周知措施之前（第28条之二），被收用人基本上对事业认定一无所知。于是，实践中经常出现的状况是，被收用人未及时行使补偿金支付请求权。如果事业实施者未及时采取周知措施，或在事业认定之后没有立即采取上述措施，导致被收用人未及时行使补偿金支付请求权，使其遭受损害的，被收用人可以向事业实施者请求损害赔偿，以此获得救济。但如果被收用人明知已经完成事业认定，仍不积极行使补偿金的支付请求权，导致补偿金额的算定时期与支付时期出现时间上的间隔，此时被收用人属于"权利的休眠者"，造成结果的原因并非制度本身的缺陷。

如上所述，通过懈怠金制度、加算金制度以及使事业实施者负担周知措施的义务等措施的联动，补偿金支付请求制度可以保障补偿金

---

① 参见小泽道一『逐条解说土地收用法第三次改订版（下）』（ぎょうせい，2012年）50页。

的算定时期与支付时期的一致，从而使被收用人能够获得足以取得附近同类土地所有权的补偿金，实现被收用人与周边土地所有权人之间的平衡。但是如果周边土地价格的涨幅超出第90条之三规定的加算金，事业实施者迟延履行预先支付补偿金的义务，被收用人获得的补偿金和加算金的合计额将不足以取得附近同类土地的所有权。被收用人即使行使补偿金支付请求权，但如果在支付期限至权利裁决期限到来之前，物价上涨率超出第90条之三第2款规定的加算金的比例，同样会发生行使补偿金支付请求权的被收用人与未行使请求权的被收用人之间的不平衡问题。

除改正法提供的配套制度，税收政策的调整在实现被收用人与周边土地所有权人之间的平衡问题上，能够发挥一定的作用。不过正如前文所述，虽然对被收用地实施的减税政策取得一定成效，但对周边土地的增税政策的实施并不尽如人意。

②价格固定制度是否违宪的问题

针对价格固定制度提出的批判意见中，有学者认为价格固定制度难以保障被收用人获得"完全补偿"，因此价格固定制度存在违宪之嫌。[①]

对此，前述日本最高裁判所2002年判决基于如下理由，认为价格固定制度不违宪，《土地收用法》第71条的规定具有充分的合理性，被收用人可以据此实现收用前后财产价值不发生变化。

第一，使被收用地的原所有权人享受与附近同类土地因事业实施带来的增值利益，缺乏正当根据，受事业预定实施的影响，被收用地

---

① 比如上文提及的今村教授的观点。

价格变动所带来的利益或损失，应当归属于事业实施者，或者由事业实施者负担。

第二，只要事业认定一经公示，就意味着如果事业主体与权利人就买卖土地达不成协议，那么事业实施者提出事业认定申请，征收委员会作出权利取得裁决后，该土地将确定被收用，事业认定公示后，确定被收用的该土地将不会成为市场交易的对象，因此不会像一般土地那样发生交易价格的变动。

第三，通过买卖契约取得事业用地的，当事人通常也会考虑附近同类土地的交易价格，在此基础上以事业认定公示时的相当价格为标准，设定买卖标的物的对价。

第四，被收用人可通过补偿金支付请求制度，取得与被收用地相当的代替土地。

上述最高裁判所判决证成第 71 条的合宪性的过程中，将"补偿金的支付请求制度"作为附加理由，由此产生的疑问是，如果不存在补偿金支付请求制度，价格固定制度是否违宪？对此，今村教授认为："完全补偿原则本来是指足以获得附近同种程度代替土地的补偿，至于何为同种程度，应当以收用前的状态为判断标准。如果作此解释，那么理应不考虑开发利益的增值。"因此，"暂不论现在的政策是否妥当，即便将开发利益从补偿对象中排除，也不会产生违宪的问题"①。从今村教授的观点中可知，在判断第 71 条是否违宪的问题上，是否存在补偿金的支付请求制度，无关紧要。但是，正如小泽教授指出的那样，如果能够采取措施使周边土地享有的开发利益还原为公共利益，

---

① 参见今村成和『損失補償制度の研究』（有斐閣，1968 年）131 頁。

上述观点可以获得支持；但如果不采取相应的措施的话，不借助补偿金的支付请求制度，将很难保证补偿金的算定时期与支付时期的一致，只对被收用地采取排除开发利益、公共吸收的措施，从损失补偿的公平负担原则、平等原则来看，难免有违宪之嫌。[①]

③价格固定制度的实效性问题

要使价格固定制度真正发挥作用，不可或缺的前提是，公共用地的取得程序必须经由事业认定开始。但日本的实际情况是，在有必要取得用地的公共事业中，申请事业认定的比例微乎其微。而且，即便申请事业认定，事业实施者往往已经实际取得绝大部分的事业用地，只是对于那些无论如何也不能通过与土地所有权人达成买卖协议取得的极少部分的土地，事业实施者才会提出事业认定的申请。在这个阶段，事业实施者已经在实际取得的用地上进行相当程度的施工，此时未实际取得的用地已经充分吸收了开发利益的增值。因此，价格固定制度的实效性难以得到彰显。

之所以会出现上述状况，正如今村教授指出的那样，最主要的原因是，《土地收用法》的适用伴随强权发动，一般民众比较排斥，这就是日本社会关于用地交涉的实情。实际上，如果在用地取得的早期阶段申请事业认定，将会使今后的交涉变得复杂，很难与被收用人进行协商，所以事业实施者通常不希望过早地申请事业认定。大多数的公益事业费用均是由税收支出，不存在所谓的"预算"观念，即便像电力事业或收费道路等由民间企业实施的事业，因多属于垄断性行业，

---

① 参见小泽道一『逐条解説土地収用法第三次改訂版（下）』（ぎょうせい，2012 年）54 頁。

所以通常事业实施者极力缩减费用的动机以及将开发利益还原为公共利益的愿望并不强烈。事业实施者为了圆满地完成用地交涉，会提高补偿金额，使被收用人优先取得开发利益。出现上述状况的次要原因在于预算问题。能够运用事业认定制度的事业单位必须能够最大限度地发挥公益目的。但另一方面，事业实施者必须在事业认定之后的一年内提出裁决申请（第29条第1款、第39条第1款），所以对事业实施者来说，如果在尚未实际取得大部分事业用地的阶段申请事业认定，就必须在短时间内筹措高额的用地费用。然而，日本的实际情况是，公共事业费用一般同时向多个事业分批次分配，事业实施者恐难以在短时间内取得高额的用地费用。第三个方面的原因在于事业认定申请程序的烦琐。尤其是事业实施者按照《土地收用法》第4条的规定准备土地意见书时，程序异常烦琐，须耗费大量时间。

5. 对价格固定制度应当采取的态度——立法论层面的检讨[1]

通过上文分析不难发现，虽然改正法的初衷是算定土地等补偿金时排除开发利益，以实现开发利益向公共利益的还原，但在制度的具体实施层面，面临诸多难以解决的困难。日本的用地取得的实情成为价格固定制度有效发挥其实际作用的最大阻碍。另外，在如何确保被收用人获得足够的补偿金以取得附近同类代替土地和保障被收用地、周边土地利益平衡上，理论界和实务界并没有提出有效的解决方案。既然使该制度有效发挥作用存在诸多的阻碍和难题，是否意味着应当从立法论上摒弃价格固定制度呢？答案显然是否定的。

---

① 参见小泽道一『逐条解説土地収用法第三次改訂版（下）』（ぎょうせい，2012年）56頁以下。

首先，应当充分肯定价格固定制度的意义，事业实施者和事业认定机关应当为灵活运用《土地收用法》作出努力。事业实施者越过分担忧土地所有权人的反对，在选择适用《土地收用法》上就越谨慎。但是，事业认定机关可以改善事业认定程序。比如，按照开发利益的大小，将申请事业认定的公益事业分类，对开发利益较大的事业，原则上应当在用地取得的早期阶段完成事业认定程序。对于城市规划事业，根据城市规划法第59条的规定，开展城市规划事业必须事先取得事业认可或批准，该认可或批准相当于"事业认定"，事业实施者必须利用土地收用权限完成用地交涉。

其次，虽然开发利益越大，越能彰显价格固定制度的意义，但应当考虑如下问题。根据价格固定制度的要求，算定补偿金时不再考虑事业认定之后的物价变动因素，仅考虑一般物价的变动，在具体的用地取得过程中，该公益事业的预定实施对土地价格的影响、一般的地价变动动向、一般物价的变动因素均决定着价格固定制度的意义。因此，对于开发利益较小的公益事业，价格固定制度的意义将会减损；对于事业损失大于开发利益的事业，价格固定制度几乎不存在实际意义。一般地价的涨幅越小，该制度的意义越不明显；如果一般物价的涨幅超过地价的涨幅，则该制度失去存在意义。如果一般地价下跌，那么对于开发利益较小的事业而言，适用价格固定制度反而会支付较高的补偿金，发生《土地收用法》无法预料的事态。

四、对我国的启示

（一）完善土地（房屋）征收程序

在农村集体土地征收方面，现行《土地管理法》虽然规定了较为详细的土地征收程序，但正如学者所指出的那样，实践中上述程序未必能够得到严格遵守，而且由于信息公开不充分（如征收目的、向村集体经济组织支付的补偿金数额等）以及事先未能充分听取被征收人的意见，征收双方共同协商机制的缺失[①]是造成农地征收纠纷频发的重要原因。

之所以出现上述问题，根本原因在于我国在立法模式选择上，采取"行政主导""行政优位"式的征收程序制度设计。在农村集体土地征收程序中，国家或行政机关是直接的征收权主体，通过支付一定的补偿金，征收农村集体所有的土地，为公共事业实施者设定土地使用权，取得相应的对价，在整个过程中，农地所有人（集体）、农地使用者都没有机会与公共事业实施者直接进行交涉。而且，土地征收的损失补偿金一般由行政机关单方面决定。

同样地，在城市房屋征收程序的制度设计上，根据国务院发布的《国有土地上房屋征收与补偿条例》的相关规定，我国法律未实现享有征收决定权限的主体与实施具体征收工作的主体的分离，市、县级人民政府既是事业认定机关，同时又属于裁决机关，而房屋征收部门是公共事业的实施者，这种"三位一体"的权力配置方式凸显了浓厚的行政主导色彩，容易给民众造成心理上的压迫感。[②]

有鉴于此，虽然部分学者在是否制定一部统一的征收法上存在异议，但在土地征收和房屋征收程序的制度设计上，完全可以保持统一。

---

① 参见江利红「中国における土地収用制度とその改善に向けた課題（1）」比較法雑誌 46 巻 4 号（2013）177 頁。
② 参见江利红「中国における土地収用制度とその改善に向けた課題（1）」比較法雑誌 46 巻 4 号（2013）177 頁。

具体的方案是，我国法律可以借鉴日本法的做法，使事业认定机关与裁决机关分离，保障裁决机关的中立性，同时为了保障行政的透明性和公众参与，应当增设诸如"事前听证会""充分听取利害关系人的意见"等事前程序规定。为了保障事前程序的保障功能的实现，不妨参考上述平松教授的观点，排除行政机关"先入为主"观念的影响，由第三方机关进行事业认定，以此保证事业认定的公共性，提高认定事业的公共性权威。

（二）立法限定列举公益事业类型

由于我国目前尚不存在一部专门针对农村集体土地征收的法律，农村集体土地的征收问题适用《土地管理法》的规定，而《土地管理法》并没有详细列举土地征收适格的事业类型，不管是何种性质的事业类型，只要为了"建设目的"，都可以通过《土地管理法》的规定，由国家征收农村集体所有的土地，从而为其设定土地使用权。在城市房屋征收问题上，虽然《国有土地上房屋征收与补偿条例》较《土地管理法》有所进步，于第8条中规定，为了公共利益的需要，可以征收城市房屋，且列举了适格的事业类型，但以"需要"为标准判断公共事业的立法模式，相比日本法而言，"对于政策方针、行政裁量的依附程度过高"[1]，必然导致"行政裁量权限"过大，难以从实质上保证公共利益。[2]

---

① 参见平松弘光：《从日本法视角看中国土地征收法律制度》，杨官鹏译，载《科学发展》2016年第8期。

② 既有研究也指出了同样的问题，参见黄宇骁：《日本土地征收法制实践及对我国的启示——以公共利益与损失补偿为中心》，载《环球法律评论》2015年第4期；参见前引60，第89页。

　　有鉴于此，我国可以借鉴日本法的做法，以"准据法"为标准，尽可能详细地限定列举土地（房屋）征收适格事业的类型。只有这样，才能改变各级地方政府对公共利益的概念进行任意的扩大解释，以经济开发、城市建设、旧屋改造等名义滥用土地征收制度的现象。① 至于城市规划事业的具体环节——是否应当包含营利目的的事业——是否满足公共事业，根据上文的分析可知，"规划的公共性"判断路径虽然巧妙，但不可否认的一点是，以整体规划的公共性证成规划的每一个环节的公共性，效果不尽如人意，因此，对于城市规划事业的公共性，除了立法提供严格标准的城市规划保障手段外，更为重要的应当是对规划行政中行政裁量的司法审查。因此，一味否定商业目的的事业之公共性② 以及通过"根据规划的公共性确保"理论直接证成整体规划之某一环节的公共性的做法都不可取。

---

① 参见江利红「中国における土地収用制度とその改善に向けた課題（1）」比較法雑誌 46 巻 4 号（2013）187 頁。

② 各级地方政府扩大解释公共利益，一方面是因为《土地管理法》以及《国有土地上房屋征收与补偿条例》均将"建设需要"作为界定公共利益的标准，法律上并没有通过限定列举的方式详细规定符合公共利益的征地事业类型，另一方面立法上的模糊标准导致理论界在解释公共利益时剑走偏锋，存在不当扩大解释"公共利益"之嫌。比如，满足广义的公共利益（比如集体所有的企业、外商投资企业、私立大学、私人住宅的建设事业）的事业能够进行土地征收的理由是，土地征收事业可以发展生产力，增进包括广大农民在内的民众福祉，从长远来看，生产力的提高、土地利用效率的提高对国家和个人都是有益的〔王家福＝曹明川『中国の土地法』（野村好弘訳）（成文堂，1996 年）117—124 頁〕，因此"被征收土地的集体经济组织应当积极服从国家建设的需要，积极地为国家的土地征收事业提供帮助"，这就为营利性的土地使用提供了正当性基础（参见江利红「中国における土地収用制度とその改善に向けた課題（1）」比較法雑誌 46 巻 4 号（2013）188 頁）。

（三）重视司法审查以确保事业的公共性

围绕《土地收用法》第 20 条第 3 号要件，日本司法实践中存在三种审查态度，即判断过程统制型、实质判断代替型、裁量权超越与滥用型。国内既有研究指出，关于《土地收用法》具体公共性认定第 3 号要件这一问题，日本判例已经指明了审查方法，也就是必须使用判断过程统制型审查，但基于上文的分析可知，判断过程统制型司法审查与实质判断代替型司法审查不存在实质差异，过于强调司法审查方式的对立，实际上忽略了裁判的实际情况。因此，笔者认为较为合理的方案是，借鉴日本法的做法，尽可能地明确具体公共性认定过程中利益比较衡量的对象——"实现价值"与"所失利益"，采用灵活的司法审查方式。具体而言，如果价值与利益的比较衡量存在确定的评价标准，比如从社会一般观念上说，存在支配地位的价值观，则适用"实质判断代替型"的司法审查方式；如果价值与利益的比较衡量尚不存在确定的评价标准，且事业认定机关作出判断时须依靠专业技术知识的，则适用"判断过程统制型"司法审查方式。不管是哪种审查方式，像"日光太郎杉案"东京高等裁判所那样，事业认定机关以专业技术判断为基础作出事业认定的，裁判所在进行司法审查时应当保持一定的自制，在一定程度上尊重行政机关的裁量。

（四）损失补偿标准的完善

农地征收面临的最大问题是如何保障失地农民获得充分的补偿金。这涉及补偿金的算定标准和补偿金的实际支付两方面的问题。关于前者，中国农地征收补偿金的计算不是以土地的市场价格为标准算定的，而是以土地的年产值为标准算定的。我国幅员辽阔，不同地区的农地年产值出现显著差异，且农产品的市场价格相对偏低，因此以年产值为计算标准，难以保证失地农民维系将来的生活。所以在确定损失补偿的算定标准时，应当充分考虑到生活权保障的要求。① 虽然考虑充分保障失地农民的生活权，可以在一定程度上缓解农地征收中农民获得的补偿金较低而引发的矛盾，但究其根本，现行法的算定标准依然以"年产值"为计算标准，即只关注农地的使用价值，而非农地的"交换价值"。这种计算标准的确立与我国农地政策息息相关。我国明令禁止农地买卖，因此以"年产值"为计算标准似乎符合我国的国情，但是在政府征收农地之后，在收归国有的"农地"上为企业（招商引资的对象）设定国有土地使用权后，该土地便成为企业的活动资本，可供买卖、担保，具有了市场价值。因此，实践中失地农民对补偿金的不满情绪根植于土地征收前后土地价值出现的巨大差异。因此，可以借鉴日本法上的经验，有限度地承认农地的市场价值，即原则上承认限制农地交易，但在补偿金的算定上不以土地的原有用途为标准，而是以土地供征收事业的用途为标准。比如，将城市近郊的农地作为具有市场交易价格的宅基地过渡地处理，这样就能避免因补偿标准过低带来的各种负面效果，但随之而来的课题可能是如何处理好宅基地过渡地的价值与非宅基地过渡地的价值之间的失衡问题，即如何保证两者的公平、平等问题。

另外，不管是农地征收还是城市房屋的征收，应当借鉴日本法上的价格固定制度，确立合理的损失补偿计算标准。虽然价格固定制度

---

① 现行的制度设计已经充分考虑到以"土地的年产值"为标准算定补偿金额的不足，所以国务院早在 2004 年 10 月下发的《国务院关于深化改革严格土地管理的决定》已经明确指出，尚不足以使被征地农民保持原有生活水平的，当地人民政府可以用国有土地有偿使用收入予以补贴。

存在诸多亟需完善之处，但总体来说，在保障被收用人权益方面，价格固定制度能够发挥较好的作用。引入价格固定制度，不仅能在一定程度上消解城市房屋征收过程中的"强拆"现象和"钉子户"现象，确保公益事业的顺利实施，而且能够保证被征收人之间的公平以及被征收人与附近同类房屋所有权人之间的平衡。比如，按照国务院 2011 年发布的《国有土地上房屋征收与补偿条例》第 13 条第 3 款的规定，房屋被依法征收的，国有土地使用权同时收回，尽管可以通过学理解释，认为对征收房屋之价值的补偿可以一并实现对回收国有土地使用权的补偿，但在实际操作中，确定房屋本身价值的重要因素是房屋本身的地理位置，如果对地理位置较好的城市房屋进行征收，同时收回国有土地使用权，而通过提供给被征收权人以地理位置劣于原房屋的新房实现补偿的话，因地理位置的差异，房屋的市场价格以及土地使用权的交换价值之间必然存在较大差距。在这种情况下，与其通过保障被征收人的生活权这一迂回曲折的路径实现公平补偿①，不如直接借鉴日本法上的"价格固定制度"，在确定损失补偿金时以权利人能够获得附近同类房屋的所有权为标准，这样既能消除地理位置的变化导致的权利人不满进而影响公共事业进展的现象，更可以实现被征收人与附近居民之间的利益平衡。

当然，引入"价格固定制度"，还需在制度设计上为其设置配套

---

① 尽管《国有土地上房屋征收与补偿条例》第 19 条第 1 款规定"对被征收房屋价值的补偿，不得低于房屋征收决定公告之日被征收房屋类似房地产的市场价格"，从规定的意旨看，似乎我国法上已经导入与日本法上的价格固定制度相类似的制度设计，但房屋征收决定之日未必与整体的公共事业认定之日吻合，以房屋征收决定之日为标准，难以排除事业认定之后房屋对开发利益的充分吸收，容易导致征收纠纷的发生以及滋生强拆现象，因此应当以公共事业认定之日为标准算定房屋的价值。

制度，比如"补偿金支付请求制度"，以充分保障"价格固定制度的
实效性"。

第六章

荷兰土地征收
制度研究

规划与征收在效果上应可形成正向促进的交互关系，发挥规划立法对土地征收权的规制功能。荷兰的规划控制模式系以分区规划构建并形成征收目的的正当性基础，但规划的公共性并不能直接等同于征收项目的公共性，规划控制模式通过目的性彰显和程序性保障来确保征收目的正当性。规划控制可将公共利益的内容界定与保障转化为程序控制问题，通过多元利益相关者共同决策的参与式规划机制可使公众产生对公益性的预决判断，风险承担理论控制下展开的规划补偿审查能够限定权利保障的范畴，层级区分式的规划制定程序保障公共利益的"地方性知识"属性，实现公共利益的区分性和发展面向。本部分将以荷兰土地征收制度中的征收权与规划权的制衡协作出发，探析荷兰土地征收的公共利益、征收程序和救济机制。

第一节　　**荷兰土地征收中的**
　　　　　征收权与规划权

　　荷兰的分区规划对私人土地所有权、使用权、发展权具有绝对性限制作用，其不但能够合法限制私人土地所有权和使用权，而且是政府土地征收权的基础。所以，要了解荷兰的土地征收制度，必须全面了解荷兰的土地分区规划模式。

一、荷兰分区规划在土地征收中的角色与功能

（一）征收权的启动前提

　　区域规划用于描述一个地区的预定用途，并且至少包含一幅该区域的地图以及一些条款。[①]区域规划即构成该区域内土地利用的未来发展方向，土地利用只能按照分区规划的预定内容与用途进行建设。在这个意义上，分区规划具有程序功能与规范功能。其一，政府利用土地需要一个区域规划作为活动的基础，如果政府需要改变土地用途，

[①] 参见张千帆主编：《土地管理制度比较研究》，中国民主法制出版社 2013 年版，第 147 页。

分区规划的内容可作为行使权力的依据；其二，区域规划同时具有规范功能，并作为政府作出其他决策的评估框架标准。主要表现在：（1）市政府行使征收权力必须依据分区规划的预定功能行使，分区规划是征收权正当性来源判断主要依据；（2）对于公民自主实现分区规划功能的，需要向市政府申请建筑许可，只要申请人满足了关于建筑许可的各项要求，并且没有其他豁免情形，市政府必须授予其建筑许可证；但若该申请不符合区域规划的功能预定，市政府必须拒绝该项申请。例如，该建筑的高度高于区域规划所允许的高度，市长和参事就必须拒绝授予其建筑许可。

分区规划基于其规范意义，形成对公民不动产之未来财产价值的必然限制。但其仅具有不可违背性，不具有强制实现性。区域规划的制定是一个规制土地用途的消极方式，土地不允许以违反土地区域规划的用途方式被利用；但政府却不能利用公权力强制公民按照区域规划的蓝图立即改变其现有财产的利用方式，公民更没有义务主动实现分区规划。因此，荷兰空间规划只具有消极意义上（passive）的法律效力，而不具有直接的实施力。[1]若政府需要的分区规划，其必须与土地所有权人协商购买，购买不成的，可以直接启动征收程序，按照分区规划的土地预定功能进行征收。可以说，分区规划得不到土地权利人的主动实施是政府征收程序的启动路径。

分区规划的制定必须以良好的空间规划（good spatial planning）为目标导向。

---

[1] See Maarten Hajer，Will Zonneveld，2000 Spatial Planning in the Network Society-Rethinking the Principles of Planning in the Netherlands，8 European Planning Studies，p.340.

市政委员会对于征地选址具有较大的自由裁量权，但是这种自由并非无所限制。征地的选址必须服务于良好的空间规划。根据现行《空间规划法》（Spatial Planning Act）对于良好的空间规划的描述性定义，它"涉及社会各方利益的良好均衡，更明确地讲，涉及过于增长的住房压力、基础设施建设、娱乐设施建设、水资源与环境等因素；对于弱势及濒临群体的保护以及公共利益的保护，例如弱势群体保护以及环境保护"，"良好的空间发展的目标是创造一个更好的环境以及对于地区发展更加有利的条件"。[①]

市政当局首先会与项目开发者针对项目的具体细节进行协商，将区域用途划分为"商业区域""办公区域""零售区域"等，并为每部分区域设定功能和目标，这决定着该区域内进行建设需要遵循的各种指标和标准，如其可能设定实现这一特定功能需要使用的最大土地面积等。进而，市政委员会设定与空间规划相关的各项具体规则，如使用土地的规则、建筑需要满足的特性以及实现规划功能需要的设施建设等，一旦规则设定，项目开发者必须遵守。由此，一份良好的空间规划必然由数个发展项目组成，因此，通过项目的审查与筛选评估空间规划是否符合"良好的空间规划"标准具备当然性。

（二）分区规划制度完成公共利益之界定——公共利益的荷兰解读

《人类权利和基本自由保护公约》第一草案第一条规定："任何法人和自然人都享有安宁享有其财产的权利。除非基于公共利益

---

① Tweede Kamer der Staten-Generaal，2002-2003，28 916，No.3，Explanatory Memorandum，Wet ruimtelijke ordening，19 and 92. cited in Bjorn Hoops，the Legitimate Justification of Expropriation-- a Comparative Law and Governance Analysis by the Example of Third-party Transfer for Economic Development"，University of Groningen 2017，p.225.

（public interest）并且符合法律规定的条件或者国际法的一般原则，任何人的财产不得被剥夺。"[1]公约继续规定："上述规则不得……损害国家基于普遍利益（general interest）而限制财产权的使用或者令其支付税额或者罚金。"[2]公约将财产权利作为保护私人所有权及财产使用的方式，但受到普遍利益的制约。上述规定成为《荷兰民法典》中保护私人财产权的基本框架。

《荷兰民法典》第5条第1款规定："财产权是个人能够拥有的最广泛的权利。""所有权人享有绝对的排他使用权，只要权利的行使不妨碍他人权利并且受到成文法与不成文法的限制。"荷兰法律对于土地和不动产权利人施加了多种限制，尤其是，土地只能按照土地使用规划的方式予以开发利用，土地发展规划在土地财产权行使中扮演重要角色。[3]可见，对于公民土地财产权的限制主要体现在土地利用规划中，此限制必须遵循公共利益（public interest）的约束[4]，因此，对于公共利益的界定在土地利用规划阶段便已完成。荷兰土地征收程序启动后并不重新进行公共利益的听证，公共利益的界定在分区规划

---

①See Protocal to the convention for the protection of human rights and fundamental freedoms as amended by Protocal No. 11, art. 1, Mar. 20, 1952, Europ. T.S. No. 9, available at http://conventions. coe. Int/en/Treaties/Html/009.htm.

②See Protocal to the convention for the protection of human rights and fundamental freedoms as amended by Protocal No. 11, art. 1, Mar. 20, 1952, Europ. T.S. No. 9, available at http://conventions. coe. Int/en/Treaties/Html/009.htm.

③See J. de Jong, Eigendom, bouwrecht en concurrentiebevordering op ontwikkelingslocaties［Property, Developments Rights, and Competition at Development Sites］, BOUWRECHT No. 6 （June 2005）（Neth.）.

④See Fred Hobma, Willem Wijting, Land-use planning and the right to compensation in the Netherlands, 6Washington University Global Studies Law Review 2007, p.1.

制定程序中便已完成。在荷兰并不存在"拆迁是否基于公共利益的需要，以及如何在拆迁过程中界定公共利益"的争论，分区规划的制定和变更才是关键。

1. 分区规划能够保障公共利益的整体性[①]

（1）分区规划中的公共利益与征收公共利益是否同一

《荷兰宪法》规定，征收必须出于整体利益的需要，并且实施征收的政府完全赔偿因征收造成的损失。因此，整体利益和赔偿作为荷兰土地征收的两大要素，所有征收必须为整体利益所必需。而区域规划作为征收决定作出的基础，其必须出于制定能够使土地得到最有效利用的良好的空间规划而作出，因此，区域规划的制定必然也是出于公共利益。另外，从程序启动角度而言，只有在公民无力自主实现区域规划时，政府才能够启动征收程序。如果土地权利人有能力自主实现特定的规划目标，则征收并不发生。征收启动之前并不需要对公共利益进行重新地论证，只要区域规划得不到实现而政府又急于实现该规划目标，便可启动征收程序。可见，征收的公共利益论证在区域规划阶段便已完成。

可以说，在土地利用规划制定阶段已经完成了征收公共利益的界定，而征收阶段主要负责对于征收公共利益界定的审查。征收的合法目的主要是基于公共利益的审查。征收必须出于公共利益，而且国王审查的关键点也在于征收是否服务于公共利益。即便土地利用规划中

---

① 该观点受"如果把土地所有者的数量从一个变成一千个，我们也只不过是将土地征收的目的从建设邮局变成建设军事基地或公共高速路"启发。［美］理查德·A. 艾珀斯坦著，《征收：对私人财产和征用权》，李昊、刘刚、翟小波译，中国人民大学出版社 2011 年版。

对于被征收土地地址的选取以及征收项目的选定乃是在均衡各方相关利益后作出，其本质上已然对各方利益予以平衡，本质上是一种利益衡量；因此，国王审查的标准便是检测该利益衡量结果是否满足"公共性"之标准。

（2）分区规划下公共利益具有整体性

《荷兰宪法》对于公共利益采取的是"消极定义"方式：若征收项目仅服务于私人利益，则该征收不符合公共利益目的。[1] 一般而言，基于政治私利（political expediency）进行的征收不能论证征收的合法性，但若该征收项目同时能够帮助解决一项实际的公共问题，则该项征收可以被论证具有合法性。[2] 此外，若征收是服务于未来的不确定的（uncertain）征收项目，或者是基于享受土地价值增长的投机目的，或者仅为增加市政财政，该种情况下并不满足公共利益标准。[3]

虽然，随着荷兰征收法的制定，公共利益的界定标准有拓宽之势，但是公共利益界定的主要途径仍旧基于有约束力的土地利用规划：只要该征收项目在土地利用规划设置内，并且未在征收合法性消极定义的范围内，即其并不仅仅服务于私人利益或者其他法律禁止的目的，[4]

---

[1] See Van Zundert 1980, 88; Burkens 1971, 75; Den Drijver-van Rijckevorsel et al 2013, 22; De Roos, "Kroniek onteigening 2009（I）", Tijdschrift voor Agraisch Recht 2010, 185-192, 187; Van der Schans & Van Heesbeen 2011, 26; and Sluysmans et al 2011, 12.

[2] See ECtHR, Judgment of 21 February 1986, James and Others v The United Kingdom, ANo. 8793/79, para 48.

[3] See ECtHR, Judgment of 2 July 2002, Affaire Motais de Narbonne v France, ANo.48161/99, para 21.

[4] See, HR, Judgment of 15 February 2008, ECLI: NL: HR: 2008: BB7030, RvdW 2008, 232, BR 2008, 58, annotated by Fokkema, para 3.3 and 3.2; and HR, Judgment of 25 May 1988.

该征收应当被认定为符合公共利益。综上，荷兰征收的公共利益之判断标准主要是基于"土地利用规划"，各种形式下的公共利益界定具有独特优势。

首先，公共利益并不依赖人数标准确定公共范畴。通常理解"公共利益"首先采取拆解法，即将公共和利益进行区分界定，而通常对于公共的界定主要有"人数"角度和"不特定"角度。而相关利益群体究竟达到多少人数才能构成"公共"，以任何数额进行确定都是武断的；受益范围又有多种区分，有直接受益和间接受益之分，其受益的程度、方式和种类均有不同，判断是否在受益范围又很难清楚区分。[①]但荷兰分区规划制定中对于公共利益的界定并不依赖于对于公共及受益的判断，政府通过综合考量环境、生态、人口和其他政策性因素，将土地划分为不同的用途，并且明确规定每一个区域的发展方向。在农业区内，只允许有附属于农业的建筑物。《城市与乡村区域规划法》禁止在农村从事居住、工业和娱乐项目的开发。开发和改变现存的建筑物，或改变土地的用途必须经州委员会批准。[②]因此，在荷兰分区规划中，不仅被各国普遍认可的建设国防、军事防御等设施属于公共利益范畴，而且基于城市规划效应对于商业区用地的规划也属于公共利益的范畴。

其次，公共使用目的之判断基于"区域的通盘规划"。判断公共使用目的之符合标准并不以工程建设是否提供给私人使用或者直接使私人获益。一个旧城区的改造计划将涉及诸多类型的土地开发项目，

---

① 参见陈晓芳：《土地征收中的"公共利益"界定》，载《北京大学学报（哲学社会科学版）》2013 年第 6 期。

② 参见陈晓阳：《土地规划的荷兰启示》，载《国土资源导刊》2010 年第 5 期。

如一部分被征收土地将被用于修建道路、学校和其他公共设施，另一部分土地被出售给私人进行住宅开发建设；即便修建后的房屋将用于私人使用而非公共使用，但其作为旧城区改造计划的总体组成部分甚至是主要目的构成，其是否符合公共利益的征收合法性标准必须基于对"区域的通盘规划"之考量。荷兰的土地规划中对于公共利益的界定也并不局限于单独项目或者单块区域之发展是否符合纯粹的公共利益用途，而是基于整个分区规划的实现角度。若政府认为有必要协助当地工商业企业进行建设以重振当地经济，其将部分区域规划为商业发展区的行为，同样符合公共利益的标准，因为其对于整个分区规划的目的实现具有关键作用。或许存在将公共利益曲解为"为土地创造更多的价值并且缴纳更多的税"的趋向，但这种纯粹是为了经济利益进行的土地规划是超出了"整体发展计划"范围的，并不具备合理性。

荷兰分区规划中的公共利益界定是从整体角度而言，而非从个案角度判断。通过对政策、环境、生态及商业等多种因素的综合考量，基于土地达到最优化利用的目标，经过充分论证和听证程序制定出的区域发展规划是站在区域发展的整体受益角度而言的，因此，从整体而言符合公共使用标准。

那么，以经济发展为目的进行的第三方转移是否符合征收公共利益之审查标准，在分区规划制度中仍然具有探讨性。市政当局可以将被征收后的土地移交给私人主体从事公共事业服务与建设，[1] 如

---

[1]See the remark of the Crown in KB Westland，Decision of 29 October 2009，No. 09.003047，Staatscourant 2009，17420.The Supreme Court approves this Practice： HR，Judgment of 15 February 2008，ECLI：NL：HR：2008：BB 7030，RvdW 2008，232，BR 2008，58，annotated by Fokkema，para 3.4.

开办民办学校、水利工程以及电力工程。《欧洲公约》（European Convention）允许"以经济增长或者创造就业形式的公共利益"形式存在，欧洲法院同样认为"公共利益"并不要求将被征收财产直接用于服务公共事业建设，其以实现法之社会性、经济增长等形式促进社会正义实现同样符合公共利益。法律从不禁止对私人受益的征收项目，即便其确实进行营业并取得盈利，只要其同时能够服务于公共利益。将符合公共利益标准的经济发展项目限定在"必须服务于空间发展"，即其能够实施或者促进土地利用规划的实现。①实施或者促进土地利用规划的实现主要包括两种情形：其一，假定被征收土地的现有用途不符合土地利用规划之限定用途之情形，以实现土地利用规划中设定的功能及用途为目的的征收符合"公共利益"标准；其二，假定被征收土地已经按照规划指定用途使用，但现有条件难以完全实现预定的征收项目之目标与功能之情形下，以实现规划项目之目标为目的的征收行为符合"公共利益"标准。若土地已经按照并且能够在客观上实现规划目标，市政当局不具备主动实现利用规划的正当性。

对于以经济发展为导向的规划项目是否满足征收的"公共利益"的衡量标准，荷兰法实践中主要形成了三个标准：

第一，项目是否切实有利于推进经济发展？第二，该地区是否存在经济发展的切实需要？第三，项目对于经济发展的推动力。荷兰征收法、规划法中并未规定经济发展项目与良好的空间规划之间的具体关系，因此，判断是否存在经济发展的需求以及该经济发展项目对于

---

①See Rijkswaterstaat 2016，16； and PSA Overwater & CAC Westendorp-Frikkee Handboek administratieve onteigenings procedure （The Hague：SDU 2004）29.

实现征收目的具有何种程度的推进作用，成为市政委员会的权力与职责。[①]判断本地是否存在经济发展的需求似乎缺乏客观的衡量标准、判断该项目对于征收目的而言具有何种程度的推动作用似乎难以决断，但是在利益平衡的判断中，两者却具有可操作性。也即，如果一项经济发展项目为当地经济发展带来的收益远远高于其造成的损害，可以认定该项目可以推动征收目的的实现。而良好的空间规划总是服务于经济发展的目标，因而，判断一项经济发展项目是否具备征收正当性时，"其是否有利于征收项目按照土地利用规划的功能实现"将成为重要的衡量标准。

2. 分区规划下公共利益的程序性限制

（1）分区规划中的公众参与

制定和变更分区规划都会影响土地可以为其所有人所利用的方式，因而在荷兰土地征收法中规定了相当多的程序，以确保在分区规划制定或者变更之前有充分的公民参与，确保不同利益主体的权利不但能够被充分考虑，而且可以尽可能地获得平衡。主要体现在以下几个方面：

其一，发展意愿调查。在分区规划的准备阶段，市执行委员会即市长和参事应当尽可能地调查有关机构和当事人对涉及规划的区域的发展意愿，主要是提供一个公众评论的机会，如聚集到一个相邻地区的社区中心共同讨论这一地区的发展以及对新区域规划的构想。[②]公共

---

①See Bjorn Hoops，the Legitimate Justification of Expropriation-- a Comparative Law and Governance Analysis by the Example of Third-party Transfer for Economic Development，University of Groningen 2017，p.230.

② 参见张千帆主编：《土地管理制度比较研究》，中国民主法制出版社 2013 年版。

意见必须保证得到充分考虑，但并不必然被听取，市政当局必须阐述他们听取了哪些建议和不考虑哪些建议以及采取与拒绝的原因。如果涉及省级及中央政府的利益，需要向省级及中央政府提交分区规划草案以确保分区规划不会违反上级政府的规划政策，[①]因为极有可能省级政府已经为相关地区制定了规划。并在此基础上，市政当局需要综合考虑环境、噪声等问题做相应的评估测试，制定一个初步的概念性规划（a concept plan），这是分区规划的准备阶段。[②]

其二，规划必须充分公开。概念性规划制定后，必须向公众公开。首先，概念性规划必须存放于市政办公室中六周，以便公众查看；其次，市长和参事应当在当地报纸和媒体上公布该草案，并说明概念性规划已经被存放。一般而言，两种公开方式同时进行。[③]任何人都有权到市政大厅对概念性规划提出意见，不仅仅包括规划制定或者变更的利益相关当事人，还包括其他居住在该地区但与规划制定没有直接利害关系的人，而这些意见必须得到市政当局的相关负责人的听取。[④]市政当局必须在概念性规划公布六周后的十二周内通过、拒绝或者修改规划；如果议会最终没有采纳公众提出的意见，其必须提出更加合理和完善的方案。[⑤]

其三，利害相关者异议权。规划通过后，与规划制定和变更有利

[①]See The Netherlands Ministry of Housing, The new Spatial Planning Act gives space, Spatial Planning and the Environment , 2007, p.1—2.

[②] 参见程雪阳：《荷兰的分区规划、土地征收与房地产管理》，载《行政法学研究》2012 年第 2 期。

[③]Id., Art.3.8（4）, the Spatial Planning Act.

[④]Id., Art.3.11（d）, the Spatial Planning Act.

[⑤]Id., Art.3.11（e）, the Spatial Planning Act.

害关系的当事人有权向法院挑战市议会的决定。此时的利益相关者，指的是当事人处于规划制定或者变更所涉及的区域，或者居住在该区域附近。①法院将对市政当局的规划制定进行形式和实质的双重审查，包括审查市政当局的决定是否按照法律规定行使以及空间规划是否为"有效的空间规划"以及在规划准备和确定阶段的公众意见是否得到了市政当局充分的考虑。有效的空间规划的判断标准主要审查分区规划是否达到了对不同功能划分的最有效配置，例如，如果市政当局想要建造一个商业开发区，其应当选择一个毗邻公路、人口较为集中的区域，而非森林、草原等地段。

（2）层级区分的规划制定程序

对于政府而言，无论是市政府、省政府还是中央政府，在规划变更之前并不享有任何土地征收权。如果政府想要取得一份土地的征收权，其必须存在一份有效的分区规划。在很长一段时间，只有市政当局才享有分区规划权，中央政府和省政府并不享有此项权利——中央政府主要负责制定全国性纲领及规划政策，省政府主要集中于指导市政府制定分区规划，并负责中央政府政策的落实。②制定分区规划的权利一般集中在市政当局，在 2008 年《空间规划法》出台后，中央政府和省级政府被赋权制定一些跨区域的分区规划。具体而言：

市政当局负责起草一个或多个结构性愿景，并在结构性愿景基础上制定主要的空间规划政策及期望实现路径；市政当局负责为整个地

---

① 参见程雪阳：《荷兰的分区规划、土地征收与房地产管理》，载《行政法学研究》2012 年第 2 期。

② See The Netherlands Ministry of Housing, The New Spatial Planning Act gives space, Spatial Planning and the Environment 2007, pp.1—2.

区制定一个或多个分区计划，并且不需要提交省政府批准；在分区规划未涉及的区域，市政当局可以选择制定管理条例取代分区规划；省级政府和中央政府必须尽早告知市政当局可能影响其空间规划制定的省级及中央利益，并且对市政当局的分区规划提供指导意见；市政当局必须每 10 年更新一次空间规划和管理条例，以保证空间规划的有效性。

省（中央）级政府负责起草一个或多个结构性愿景，并在结构性愿景基础上制定主要的空间规划政策及期望实现路径；省（中央）级政府对于市政当局分区规划的指导通过指令（instruction）、一般性指令（the general orders）和一体化计划（the integration plan）三种形式保证其政策得到良好落实，但省（中央）级政府对于规划的指导出于省（中央）级自身利益。

（三）分区规划在荷兰土地征收中的效果及启发

荷兰以分区规划为前提进行的征收，使荷兰迅速进入城镇化道路，但社会却没有因为土地征收和房屋拆迁而陷入剧烈的冲突和动荡。[1]可以说，分区规划在荷兰土地征收中发挥了显著的效果，笔者认为其主要原因在于政府规划权凝结了政府主动推动作用的形成，同时规划权对于征收权的规制使得征收维持在一个合法性框架之内；也通过规划权对于土地财产权的规制，达到财产权保障和土地资源的合理配置。

1. 荷兰土地规划权中蕴含的"公平正义"理念

在荷兰，土地规划的实现更多的是一种政府与私主体之间的相互配合（cooperation between public and private actors），分区规划的实现

---

①See Arnold van der Valk，The Duthch planning experience，58 landscape and urban planning 2002，p.203.

更多的是依赖私主体自行实现，只有在私主体不具有自主实现的能力时，政府方能启动征收权，因而大多数情形下政府依赖开发商和私人之间进行合作完成土地开发，同时私人和开发商没有政府制定的分区规划的许可也难以获得开发权，因此，在政府制定分区规划时通常会考虑私主体进行自愿开发的可能性。[①] 城市规划本身的意义乃在于通过土地利用控制转变市场配置资源时的单纯利益导向，以平衡土地的财产属性与社会属性。[②] 荷兰土地分区规划中蕴含的正义理念，指导政府以土地利用最优化为目标进行规划的政策导向；公平理念旨在规划所涉各方利益之间达成平衡。城市规划必须充分平衡多方利益需求，而其本身的利益平衡便演化为规划政策或者内化为规划本身，此即规划权中的公平正义。

分区规划需要平衡土地权利与政府权力。土地分区规划构成对土地未来财产权益的限制，但其并不强制性剥夺土地的现有财产权益。而土地作为人类赖以生存的有限资源，通过政府强制性参与土地权益的分配，在再分配过程中实现土地现有财产权益和未来财产权益的考量并对不同主体之间的利益进行平衡，从而实现土地资源以最有效之方式实现开发利用。此种意义上，政府的分区规划实际上就是在行使其对规划内的土地和空间利用实施管理控制的手段。

分区规划构成对土地财产权利的合法限制。荷兰法认为，"个人财产受社会约束，政府行为造成的个人财产损失属于个人作为国家公

[①]See The Nertherlands Ministry of Housing, The Land Deveploment Act, New Regulations for the Development of Building Locations, Spatial Planning and the Environment 2007, p.2.

[②]参见柴荣、李竹:《城市规划中土地利用的法律规制——基于公平正义的分析》,载《山东社会科学》2017年第6期。

民应当承受的社会风险（social risk）"[1]。"一般而言，个人财产权益遭受的损害若系社会发展的结果，应当在其忍受的范围之内并由其自身承受。上述规则同样适用于行政主体为社会利益从事的行为使个人利益处于劣势的情形。在政府眼中，只有在个人自身承受劣势结果缺乏合理性时才有权获得补偿……只有在损害超过基于社会风险理论由个人自身承受财产性权利受限制结果的限度时，公民才有权获得补偿或者赔偿。"[2]基于社会风险理论，政府确定了 5% 比例的免赔偿条款，即政府行为造成的公民财产利益的减损未超过财产价值的 5% 即免予补偿，对此，荷兰议会和法学界存有分歧。[3]其多数认为该条款会导致个人承担过多的社会风险，而主张确定 2% 比例的免赔偿条款。[4]超过 2% 比例的财产权限制的公民享有规划补偿权（Planning compensation rights），即政府承认对于因分区规划导致的公民个人财产权限制结果获得补偿的权利。此外，公民因规划变更遭受的损失同样有权获得补偿。分区规划规定了特定土地被允许用作何种用途，并且给予公民按照规划进行土地开发获得土地价值增值或者避免其土地价值受到过多减损的预期，因此，分区规划的变更将改变人们可能利用其土地的方式，同时规划的变更会带来土地价值的变更。如一块土地在原来的分

---

①See Fred Hobma Willem Wijting，Land-use Planning and the Right to Compensation in the Nertherlands，6 Washington University Global Studies Law Review 2007，p.24.

②See Fred Hobma Willem Wijting，Land-use Planning and the Right to Compensation in the Nertherlands，6 Washington University Global Studies Law Review 2007，pp.11—24.

③See D.A. Lubach，Voorzienbaarheid en maatschappelijk risico bij planschade in rechtsvergelikend perspectief，Bouwrecht 513（2005）.

④See Fred Hobma Willem Wijting，Land-use Planning and the Right to Compensation in the Nertherlands，6 Washington University Global Studies Law Review 2007，pp.24—25.

区规划中被划定为公共花园用途，而规划变更后其用途被改成了住宅区，必然将降低周边地区的地产价格；若政府变更区域规划的行为给新住宅区或者原来的公共花园附近利益相关人造成了损失，市政当局有责任予以全额补偿。

对于因规划行为制定或者变更导致的财产权益受损，利益相关人有权提出补偿请求（compensation claim）[1]，市政当局在评估一项规划补偿请求（planning compensation claim）是否成立时主要考虑以下因素：

（1）损失是否由规划导致？

按照《空间规划法》（SPA）第49条的规定，规划补偿请求并不需要基于财产权受损与规划制定之间存在直接的因果关系，只要损害的发生是由规划制定或者变更导致即可。因此，并不存在对"规划附带之损害"的补偿，即在规划实施前或者基于实际规划存在的预期而产生的财产价值减损并不受补偿。[2]

（2）新规划是否比旧规划更具损害性？

在存在新旧分区规划时，判断规划补偿请求权是否因规划变更而产生时需要对新旧规划进行比较。比较的对象限定在"旧规划允许的规划用途"与"新规划允许的土地用途"，而非"旧规划的实际实现或者执行情况"与"新规划允许存在的土地用途"。在某些情况下，新规划可能创造一个比原有规划更糟的情形。如果权利人的财产权益

---

[1]See Fred Hobma Willem Wijting, Land-use Planning and the Right to Compensation in the Netherlands, 6 Washington University Global Studies Law Review 2007, p17.

[2]See Fred Hobma Willem Wijting, Land-use Planning and the Right to Compensation in the Netherlands, 6 Washington University Global Studies Law Review 2007, p17.

因为新规划而受到更多限制，其当然享有规划补偿请求权。例如，对面而居的 A、B 两个地点，新的分区规划允许在 A 点建造住宅区，而未给予 B 点居民因视野的丧失请求补偿的权利。首先应当进行新旧规划的对比——在原有的分区规划中 A 点被用于建造何种类型的建筑，而非 A 点在实际情况下被用来建造何种类型的建筑。只有在新的分区规划赋予了 A 地点在原有的分区规划中不存在的新的发展可能或者机会，B 处居民才享有规划补偿请求权。购买者也必须在确定 B 点购买价格时考虑 A 点的开发对 B 点土地财产价值带来的影响。[①]

（3）损害是否由权利人自身原因导致？

确定新的分区规划使土地权利人陷入更加糟糕的境况，下一步就要判断该损失是否部分或者全部由权利人自身原因造成。由权利人自身原因造成的损失自然排除在规划补偿请求权的范围之外，其中最主要的一项由权利人自身原因造成的财产损失是——由规划变更导致的更糟糕状况事先能够预料，而受害方并未采取主动预防或者继续消极对待所有的可预期损害。风险承担（risk acceptance）理论下，对于可预期存在并且受害人采取合理措施可主动预防或者减损发生的风险而言，并不赋予受害人因缺乏主动行动而导致发生之损害获得救济的权利。[②]

其一，积极的风险承担（active risk acceptance），系对于风险有预知能力但认为自身能够合理地接受政府行为对其可能造成的劣势结

---

①See Fred Hobma Willem Wijting，Land-use planning and the right to compensation in the Netherlands，6 Washington University Global Studies Law Review 2007，p17.

②Minister of Housing，Memorandum on the Spatial Planning Act，Spatial Planning and the Enviroonment，2003，p.64.

果，从而继续进行投资行为。其行为是在纳入政府行为所致不利因素作为考量的前提下，接受行为导致的附带损害。土地利用规划中呈现的程序、规划草案以及政策性文件均能对损害之发生起到预知作用，基于积极的风险承担理论，购买者在购入不动产时必须主动查明此类文件可能带来的预知性损害。市政当局仅仅有义务对土地利用规划进行公告，并对当时的土地权利人负有规划补偿义务，"规划补偿请求权并不会承继到新的财产权利人"①。

其二，消极的风险承担（passive risk acceptance）下，个人在两种情况下无权要求规划补偿：①当其能够合理预知政府行为时，不采取行动或者消极对待；②没有采取及时且适当的措施降低损害。消极风险承担理论的构成要件之一即为，利益相关者能够合理地预知到规划变更可能导致的损害，②该可预期性较难判断。以2005年9月28日荷兰国务院行政司司长做出的一个消极风险接受决定为例，原有的分区规划将某特定区域土地设定为"酒店和乡村住宅建设区域"，而最新修订的分区规划将该区域用途变更为"景观建设和农业价值的建设区域"。基于——第一，在规划变更前的时间有明显迹象表明规划变更的可能性，土地权利人能够合理推断该区域内"酒店和乡村住宅建设用途"将被更改；第二，该所有权人并未按照原有规划用途进行建设准备工作——的事实，可以推断该权利人接受"该区域可能的建设用

---

① Fred Hobma Willem Wijting，Land-use planning and the right to compensation in the Netherlands，6 Washington University Global Studies Law Review 2007，p19.

② See P.J.J. Van Buuren，Ch.W. Backes &A.A.J. de Gier，Hoofdlijnen Ruimtelijk Bestuursrecht［MAIN LINES IN SPATIAL ADMINISTRATIVE LAW］263（2002）.

途被变更"的风险。①

2. 通过分区规划使政府在土地征收中发挥主导作用

（1）荷兰土地征收制度呈现政府规划主导下的内生性与外部性

首先，分区规划的制定受到中央政府、省政府和市政当局公共决策的影响，在政府主导作用下注重利益各方之利益表达的路径构造与运行维护——强调规划制定和变更过程中的公众参与，不仅利益相关者可以提出规划意见，更接受全体社会审查，而所有意见必须得到充分考虑并被合理说明；对于利益相关者提交法院审查的异议权，司法介入规划制定过程中的程序正义审查，以保证充分的公众参与路径缔生社会认同之规划正义——由此呈现出政府主导角色推动下形成的形式规划理性，笔者称之为政府主导下的规划外生性正义；其次，荷兰分区规划严格遵循规划目的理论（theory in planning）②，规划正义的制定、修正、变更以及司法对于分区规划的审查均以"土地以最优化方式予以利用"为判断标准——市政当局始终应当依据土地最优化利用的方式进行规划制定，对于公众意见未予采纳的，市政当局需提供一个更加合理、完善且优化的规划构想；司法权对于规划权的介入，也需以不存在其他更加优化利用方式为标准——此即规划制定呈现的实质规划理性，也称为规划内生性正义。

（2）公权力利用空间资源配置安排社会经济事务存在必要性③

分区规划系对土地未来发展权利的限制，是政府公权力限制私主

①See Case number 200409555/1，37 NEDERLANDS JURISTENBLAD［NJB］（O CT. 21，2005）（Neth）.

②See Franc Archibugi，Planning Theory： From the Political Debate to the Methodological Reconstruction，Springer 2008，p.6.

③ 参见宋彪：《规划立法论》，载《经济法学评论》2016 年第 1 期。

体财产权利的手段，也应当成为解决各类利益群体在空间资源分配中利益对抗的关键因素。政府通过分区规划达到实现主动配置资源的目标，通过对土地未来发展权利和财产价值的限定和约束给予土地权利人对其土地未来发展的确定预期，同时其他土地使用人对于土地未来的发展空间同样具有确定性；购买者或者土地开发者会基于此确定预期从事其土地市场行为。因而，公权力通过分区规划的制定与变更达到对未来土地财产权益的规制与限定，进而引导土地市场行为。

公权力对于土地经济的调控作用主要依靠政策予以实现。首先，必须承认分区规划在各类土地利用政策及规定中居于宪法地位。分区规划的制定乃是基于各类政策指引、经济考量、社会参与和权力推进的方式最终确定，具有地区全局性和利益整体性，具有优位于个人财产权利的应然性。规划可以概括为"政府在公共服务和涉及公共利益领域对地方政府和中央政府有关部门提出的指标性发展要求"，规划具有总局性和整体性，根据规划构想形成量化指标，而政策乃是基于实现诸类量化指标的特定目的制定的功能性手段，政策的内容与形式随着规划目标的调整而改变，因而，政策乃是实现规划目标的工具和措施。[①]

荷兰土地规划权行使的目的是实现公共利益，即主要从土地财产价值的保障、土地利用利益冲突的平衡、环境敏感地带以及历史文化遗产的保护等方面具体促进公共利益的实现。土地规划权对土地资源的利用和保护、设定目标和蓝图、划定不同的使用用途，是实现土地利用秩序治理的重要方式。

---

① 参见杨伟民主编：《发展规划的理论和实践》，清华大学出版社 2010 年版。

| 第二节 | 征收的合法性
目的论证 |

一、荷兰法中的征收界定

在荷兰，统辖征收导致的第三方经济发展转移的法律有《欧洲公约》（European Convention），其比荷兰宪法（Dutch Constitution）在土地征收中效力层级更高。《欧盟基本权利宪章》（Charter of Fundamental Rights of the European Union）第17条同样具有高于荷兰宪法的层级效力，但其缺乏现实适用性。依据荷兰宪法规定，征收必须出于公共利益。

（一）欧洲人权公约（European Convention on Human Rights）第一条

《欧洲公约》保障所有签署成员国，保护并保障公约确认下的所有权利与自由，并当然地成为荷兰征收法的基石性法律。荷兰法律普遍认同其签署的公约在本国的直接法律效力（direct effect），公约第一条赋予公民安宁享有其财产的权利（the right to the peaceful enjoyment of possessions），因此，该权利足以形成对荷兰征收法的对抗性权利。根据第一条第一款的规定"任何法人或自然人都享有安宁享用其财产的权利。除非基于公共利益并且在法律规定的条件或者国际法的一般原则，任何人的财产不得被侵夺"，此处所言财产（possession）不仅指土地所有权，还包括处置该权利的自由；其不仅包括实体性财产权利，还包括可以构成财产的财产性利益或权利。[1] 该公约第一条规定了征收的三个合法要件：第一，征收必须出于公共利益。第二，必须在公共利益需要进行的财产性剥夺与公民财产保护之间达成公平的平衡。征收过程中公平之平衡体现在"对征收必须进行补偿"。[2] 第三，征收必须基于法律规定之情形，而且必须同时符合国际法规定之情形和国内法的合法性基础。

（二）宪法

《荷兰宪法》作为该国最高效力之法律，从 1983 年最后修订后，第 14 条便作为重要的财产保护条款。"只有出于公共利益且给予事先的完全补偿（on prior assurance of full compensation），征收始得发生。""在主管部门为了公共利益毁坏财产或者使所有权处于不能被使用的状态或者构成对所有权的限制时，所有权人享有请求获得完全或者部分补偿。"宪法第 14 条仅仅是对于财产权的消极保护，仅仅构成对公权力行使的特定限制；但此项消极保护条款暗示承认财产权

---

[1]Bjorn Hoops，the Legitimate Justification of Expropriation-- a Comparative Law and Governance Analysis by the Example of Third-party Transfer for Economic Development，University of Groningen 2017，pp.189-190.

[2]ECtHR，Judgment of 21 February 1986，James and Others v The United Kingdom，ANO. 8793/79，Para54； cited in Bjorn Hoops，the Legitimate Justification of Expropriation-- a Comparative Law and Governance Analysis by the Example of Third-party Transfer for Economic Development"，University of Groningen 2017，p.190.

作为基本权利，①并将"赋予公民个体充分实现其权利属性（enable individuals to realise their full potential）"作为目标。

1. 宪法第 14 条下的征收界定

学界普遍将该宪法第 14 条作为界定征收（expropriation）的主要依据，但征收的定义却一直含糊不清。Thorbecke 将征收界定为"为实现公共利益而进行的土地所有权的强制转移"；Jansen 将征收界定为"财产所有权的完全丧失并将财产转移到为公共利益使用该财产的实体"；Den Drijver-van Rijckevorsel 将征收定义为"征收主体基于公共利益的需要进行的对所有权的剥夺"。"deprivation"与"Ontneming"在荷兰语中同义，荷兰对于《欧洲人权公约（ECHR）》第一条的释义便采用"Ontneming"一词，但"Ontneming"一词不仅指所有权的剥夺，同时包括对财产权行使造成的干扰。基于此，Van den Brand 和 Klaassen 认为征收系"对所有权的剥夺，尤其是对财产使用权和处置权的剥夺，并将权利转移给征收主体用于公益性使用"②。笔者认为，对于征收的荷兰界定虽然缺乏权威定义，但其界定整体围绕以下四个要件展开，笔者将之称为"征收"的四要素：

其一，涉及"被荷兰法认定为财产权的丧失和取得"，即征收主体从财产所有者手中拿走并取得财产权利，对于财产的过度限制（excessive restrictions）并不在征收的范围之内。征收并不仅仅涉及

---

①T Peters，"commentaar op artikel 14 van de Grondwet"，in EMH Hirsch Ballin & G Leenknegt（eds）Artikelsgewijs commentaar op de Grondwet. Cite in Bjorn Hoops，the Legitimate Justification of Expropriation-- a Comparative Law and Governance Analysis by the Example of Third-party Transfer for Economic Development，University of Groningen 2017，p.191.

②See JAM van den Brand & AW Klaassen Het gemeentelijk grondbeleid，Instrumenten voor een integrale aanpak（Zwolle： WEJ Tjeenk Willink 1991）45.

财产权利的全部丧失，同样涵盖财产权利的部分丧失和取得。因此，宪法第 14 条规定中，涉及被征收的财产不仅指土地所有权，如果授权主体本身作为土地所有权人，其可以单独征收其上限制所有权行使的其他财产性权利。其二，征收的客体。传统意义上，土地上的财产权利属于"财产"，属于一般意义上征收的主体。实际上，任何财产上的权利都可以作为被征收的对象。其三，征收系政府单方行为。征收并不基于征收机关和被征收者达成协议之结果，而是基于国家利益或者第三方集体利益由政府强制实行的单方行为。其四，受让人（transferee）必须基于公共利益使用被征收财产。在宪法第14条规定下，征收必须出于公共利益方被允许。如，为寻求经济发展或者创造就业机会属于公共利益范畴。任何法律的颁布都有其必须遵循的立法目的及意图，因而征收行为必须符合征收法律的立法目的设置。

2. 征收的合法性要素：比例性审查

同时，征收属于典型的国家行为，其必须符合国家行使公权力行为的一般性约束，即征收必须接受比例性原则审查；其要求征收行为的行使必须基于达成立法目的的合适（suitable）且必要（necessary）的限度，征收必须是达到法律目的的造成最小损害的方式。[1] 比例性原则同时要求征收过程中必须合理平衡（equitable balance）征收和项目之间的平衡，亦即平衡因征收和项目实施受益的私人和公共利益与因

---

[1]See Afdeling geschillen van bestuur van de Raad van State，Judgment of 29 June 1990，ECLI：NL：RVS：1990：AN 1686，AB 1991，117，annotated by FCMA Michiels.Cited inBjorn Hoops，The Legitimate Justification of Expropriation-- a Comparative Law and Governance Analysis by the Example of Third-party Transfer for Economic Development，University of Groningen 2017，p.194.

征收损害利益之间的平衡。但是对于何为"equitable balance"缺乏明确判断标准，《荷兰一般行政法》（General Administrative Law Act）采取反向定义方式，"政府行为所致损害与政府行为欲达成目标之间不成比例"；据此，若政府行为所致受益大于其所致损害，该行为便达成合理平衡。

但是，问题在于，宪法第14条中的公共利益是否需要接受比例性原则的审查？抑或仅是构成征收的法律目的？大多数荷兰学者仅将公共利益视为征收的法律目的以构建征收的合法性基础，也基于此，其集中于探究项目之利益能够构成"公共利益（the public interests）"，因此，荷兰学者探究的重点总在于"公共性（the public）"标准的判断。例如，在以修建公路为方式改善基础设施而进行的征收中，荷兰学者主要探究的是"基础设施改善后增强之利益是否构成公共利益"，而不再对修建公路之项目本身所致之消极影响和积极影响之间是否符合比例性原则进行研究。然而，笔者认为，征收必然需要受到比例性原则的限制。项目之实施本身就是政府行为，因而项目之实施必然服务于特定之法律目的并且必须遵从比例性原则；而征收乃是基于市政当局具有约束力的土地使用规划（land-use plan）实施，土地利用规划的制定乃是经过严格的程序以及市政当局对于与空间规划相关之私人利益与公共利益之间达成的平衡，因此，项目之比例性已然构成公共利益之要求的必要成分。

3. 征收的合法性要素：完全补偿

征收除满足公共利益要求外，还需要满足其他宪法性要求：对被征收财产之损失给予完全补偿（full compensation）。但有权获得补偿的财产损失应当是征收引起的直接（direct）且必要的（necessary）损失。

笔者认为，获得完全补偿的权利可以作为征收合法性论证的要素，但是，并非所有有权获得补偿的财产受限制行为皆能构成征收。荷兰宪法第 14 条第 3 款规定，权力机关出于公共利益需要，对财产进行限制或者使其处于不能使用状态或者毁坏财产的，财产权利人都有权请求补偿。实践中，合法性的财产限制已然属于普遍情况，如根据《空间规划法》制定的具有约束力的土地利用规划即构成普遍性的土地权利限制。但该种限制必须出于公共利益并且由被授权机关施加限制，并且除请求获得补偿之外并未赋予权利受限制人其他的补救手段。

（三）1851 年《荷兰征收法》和 2008 年《空间规划法》

《1851 年征收法》第 77 条规定，授权市政当局以实现具有约束力的土地使用规划或者空间规划为目的征收财产。荷兰征收程序被分为两个阶段，即规划阶段和征收阶段（土地取得阶段），相应地，征收的正当性论证必须根据两个阶段不同的价值衡量取向将征收的合法性论证划分为两个区块：规划阶段和征收阶段。规划阶段主要涉及的是市政当局将规划项目列入空间规划的过程，主要由《空间规划法》（Spatial Planning Act）主导程序进行；征收阶段（土地取得阶段）涉及的是由基础设施与环境事务部（Ministry of Infrastructure and Environmental Affairs）代表国王（Crown）决定是否基于实施有约束力的土地利用规划目的进行财产征收，此阶段主要受《1851 年征收法（Expropriation Act of 1851）》调整。[1] 但自 2019 年春季起，新的《环境法》（Environment Act）即将生效并取代《空间规划法》（Spatial

---

[1] Bjorn Hoops, "the Legitimate Justification of Expropriation --A Comparative Law and Governance Analysis by the Example of third-party transfer for economic development", university of groningen, 2017, p, 189.

Planning Act）。

1. 规划阶段（the planning procedure）

规划阶段最终将形成有效的土地利用规划，以促进良好的空间规划（promote good spatial planning）为总体目标。市政委员会直接负责该区域内土地利用规划的描述，并经由公共准备程序（public preparation procedure）产生有效的行政决定。在公共准备程序过程中，主要涉及对各方利益主体之间的利益平衡；在此过程中，市政委员会有权基于环境管理法、噪声干扰法以及其他相关法律的考量作出对所有权的限制决定，此外，市政委员会做出的决定还必须满足其设定的未来空间政策（spatial policy）。[①]概言之，市政委员会有权基于以良好的空间规划为目标的相关因素考量做出是否予以征收以及征收地点的选取、实施何种征收项目的决定，且享有较大的自由裁量权。

同时，在规划阶段，市政当局的规划权受到省级及国王的制约，市政利益必须让步于省级利益。如对于同一片土地，州政府已然制定了省级空间规划；需要特别说明的是，省级空间规划的制定也需要经历公共准备程序，其中，市政当局的利益被视为利益相关者，因而其应当对该规划的制定知情。省级空间规划自动成为市政当局制定的土地利用规划的当然部分，并对与省级空间规划不一致的内容予以修正，[②]并且州政府有权指令市政当局在一年之内实现其省级空间规划。

2. 征收阶段（the exproriation procedure）

土地利用规划仅具有预防效力，并不具有强制执行力。这意味着

---

① AC Fortgens，in Fortgens &P de Haan（eds）Tekst & Commentaar: Ruimtelijk bestuursrecht，9 th edition（Deventer: Kluwer 2016）Wro，Hoofdstuk 2，structuurvisies，5.

② and Fortgens，in T&C Ruimtelijk bestuursrecht，Wro，Art.3: 26，section 3.

不论土地所有权人是否持有开发许可，其均不可以实施与利用规划中设定的土地发展用途相背离的新项目。[①] 然而，市政当局也并不能根据土地利用规划中的土地用途强制土地所有权人改变土地现有用途以实现该规划。因此，征收即成为实现土地利用规划的必要途径。

（1）征收法限定征收目的

只有在其财产征收之目的符合征收法中限定的征收目的时，征收始得发生。整体来说，征收的合法性目的被分为以下三类：

其一，建设、修护、维护洪水防御工事以及军事防御系统建设。包括建设和强化道路、桥梁、铁路轨道、隧道和海港设施；提升公共给水工程和废物处理体系；矿藏开发……实践中，政府经常基于城市发展以及道路基础设施建设进行征收。其二，还有一些基于特定情形允许的征收。其三，以实现土地利用规划为目的、推进空间发展为目的的征收。政府可基于土地利用规划的实现进行征收，这也是最为常见的征收形式。在以实施土地利用规划为目的进行的征收前，市政当局需要提交国王审查其是否满足征收法的规定情形。国王审查征收是否具有合法性具有五个标准：第一，征收服务于空间发展；第二，征收基于公共利益考量；第三，征收必须是紧急的；第四，征收必须是实现土地利用规划的必要手段；第五，征收必须是符合比例原则要求的项目实现途径。只有满足以上五个要求，征收方能获得国王批准。

（2）行政和司法程序相分离

市政当局可以就征收合法性之审查向法院提起诉讼。在司法程序中，法院有权审查征收是否满足以上五项合法性标准。若其认定征收

---

①Art.2.1 lit.c of the General Provisions of the Environmental Law Act.

决定满足五项审查标准，其有权改变国王的审查决定并授权征收，同时有权决定补偿的数额。实践中，法院会首先授权征收并且给予一定数额的提前补偿，并且在之后适用单独的审判程序确定最终的补偿数额。在法院判决录入公共记录系统后，市政当局有权取得全部的土地所有权并将土地权利转移给私人开发主体。

（3）征收决定具有效力空间

征收决定作出后，受让人（transferee）有义务实施征收项目，否则被征收人有权行使复归权（a right to reacquire）。征收主体实施征收项目的义务属于合同性义务。根据1857年《征收法》规定，受让方在征收的司法决定做出之后三年之内未实施征收项目或者项目实施暂停满三年或者根据其他条件可以推断受让方不会完成征收项目，被征收人有权重新取回被征收财产。

二、征收必须是紧迫的

征收法中设定的第二项要求是：征收应当是紧迫的。即，市政府只有在实现区域规划的需求极其紧迫的情况下才被允许进行征收。[①] 相应地，这就要求具备一个具有可行性的区域规划。

紧迫性（urgency）在征收程序中具有重要功能。国王审查环节对于征收合法性的一个重要衡量指标就是：区域规划功能的实现是否对征收的实施具有迫切的需要。但是，国王审查环节对于征收是否迫切并未要求具有一个客观性的紧迫需求，而只要求项目开发者在五年之内能够保证实施开发项目，便可提供合法性基础。因此，征收法对于"紧

---

① 参见张千帆主编：《土地管理制度比较研究》，中国民主法制出版社2013年版。

迫性"设置的唯一要求在于，必须存在一个可以被迅速实现的明确的规划。即，市政当局只要标明区域规划必须在五年之内的任意时间开始实施，即可证明该区域规划的实施具有紧迫性；对于未标明开始实施时间的区域规划，便极有可能被认定为项目不具有紧迫性，而被法官推翻该征收决定。

相应地，"项目开发者无法在五年之内实施该项目"成为挑战征收具有紧迫性的唯一因素，即便是项目过去实施的失败经历以及项目实施期间的延后（只要未超过五年期限）都不会阻碍征收紧迫性，然而，项目缺乏稳定的资金支撑（不充足的资金来源）可能会推翻征收决定。

三、征收应当是必需的

"每起征收应当为市政府实现区域规划所必需"[1]，这项要求包含了以下两层含义：

其一，如果目前的土地所有权人愿意按照市政府所设定的规划自行实现规划功能，征收就不合法。实践中，成为被征收目标的权利人常常在征收尚未发生之前，便将其不动产出卖给房地产开发商。此种方式更加具有诱惑力，因为其可以免去其自力完成规划用途的麻烦，同时还能获得一笔较为丰厚的出卖金。如果有房地产开发商可以在市政府能够征收之前买下土地，征收就不再被允许，因为新的所有人愿意并且能够自行实现市政府的全部规划。[2]

其二，如果还有其他可替代的方案能够实现规划用途，征收就

---

① 参见张千帆主编：《土地管理制度比较研究》，中国民主法制出版社2013年版。
② 参见张千帆主编：《土地管理制度比较研究》，中国民主法制出版社2013年版。

不是实现区域规划预定用途的必需方式，征收同样不合法。替代性方案必须满足以下两个要件中的一个："具有同等合理性（equally suitable）但带来更小损害"或者"具有稍低合理性但能够明显减少损害（considerably less harmful）"。[①]征收法规定，市政当局应当采纳每一项服务于良好的空间规划目的的土地利用规划，而良好的空间规划必须立基于各项相关利益的均衡考量。显而易见，判断征收是否为实现规划目标之必需途径，首先应当对相关利益予以识别，其不仅包括财产所有者的各项权利、与征收项目有关的公共利益，还包括其他公共利益，如环境保护、公共健康以及公共基础设施等。其次，进行利益均衡，以判断征收带来之负面影响与规划目标实现之间是否符合比例性，进而挑选出"实现规划目标的最小损害方式"，即为实现规划目标之必需方式。其实，判断其他可替代性方式是否较征收更为合理，并非易事。因为，其他可替代方案可能会涉及其他不利影响或者该方案可能与征收实施带来的规划目标实现之间具有差异。因此，实践中，将替代性方案的审查分为两个步骤：第一步，该替代性方式是否为实现规划目的的合适途径。如果该替代方案不是适合的方式或者仅能在一定程度上实现规划目的，则征收决定不会被法院否定。[②]第二步，若替代性方案能够有效实现规划目标，市政委员会便可以在其自由裁量权范围之内进行利益衡量。一般而言，对于征收是否为必需的

---

① See Bjorn Hoops, "the Legitimate Justification of Expropriation-- a comparative law and governance analysis by the example of third-party transfer for economic development", University of Groningen 2017, p.233.

② See ABRVS, Judgment of 18 February 2015, ECLI：NL：RVS：2015：448, para 27, in particular 27.4；ABRvS, Judgment of 24 December 2014, ECLI：NL：RVS：2014：4732, para 12.

司法审查，法院缺乏具体的衡量标准。因此，其仅仅审查市政委员会对于利益衡量的结果。除非征收方式具有明显的不利影响[1]或者替代性方案具有明显减少损害之效果[2]，征收决定不被否定。

征收必须是实现规划目的之"最小侵害方式"，方具正当性。"最小侵害方式"理论成为检验征收决定是否正当的关键标准。荷兰法中对于何种不符合"最小侵害方式"的情形会推翻征收决定的正当性，做出了较为明确的分类：第一，首先规划项目之功能可以征用比市政所作征收决定更小面积的土地；第二，实现规划目的本可以选用其他比征收造成更小损害之方式，例如可以通过限制财产权利或者附加合同性义务的方式实现；第三，该块私人土地可以在自由市场上以合理价格购买；第四，该土地所有人愿意并且能够自己按照规划意图实现规划目的。如果存在上述四种情形，与之相对性的可替代方案又能够有效地实现规划功能，并且保障规划项目顺利完成，即便其可能损耗更高的成本或者在其他方面有不如征收带来的优势，其都会导致征收决定的正当性缺失。

笔者将对"征收合法性论证之违反"因素进行重点阐述，其中第一与第二点，如前所述，可参见上文替代性方案的论述。对于第三和第四点，笔者将其称为"自我实现的防御（self-realisation defence）"和"市政府的优先购买权"。

---

[1] See ABRvS，Judgment of 9 July 2003，ECLI：NL：RVS：2003：AH9363，para 2.9.10.3.

[2] See ABRvS，Judgment of 5 August 2015，ECLI：NL：RVS：2015：2514，para 7.

1. 自我实现的防御

在被征收土地权利人愿意并且能够自力实现规划意图的情况下，征收便不再成为事先规划功能所必需的方式，从而构成对征收决定的反对，称为"自我实现的防御"。通常情况下，土地权利人对于土地利用规划中能够获利的项目具有自我实现的意图，此种项目多见于住宅建设、工业项目和商业项目，而对于基础设施建设项目一般不具有自我实现的期待。

首先，土地权利人应当愿意并且有能力实施项目。为证明土地所有权人自我实现项目之意愿及能力，可能要求所有权人与市政当局签订一项合同，以保证其能够按照市政当局的意愿实现项目。国王审查环节通常会涉及所有权人是否愿意支付一笔"开发费用（an exploitation fee）"。此外，"具有实现项目的能力"要求被征收土地的所有权人享有不附加任何限制性权利的完全所有权，且所有权人需要具备完成项目所必需的知识、资金以及经验，但并非要求所有权人自身具备所需的专业知识及经验，其只要能够证明其能够交付第三方主体实施该项目即可。因此，所有权人必须向市政当局提供其实施计划以及其具备的实施条件等相关信息，以便市政当局能够审查其是否有能力实现征收项目。[1]

其次，必须依照市政当局制定的区域规划的意图实现。由于征收决定的做出一定是按照区域规划与市政当局的意志，包括项目的类型、位置选择、设计模式以及建筑和结构的配置等，这些要求都会呈现在

---

[1] See Bjorn Hoops, "the Legitimate Justification of Expropriation-- a Comparative Law and Governance Analysis by the Example of Third-party Transfer for Economic Development", University of Groningen, 2017, p.255.

土地利用规划、说明书、政策文件以及行政决定或者规划草图中，被征收土地权利人必须得知这些信息。

如果市政当局制定的区域规划与土地所有权人本来预期的土地利用方式相符合，征收便会失去其"必需性"。此时，唯一能够为征收提供正当性的应当是"是否存在基于公共利益的紧迫需要"。如果仍旧存在实现公共利益的紧迫需要，土地所有权人便失去了源于自我实现的征收防御；但若并不具备实现公共利益的紧迫需要，征收通常便不再具备"必需性"。

2. 市政府的优先购买权

征收法规定，在司法征收程序开始之前，市政当局必须试图在自由市场上购买拟被征收土地。一方面，在自由市场上购买被征收土地的尝试属于市政当局的义务；另一方面，市政当局享有对拟被征收土地的优先购买权。前面已经提到，受到征收危险的土地权利人倾向于把土地卖给房地产开发商，而这些房地产开发商又愿意自行实现规划用途，进而使征收丧失正当性。但是在该种情况下，市政府就不能将其成本转移给因该成本而获益的人，即该新小区中的房屋购买人。[1]因此，征收法赋予市政府优先购买权，即拟被征收土地在出售之前有义务向市政府报价，只有在市政府不购买该土地时，其方有权将其出卖给他人。但是，土地所有人从来没有义务将他的土地出售给政府，只是在其要出售土地时，其有义务优先让市政府购买。优先购买权的设定之首要功能在于，在避免不必要地影响土地上权利人利益的情况下协助空间规划的实现。

---

[1] 参见张千帆主编：《土地管理制度比较研究》，中国民主法制出版社2013年版。

　　由于市政府优先购买权的限制仍旧构成对土地权利人的权利限制，其设定必须经过一套严格的程序。优先购买权的设立程序开始于市长和参事的预备性决定，但该决定只在八周内有效。市政府有义务将该决定的通知送达每一位在该土地上享有物权的人。市政府的优先购买权必须进行登记，确保在市场交易过程中交易人能够获知该信息。随后，市议会将启动程序产生确定性决定，该决定设立的优先购买权将在规划实现之前保持有效性。但若区域规划最终未生效，优先购买权的效力将持续两年。

第三节	征收（行政、司法）
	程序及救济

一、土地征收的行政程序

由于宪法并没有对征收的行政程序做出明确的规定，《宪法》第 14 条仅要求立法者设定征收程序并选定相关权力主体。1851 年《征收法》第 78 条将国王选定为征收主体；《空间规划法》第 3 条将市政委员会和市政执行机构设定为规划权主体。而《宪法》第 78 条和《空间规划法》第 3 条均将统一的公共准备程序（uniform public preparation procedure）设定为适用征收程序的环节，因此，一般意义上而言，征收的行政程序将始于该公共准备程序。

（一）行政规划程序

在市政委员会采纳一项土地利用规划之前，必须经过统一的公共准备程序。[①] 在此阶段，公众可以针对市政当局公开的土地利用规划草案提出异议，并影响最终的规划项目的细节设定。

[①]See Art. 3.8（1）Wro.

1. 规划主体的功能性设定

规划部门在此中的功能实现将直接决定程序的公开性及行政决定的民主合法性。而《空间规划法》第 3 条将市政委员会和市政执行机构设定为规划权主体，市政委员会基于直接的民意选举产生并对民众负责。因此，由市政委员会决定规划项目的类型及规划意图能够体现较大的民主正当性。市政委员会需要负责收集信息以及划定各区域的预期用途，例如，区域是否存在创造就业机会的需求。市政委员会必须告知公众土地利用规划在准备制定阶段并且向公众说明各区域土地的未来用途，并且告知公众土地利用规划将在何时正式生效。① 所有这些信息都应当在市政委员会发布的概念性规划中阐述，概念性规划应当存放于市政府办公室，并且在当地报纸上进行通告，以便公众能够进行查询。②

但是，市政当局总是陷入"任用亲信"和进行"院外活动"的争论，使其缺乏制度性审查和媒体公开的公众控制，其总是陷入缺乏被征收人权利保护的争议之中。加之，市长和其他市政执行部门负责对市政委员会采纳的土地利用规划进行具体化，而市政执行部门成员乃基于市政委员会选举产生，③ 市长经由有资历的部长大臣推荐由国王任命产生，④ 其决定同样会陷入市政委员会决定的质疑。

市政委员会及市政执行部门作为规划主体，能够有效保障行政决定的民主正当性。但是，其本身由于缺乏制度性监督以及公众监督，

---

①See Art. 3.7（1）and（2）Wro.

②See Art. 3.7（7）Wro.

③See Art. 35（1）of the Municipality Act.

④See Art. 61（1）of the Municipality Act.

又会产生权力是否滥用的质疑。因此，在正式的土地利用规划发布之前，必须经过民众参与的程序：统一的公共准备程序。

2. 统一的公共准备程序

在市政委员会作出概念性规划之后的一年期限内，必须启动公共准备程序。该程序的主要目标在于收集各类相关信息，以平衡各方利益和调整规划目标。

市政委员会必须主动保持信息的可获得性。《一般行政法》第3条规定，规划部门有义务主动收集与规划有关的所有必要信息，例如当地经济情况和项目的客观可行性等。主要表现在以下几个方面：第一，市政委员会必须制定土地利用规划草案，包括说明性文件，以使公众对于市政委员会作出的区域规划能够查询并且作出评价。第二，市政当局应当将规划草案的内容存放于市政府办公室以便查询，并在当地报纸上予以公示。所有人都可以对此草案发表异议或者意见。如果市政当局计划在短时间内执行该规划草案，其必须将该草案送达土地所有权人、限制性财产权利人和其他合同性权利人，例如承租人等。

同样，市政当局对于收集到的各类信息，包括收集到的意见或者异议等，都应当作出回应，并阐释作出规划的详细理由。事实上，在规划草案可被查询后六周内，所有人，不仅包括与规划有关的利益主体，还包括其他主体，都有权针对规划草案发表意见。市政当局在作出正式规划决定前，必须对公众提出的异议或者意见予以考量。在六周的异议期过后，市政当局有十二周的时间决定是否采纳土地利用规划。根据《一般行政法》第3条规定，市政委员会必须给出决定的详细理由。特别是，土地利用规划未采纳异议时，市政委员会必须充分考虑提出的相关异议并作出合理解释。①相关理由应当随市政委员会采纳土地利用规划的决定一同发布，最终的土地利用规划应当在市政府办公室存放以便公众查询，并且在当地报纸和媒体上发布。土地利用规划应当保证在公布后六周内可被公众查询，并且向提交异议的人送达一份规划副本。②异议人有权在规划公布后六周内请求司法裁决。

（二）行政征收程序

征收程序分为行政部分和司法部分。在行政征收程序阶段，由国王审查征收决定是否符合一般行政法和征收法的规定。在司法征收阶段，由民事法院审查国王的征收决定，如果征收决定具有正当性即决定实施征收程序，同时确定征收补偿的数额。国王是官方征收权主体。基础设施与环境事务部部长大臣负责以国王名义完成征收决定审查工作；而部长大臣由国王任命产生，但对国会负责。

征收行政程序开始于征收申请的提出。市政当局决定采纳土地利用规划后，应当向被授权的部长大臣提交征收申请。此项申请必须在其决定进行征收的三个月之内提交。征收申请应当以地图形式详细阐述征收项目的相关内容，以及被征收土地地块的相关信息。此外，还应当附有一张被征收土地面积以及土地所有权人和相关权利人的信息清单，同时应当表明其试图在私人市场上购买被征收土地所作尝试。③

国王审查环节必须保证概念性征收决定可被查询。市长负责将概念性征收决定送达利益相关人。最终的征收决定的作出必须建立在收集与处理必要的所有信息的基础上。但是，在该环节，只有与征收有

---

①See ABRvS, Judgment of 18 January 2012, ECLI: NL: RVS: 2012: BV 1211, paras 2.2.2 and 2.5.6.
②Artt. 3: 43（1）3: 44（1）6: 7 Awb, read in conjunction with Art. 3.8（3）Wro.
③Artt. 79, 78（1）Ow.

特殊利益的人才可以提出他们的异议。异议必须在概念性征收决定公布后六周内提交。一般而言，被征收财产所有权人、土地限制性物权权利人被当然认为是具有特殊利益的人，国王通常也将租赁权人或者承租权人称为特殊利益相关人，因为，土地所有权人之利益可能与承租权人之利益并不相符——土地所有权人可能倾向于将土地出让拿到补偿金，而承租人或者租赁权人保留继续使用土地的期待。[①]当然，还存在其他利益相关者，实践中认定其是否为利益相关者的判断，必须满足两个标准：其一，该权利人的活动或者权利行使将对征收所及之公共利益产生限缩性影响。其二，土地利用规划的实施或者征收的实施将影响该权利人在该区域内实施活动的相关权益。

在利益相关者提交异议后的六个月内，国王必须作出决定。国王必须参考利益相关者提出的异议或者意见，给予其表达观点的机会，但并没有义务对利益相关者的异议作出回应，但必须对其作出的征收决定说明理由，并将征收决定送达市政委员会和土地权利人。在征收决定作出后两年内，市政当局应当尝试在土地市场上购买被征收土地或者向法院提交征收审查申请，否则，国王审查作出的征收决定将失效。

（三）司法程序

在国王审查后批准征收决定时，程序的司法部分就启动了。将由一名独立法官再次评估已经作出的征收决定是否符合征收法的要求，此阶段，法院的审查属于实质性审查，与国王审查环节的工作别无二致。但是，在该阶段，需要由法院确定最终的补偿金额。但在程序开

---

①See Bjorn Hoops, "the Legitimate Justification of Expropriation-- a Comparative Law and Governance Analysis by the Example of Third-party Transfer for Economic Development", University of Groningen, 2017, pp.276-277.

始之前，市政当局必须再度尝试以常规方式购买房屋，并开始价格上的协商，只有在价格上的协商不能达成时，程序的司法部分才开始。在补偿金额确定过程中，法院将指派一个专家小组，大多情况是由三名估价师评估征收会造成的损失。最终由法官确定最终的补偿金额，所有损失的确定都必须在征收进行之前予以确定并赋予完整赔偿。在补偿款支付之后，市政当局有权在公共记录系统中记载该土地征收事项。与此同时，随着登记的确立，该土地上相关的全部物权即告终止，包括那些不为市政当局所知晓的权利和征收程序未涉及的权利，也意味着市政当局取得土地所有权。但是在市政当局进行征收程序之前，市政当局必须将征收计划以个人信件方式通知每一个根据公共记录系统记载的土地权利人。[①] 该权利人至少应当是被征收土地所有权人、限定物权人、承租人和持有该土地开发合同的权利人，当然还应当包括在被征收土地周边土地的所有权人或者居民，但是其只在"土地开发规划旨在建造大型设施或者建筑对周边居住产生影响或者干扰"的情况下才能被认定为利益相关者。[②]

与征收的行政程序不同的是，司法程序中有权向法院提起异议审查的权利人仅限于在行政征收阶段提出过异议或者提交过意见的人。根据《一般行政法》第6、7条的规定，权利人只能在土地利用规划发布后的六周内向法院提起相关请求。法院在审理过程中享有极大的自由裁量权，其只需要保证土地利用规划与征收的进行与公共政策的

---

① 参见张千帆主编：《土地管理制度比较研究》，中国民主法制出版社 2013 年版。
② 如果权利人的财产在项目实施低的邻近区域或者能够证明其财产权利因征收进行受到影响，其同样可能成为利益相关者。See：De Poorter & MN Visser，"Het belang hebbendebegrip in beweging"，Gemeentestem 2008，29-37. Cf subsection D.5.3.2 above.

规定保持一致；当事人的举证与请求内容决定法院审查的具体内容，因此，当事人自身应当负担事实之建立与证据之提供，而法院对于证据的举证责任分配享有自由裁量权，其有权决定由谁承担举证责任以及获得事实不明时的受益方。但是在绝大部分情况下，是由市政当局承担举证责任，因为《空间规划法》对市政当局附加了在发布规划草案时收集及提供相关信息的义务，因而由市政当局提供相关信息更加便利。

二、以被征收人取回权为中心的征收救济机制

在征收决定批准之后，可能存在项目开发者难以按照预期规划实施征收项目的情形，此时应当进行征收程序的救济机制设置。荷兰法规定，在特定情况下，应当赋予被征收人财产取回权，有效消除因征收项目的难以实施损害其原本服务的公共利益之困扰。同时，该权利具有促进受让人按照规划实施征收项目的预防功能，因为他们极有可能因不积极实施项目而失去土地，这也是土地取回权的双重功能。

一般而言，被征收人的土地取回权的行使应当满足以下两个条件：

其一，满足特定情形。1851年《征收法》，土地受让方在以下三种情形中有义务将土地归还被征收人：第一，在征收司法决定做出后三年之内受让方未开始实施征收项目的；第二，征收项目暂停实施满三年时，被征收人土地取回权相应产生；第三，存在其他条件或者因素能够证明项目难以实施或者完成的，被征收人可以行使取回权。相应地，被征收人取回权产生后，其同样可以做出两种选择：或者行使取回权并退还与土地现存价值相当的补偿金额，或者拒绝重新取回财

产并申请额外补偿。①

其二，市政当局与项目开发方合同义务的终止。市政当局通常会与项目开发方签订合同，以合同义务方式约束项目开发方按照规划实施项目。若开发方在指定的时间区间内未能完成项目，市政当局有权解除合同，合同解除后，项目开发方应当将被征收财产转移给市政当局。但是，若在征收决定作出后三年之内未开始或者已经停滞三年之久，被征收人有权依据规定取回被征收土地。但是，被征收人取回权的行使必须以市政当局与项目开发方之间的合同解除为前提。

①Art. 61（1）（2）Ow.

第七章

新加坡土地征收
制度研究

　　土地资源稀缺的新加坡在 1965 年获得独立后开始积极推进土地国有化的进程。《新加坡土地征收法》对于公共利益的界定范围极广，这赋予了新加坡政府广泛而又强大的土地征收权。新加坡土地征收的程序清晰，土地征收的救济程序具体，但新加坡土地征收的补偿相对较少。《新加坡土地征收法》的不断完善促进了新加坡土地国有化的进程，从而促进了新加坡经济和公共事业的发展。本部分拟对新加坡土地征收的公共利益、程序和补偿机制展开阐述。

<table>
<tr><td>第一节</td><td>新加坡土地征收制度的
演变历程</td></tr>
</table>

新加坡政府对于土地的强制收购权可以追溯至 1857 年印度立法委员会通过的《印第安法案（六）》，但该法案没有关于补偿金数额的规定，也没有规定如何确定土地价值，因此，土地所有者能够获得的土地补偿金额是不明确的。[①] 1890 年《海峡殖民地条例（六）》取代了 1857 年的《印第安法案（六）》，并在序言写明了该条例的目的："巩固和修订法律，以获取公共用途所需的土地，并确定因此类收购而获得的赔偿金额"。直至 1955 年，通过土地征收条例明确了征收补偿的价值标准，政府有权获得新城镇的土地以建立组屋(Improvement Trust Flats)[②]，并以法定日期（即 1955 年 4 月 22 日）的房产价值确定征收补偿数额。

[①] Bryan CHEW， Vincent HOONG，TAY Lee Koon， Manimegalai VELLASAMY. Compulsory Acquisition of Land in Singapore: A Fair Regime?.Singapore Academy of Law Journal，2010(22)，p.168.

[②] 组屋是由新加坡建屋发展局承担建筑的公共房屋，为大部分新加坡人的住所。

1965 年，原是英国殖民地的新加坡获得独立后，政府急需足够的土地实施发展项目，尤其是在工业和移民安置方面，由此，新加坡政府积极推动土地国有化的进程并加快了土地征收的立法进程。1955 年的土地征收条例被修改为 1959 年《新加坡土地征用条例》，后被 1966 年的《新加坡土地征收法》替代，[①]明确规定了被征收土地补偿额的计算方法。

政府与土地所有者之间就补偿金额发生的任何争议均由上诉委员会解决。为了通过征收土地从而进一步加快政府的发展项目，该法案于 1973 年进行了修订，以遏制土地投机现象并限制土地征收的成本。1973 年《新加坡土地征收法（修正案）》将被征收土地的补偿金额定为 1973 年 11 月 30 日的市场价值或公报公告日的市场价值，以两者中的较低者为准。《新加坡土地征收法》的制定加速了土地国有化的进程：在 1959 年至 1984 年间，政府共收购了 43，713 英亩（17，690 公顷或 177 平方公里）的土地，在当时已经占了新加坡土地总面积的三分之一。

随着被征收土地的增加，政府在 1985 年成为了最大的土地所有者。在当时，政府已拥有新加坡 76.2％的土地，而 1949 年政府仅拥有 31％的土地。新加坡政府通过强制征收土地、不断扩大国有土地的做法，有效地保持了建造房屋和工业厂房的成本。廉价且高效的土地征收也促进了新加坡的城市规划，从而促进了市区重建局及其前身——中心城区改造部门所进行的城区改造，也促进了新加坡市区的商业和

---

① 1966 年《新加坡土地征收法》于 1966 年 10 月 26 日在议会通过，于 1967 年 6 月 17 日正式生效。

商业区的发展。①

在 1985 年，《新加坡土地征收法》得到了再一次的修订，并于 1987 年 5 月 30 日正式施行。《土地征收法》成为了新加坡发展的关键，该法案促进了道路、铁路基础设施、学校、医院、工业园区和公共住房的建设，进一步促进了公共利益的实现。然而，新加坡政府同时也认识到被征收土地所有人因此而遭受的影响。正是考虑到这一点，政府一直在更新《土地征收法》中的补偿框架，并改善征地过程。

在 1986 年至 1995 年期间，有关确定赔偿额的法定日期的规定得到了三次修订，以反映房地产价格随时间的上涨。最终在 2007 年的修正案中规定应"根据所购土地的市场价值提供补偿"，从而废除了有关确定赔偿额的法定日期的规定。2012 年的修正案废除了"在公报上公布征地时，需在物业上粘贴实物公告"的规定。2014 年的修正案规定："受分批收购影响的土地所有者，将获得所收购土地的市场价值补偿的全部收益"，同时做出了进一步精简土地征收过程的相关规定。该修正案同时赋予了上诉委员会与法院类似的权力：可以对不必要地或不合理地延长诉讼程序或增加了诉讼成本的非当事人收取相应的法律费用。②

①Chua，B. H. (1989). The Golden Shoe: Building Singapore's financial district (pp. 15–16). Singapore: Urban Redevelopment Authority. Call no.: RSING 711.5522095957 CHU.

②Indranee Rajah S.C. Enhancing Land Acquisition Compensation Framework，Land Acquisition (Amendment) Bill 2014. LAA 2014 Newsletter. Retrieved July 14，2018，form Ministry of Law [SG] website: https://www.mlaw.gov.sg/content/dam/minlaw/corp/News/LAA%202014%20Newsletter.pdf

第二节	新加坡土地征收中的
	公共利益

新加坡将"公共利益"解释为"公益建设事业、实施国家经济政策、国家国防安全的需要"[①]。1985年修订的《新加坡土地征收法》没有对公共利益下定义，而是采用概括式的方法，在第5条中规定了征地的范围："当某一土地需要用于以下目的时，总统可以在公报上发布通知，宣布该土地需要按通告中说明的用途加以征用：（1）基于任何公共目的；（2）因任何个人、公司或法定机构之任何工作或事业所需要，且内阁部长认为此项工作或事业有利于公共福祉、公共效用或者公共利益；（3）用于住宅、商业或工业之目的。"

在新加坡，将住宅、商业或工业区用地也纳入征地范围的情况，在世界上是比较罕见的。[②]对公共利益采取如此宽泛的界定，实质上赋

[①] 参见缪青、朱宏亮：《东亚部分国家和地区土地征收法律制度比较研究》，载《建筑经济》2006年第51期。

[②] 参见黄洁、曹端海、岳永兵：《中国与东盟国家土地征收政策的比较与借鉴》，载《中国矿业》2012年第51期。

予了政府强大的征地权，比如采取"低进高出"的方式，低价征收私人土地，再以更高价格将土地使用权转售给私人开发商。[1]此外，新加坡将对公益事业的认证放在了对征收申请的审核里面，法律中没有单独地规定土地征收公益项目的认定程序。[2]

《新加坡土地征收法》还规定了因公共目的可临时占用土地的条款。如果总统觉得临时占用任何非国有土地是为了公共目的所需，总统可指示地税官临时占用和使用该土地。但是，占用的期限通常不超过从最初占用起的连续三年。

新加坡采用如此强硬的土地收用制度，有这样几点好处：（1）土地迅速转变为国有或公有，基本上消灭了凭借土地占取社会利益和土地投机问题；（2）减轻了政府在土地方面的经济负担，对土地的补偿较少；（3）对住宅发展、公共设施建设起到了促进作用。[3]土地投机现象的减少，让新加坡的经济更加健康地发展；政府在土地方面的经济负担的减少，让政府有经济能力促进其他行业的发展；住宅发展和公共设施的建设，减缓了土地资源稀缺所带来的诸多不利，也促进了新加坡经济的发展。

---

① 参见高中：《法治二元论视角下新加坡土地征收低补偿规则研究》，载《苏州大学学报（哲学社会科学版）》，2012年第4期。

② 参见缪青、朱宏亮：《东亚部分国家和地区土地征收法律制度的比较研究》，载《建筑经济》2006年第51期。

③ 参见杨圣明：《新加坡土地制度考察》，载《经济与管理研究》1990年第4期。

第三节　　新加坡土地征收的程序

在新加坡，土地征收的启动条件是在征地申请得到批准后，直接进入征地程序，由政府实行征收，没有涉及土地需用者与土地所有者之间关于土地所有权转换的协商。[①] 在总统发布公告，述明被征收土地的具体情况后，相关的政府官员会对预计将被征收的土地进行初步调查。在通知了土地利益关系人之后，地税官便开始制定收购土地的计划并且收购土地。在征收完成后，地税官应通知契约登记处以及所有权登记处将土地登记为国有且免于产权负担。具体程序如下：

一、发布声明。当政府决定征收某一区域的地段时，总统会在公报上发布征收某一土地的通知，并且会在公告中述明：土地所在的城镇分区或所在的乡；该土地的地段编号、大致面积及所有其他确定该等土地用途所需的详情。如果已经制定了土地计划，应在公告中写明该计划会在何时何地被检查。

[①] 参见缪青、朱宏亮：《东亚部分国家和地区土地征收法律制度比较研究》，载《建筑经济》2006 年第 51 期。

　　二、初步调查。在总统发布了征收某一土地的公告后，地税官应在当地方便民众知悉的地方发出通知，公布被征收土地用途的实质内容。之后，经部长一般或特别授权的任何官员以及由该官员书面授权的任何人员可以：进入、调查或取走该地区任何地层的土地；挖或钻入土地；做一切必要的其他行为来确定土地是否适合此种用途；设立被提议土地的界限以及拟议工作线；通过放置标记和切割地带来标记这些地层、边界和拟议工作线；在不砍伐或清除便无法完成对所采用的地层或标记的工作界限的调查的情况下，砍伐和清除任何常规作物、围栏或丛林。

　　三、地税官开始收购土地并制定收购土地的计划。在发出公告宣布任何土地被用于公告中的特定目的之后，部长或部长授权的官员应指示地税官按照程序开始收购土地。如果不是想要征收土地利益关系人的整块土地，并且没有充分的计划从契约登记处（Registry of Deeds）或土地所有权登记处（Land Titles Registry）的记录中来确定被收购土地的具体部分，地税官应在切实可行的范围内拟定一个计划，以便根据具体情况从契约登记处或土地所有权登记处的记录中确定将被收购的部分土地。但是，如果土地已经被划分出来，便不再需要制订此类计划。

　　四、通知土地利益当事人。地税官应在新加坡流通的四种当地报纸上发布公告，并且需要用四种正式语言陈述：政府有意收购土地，以及土地利益关系人可以向地税官提出对该土地所享有的利益的补偿。地税官所发布的公告中应该述明土地的详情，还应要求所有与该土地有利益关系的人亲自出席，或由有权代表利益关系人的人，或任何其他获得书面授权的人，在公告中提及的时间和地点，在地税官面前出庭。土地利益当事人或其代表人应说明当事人各自在土地上的权益的性质、当事人对这些权益的赔偿要求的数额和详情、索赔额的估价基础或估价方式，以及对被征收土地所拟备的任何计划的评估中所持有的反对意见。

五、占有土地。当地税官做出补偿裁决时，地税官应向土地的利益当事人或当事人的代理人送达通知书，以占有这块土地。在紧急情况下，虽然地税官尚未做出补偿裁决，但根据部长的指示，地税官可在公布土地利益关系人享有获得补偿的公告刊登日期后的七日届满时，或将通知送达给土地利益关系人或其代理人的七日后，占有在总统发布的公告中所指明的用于公共目的等用途的土地。部长可根据其自由裁量权，在没有发布公告的情况下指示地税官立即占有根据相关规定拟取得的任何土地，但必须在地税官占有该土地后的七天内发布政府有意按照某种用途征收土地的公告。

六、通知契约登记处并向所有权登记处递交文书。在占有土地之后，地税官须立即采取以下行动：在土地已经根据《契约登记法》（Registration of Deeds Act）第 269 章登记的情况下，通知契约登记处在登记册的条目中注明该土地占有权授予给国家，并且当该项条目完成后，土地收归国家并免于产权负担。或者，根据《土地所有权法》（Land Titles Act）part 16 第 143 条第 2 款的规定，向所有权登记处提交收购文书，所有权登记处应根据地税官的请求，在土地登记册的有关内容中认可土地已经归属国家且免于产权负担，并且不再受《土地所有权法》的约束。

| 第四节 | 新加坡土地征收制度的
补偿程序与机制 |

　　相较于其他国家来说，新加坡对土地征收的补偿较少。依据制定法规制私人土地所有权的正当性和"国家利益优于个人利益、经济发展先于人权保障"的价值定位是贯穿新加坡土地征收制度的立法精神。[①]宪法学家克哈布拉尔认为，从立宪背景和立法设计来判断，私人财产权未入宪的事实意味着新加坡政府试图规避所欲推行的征地补偿规则可能引发的违宪诉讼。[②]

一、新加坡土地征收制度的补偿程序

　　新加坡土地征收补偿的基本程序分为四个阶段：第一阶段，与土地有利益关系的当事人向地税官提出补偿要求；第二阶段，地税官对

---

① 参见高中：《法治二元论视角下新加坡土地征收低补偿规则研究》，载《苏州大学学报（哲学社会科学版）》，2012 年第 4 期。

② See Bryan Chew，Vincent Hoong，Lee Koo Tay，Manimegalai Vellasamy. Compulsory Acquisition of Land in Singapore：A Fair Regime？ ［J］22 Singapore Academy of Law Journal，2010.

涉案土地进行调查，确定被征收土地的价值以及补偿请求人所拥有的权利；第三阶段，地税官根据《新加坡土地征收法》的补偿价格标准，确定最终的补偿裁定额，且应在合理调查确定地址后，向所有利益关系人提供补偿裁决的副本；第四阶段，向土地利益当事人支付赔偿金。具体包括：

第一，土地被征收前的补偿。在土地被征收之前，由《新加坡土地征收法》第3条（进入和调查的权利）授权的官员或由该官员书面授权的人员，对土地调查程序造成的损害，应在损害发生之后尽快并以便利的方式做出补偿。有关补偿金数额的争议，由地税官决定。土地利益关系人可对地税官做出的补偿裁决向部长提出上诉，部长的决定为最终决定。

第二，地税官的调查与裁定，以及确定最终的补偿裁定额。地税官应根据所发布的有关土地利益关系人有权获得补偿的公告，或者送达给土地利益关系人或其代理人的通知，就土地利益关系人所陈述的反对意见进行调查。地税官还应调查其所制订的征收计划、土地的价值和要求赔偿人的各自利益，并且应当在调查结束时，尽快做出补偿裁定。

地税官可随时向高等法院提出任何有关以下问题的决定：任何文书的正确解释、有效性或效力；有权享有该土地的权利或利益的人；该权利或利益的范围或性质；为该权利或利益而分配的赔偿或其任何部分；该等补偿或其任何部分须缴付的人；根据本法进行调查的费用以及负担该费用的人。

地税官的裁决应在其办公室存档，除《新加坡土地征收法》的其他规定外，应作为地税官和土地利益关系人之间的最终证据。存档的材料将用于证明：土地利益关系人是否已分别在地税官面前出庭，土地面积、土地价值，当事人之间补偿金的分配。地税官在合理调查、确定地址后，应向所有的土地利益关系人提供补偿裁决的副本。

为了方便进行调查，地税官在遵循当时有效的法院规则相关规定的情形下，有权召集和强制证人出庭（包括土地利益关系人或其中的任何一方），且有权以相同的方式强制出示相关文件。

第三，确定补偿裁定额时需要考虑的事项和不应考虑的事项。在确定补偿数额时，地税官应当考虑：收购土地的市场价值（如果土地收购日期为2007年2月12日或之后）；土地利益当事人可能会因任何其他土地（例如邻近或毗连的土地）价值的增加，而获得被收购土地使用价值的增加；土地利益当事人因地税官将该土地从其他土地分割开而占有该土地时所遭受的损害；土地利益当事人由于地税官收购土地而对其其他财产（动产或不动产）造成的损害；如果因收购而被迫改变其居住地或营业地，该变更附带的合理费用；以及，如果因收购而需要重新颁发所有权证书，则与调查、发行和登记所有权有关的费用、印花税以及可能产生的其他合理费用。

在2001年之前，对于确定补偿金额时所考虑的被迫改变住所或营业地的土地所有者所产生的"合理费用"的标准是相当保守的，主要限于因土地被征收而需转移到新房屋时所产生的实际费用。现在的规定显然扩展了确定土地补偿金时所应考虑的事项，更有利于保护被征收土地所有人的利益。

在确定裁决补偿数额时，不应考虑以下问题：土地征收的紧迫程度；与被收购土地有利益关系的当事人对于离开该土地的不情愿；如果当事人所遭受的任何损害是由私人造成的，将不构成良好的诉讼理由；根据本法发布将要征收的公告后，因土地用途或因使用土地导致的被征收土地可能遭受的任何损害；土地被征收后，可能从其使用中获得的土地价值的增加；在根据本法发布征收公告之日后，对已收购土地进行扩建或完善所产生的任何支出（除非扩建或完善是维护处于适当修理状态的建筑物所必需，并经土地专员的批准后进行）；影响被收购土地的任何运输、权利转让、土地转让或其他处置的口头或书面证据（除非该文书已在土地所有权登记处正式加盖章并登记，并在根据本法第5条发布公告日期的六个月前向物业税首席评税官提交）；销售可比物业的证据（除非上诉委员会确信销售是出于善意而不是出于投机目的，并且应由上诉人承担证明交易是善意的并且不是用于投机目的的义务）。

第四，确定补偿金数额的规则。如果当事人已根据所发布的有关土地利益关系人有权获得补偿的公告，或根据送达给他的通知书提出补偿申请，则判给他的款额不得超过所申请的款额或少于地税官在调查后所判决的款额。如果申请人拒绝提出此类索赔或因没有充分理由而被忽略了补偿申请，在委员会允许提出索赔的情况下，委员会裁定的数额可能少于并且在任何情况下均不得超过地税官所裁定的补偿额。如果申请人有充分的理由却被忽略，在委员会允许提出该申请的情况下，委员会授予他的金额可能少于但也可能超过地税官所裁决的补偿额。

第五，补偿的分配。当补偿金数额已经确定且对补偿金分配的数额有争议时，由上诉委员会委员独自决定各利益关系人应得补偿额的比例。当事人可将有关补偿额比例的决定上诉到上诉法院，且上诉法院的裁决为最终裁决。向上诉法院提起上诉的程序与在民事案件中向高等法院提起上诉的程序相同。

第六，补偿金的支付。地税官在就任何土地做出金钱补偿的方式之外，可以与享有有限权益的当事人进行协商，在保证当事人享有公平权益的情况下，以其他方式进行补偿。

如果当事人不同意接受补偿额，或是对有关获得补偿的权利或其分配有争议，或者，其拥有的土地尚未被地税官占有，地税官须单方面向最高法院登记处申请存放补偿款。当事人可对补偿金的数额提出异议，但任何已收到补偿费而没有提出抗议的人，均不得向上诉委员会提起上诉。

如果尚未支付补偿金，或者地税官尚未占有土地，地税官应当从占有之日起每年支付6%的利息，直到补偿金已经支付为止。

第七，临时占地的补偿。每一位被临时占用的土地的当事人均有权就其遭受的损失、损害或支出的费用进行索偿。对被临时占用土地的当事人所提出的索偿要求的评估，不得考虑以下内容：因在土地上进行的任何贸易或业务的中断或干扰而导致的财产损失；与土地被占用和使用目的相关的补偿所涉土地价值的增加或减少；违反任何现行成文法而建立及保存在土地上的任何建筑物、物体或构筑物；违反《建筑物管制法》（Building Control Act），在被征收土地上的已建成、修改或正在进行建筑工程的任何建筑物或部分建筑物。

二、新加坡土地征收补偿的相关制度

（一）特惠补助制度

在20世纪80年代，随着房地产市场价值的上涨，被征收土地的土地所有者所获得的补偿大大低于市场价值。依照当时《新加坡土地征收法》的规定，按照 1973 年市场价值计算获得补偿金的业主遭受了巨大的经济损失。于是，在 1982 年，政府开始实施特惠补助制度，以补足法定赔偿金与被收购土地的市场价值之间的差额。但是，获得特惠补助需要满足一定的条件：只有住宅的自住业主才有资格获得，该业主没有任何其他的房地产，以及法定补偿金低于 600，000 新元。①由此可以看出，政府的意图显然只是帮助那些小型住宅物业的业主，在他们的补偿金不足以购买新的住所或者因为征收而丧失住处的时候给予适当的补助。

为应对不断变化的情况，政府谨慎地逐步扩大特惠补助金的标准。1996 年，特惠补助金制度扩大到了商店经营者。拥有多个房屋的业主也符合获得特惠补助金的资格，只要被征收土地上的房屋是业主自用。到了 2001 年，特惠补助制度扩展到所有类型的财产。多年来，特惠金额的上限逐渐增加。但值得注意的一点是，现在已没有必要根据法定日期补足市场价值与较低补偿之间的差额，因为目前的《新加坡土地征收法》是基于在公报上发布公告之日的市场价值来确定补偿金的数额。②

（二）对于承租人的补偿

《新加坡土地征收法》仅承认因被征收土地而享有补偿利益的当事人所提出的索赔，但"享有土地补偿利益的人"中不包括附着于被

---

①See Singapore Parliamentary Debates，Official Report （17 March 1983）vol. 42 at col 1113 （E W Barker，Minister for Law）.

②See Bryan Chew，Vincent Hoong， Lee Koon Tay， Manimegalai Vellasamy. Compulsory Acquisition of Land in Singapore：A Fair Regime ？ 22 Singapore Academy of Law JOURNAL 2010，p.177.

征收土地房屋的承租人或任意承租人。当政府征收土地时，不排除附着在土地上的房屋内住的是承租人的情况。因此，在政府征收土地时，土地所有人应与其承租人达成终止租赁合同的协议。这样有利于时间和资源的节约：当租期很短并且可以在短时间内达成协议时，承租人无须向政府提出索赔。同时，也避免了在具有不同终止日期的租赁合同中分配补偿款的复杂性。

但是，如果租赁合同的有效期限具有重要意义，或者承租人对房屋的改善做出了重大贡献，则承租人可向政府提出索赔，以保障自身的利益，特别是当承租人不能与出租人达成合意时。在绿洲餐馆（Oasis Restaurant）案中，四个承租人与出租人签订了5～9年的长期租赁合同，并且投入了大量的资金翻新了所租赁的房屋。在土地被征收且无法与出租人达成合意时，四个承租人分别向政府提出索赔，并对最终所获的补偿额进行了分摊。

然而，在实践中，承租人与出租人签订租赁合同时，很少会有关于面临政府强制征收时出租人与承租人权利与义务的规定。因此，如果承租人打算对所租赁的房屋进行大量投资时，最好在签订租赁合同时与出租人商定，有关面对政府强制征收而导致租赁合同无法继续履行时双方的权利与义务。

第五节　新加坡土地征收的救济程序

《新加坡土地征收法》集实体法与程序法于一体。《新加坡土地征收法》第三章专门对"上诉委员会及其程序"做出了具体规定。作为准司法法庭的上诉委员会，是处理征收补偿纠纷的主要救济机构。新加坡的土地征收制度具有很大的强制性。例如，被收用土地者不能对收用土地的决定提出法律诉讼，仅能对补偿价格提出法律诉讼。[①]一般而言，被征收土地的所有者所提出的索赔数额远远高于地税官所裁定的补偿金的数额，在某些情况下，索赔数额比法定补偿额高两到三倍。由此再一次可以看出，新加坡政府对于土地征收的补偿较少。

第一，上诉委员会的成员构成。为了听取不服地税官的补偿裁决所提起的上诉，应设立一个或多个上诉委员会，上诉委员会由上诉委员会委员或副委员组成，还可让一或两名评估员进行陪同。评估员通常是评估、建筑、数量测量和工程等相关领域的专业人士。委员和副

---

① 参见杨圣明：《新加坡土地制度考察》，载《经济与管理研究》1990 年第 4 期。

委员自任命之日起任职两年，可连选连任。总统可随时撤销委员和副委员的任命。如果涉案金额超过 25 万新元或以上，上诉委员会应由委员或副委员以及两名评估员组成；如果涉案金额少于 25 万新元，上诉委员会应由委员或副委员单独组成，或如上诉委员会委员认为合适，可由委员或副委员视情况选出两名评估员一同组成。

第二，上诉委员会的权力。上诉委员会可以召集能够提供有关上诉证据的人参加听证会，以宣誓或其他方式审查该人作为证人的资格，并可要求该人出示上诉委员会认为符合上诉目的所需的文件或证书。上诉委员会和高等法院一样，拥有强制证人出庭、聆讯宣誓证据和对藐视法庭的行为进行惩罚的权力。上诉委员会还拥有接受或拒绝所提交的任何证据的权力。上诉委员会可在听取上诉后，确认、减少、增加或取消地税官的裁决，或发布其他合适的命令。

第三，当事人提起上诉的权利。任何土地利益当事人，如因地税官所做出的裁决而感到自身权利受到了侵害，在收到地税官裁决后的 28 天内，应向上诉登记官提交书面的上诉通知书，一式两份。除非地税官获得书面放弃声明，当事人在收到赔偿金日期后的 28 天内，向需存放或授权地税官向会计主任提交一笔相当于 1/3 赔偿金数额的金额或 5000 新元（以较低者为准）。当事人在收到地税官的裁决理由后的 28 天内，应向上诉登记官提交述明了上诉理由的上诉状，且须一式两份。除经上诉委员会同意并按上诉委员会决定的条款，上诉人不得在其上诉的听证会中提出上诉状所述理由之外的任何其他理由。

第四，上诉的听证和处理。在收到上诉通知书后，上诉登记官应立即将上诉通知书的复印件转交一份给地税官。地税官须随即向上诉登记官递交他的裁决理由，而上诉登记官须向上诉人送交裁决理由的副本，送达的方法是将该副本送交给上诉人或以挂号邮递的方式寄给上诉人。如果未在规定期限内递交上诉申请和上诉保证金，则视为上诉人撤回上诉。

收到上诉申请后，上诉登记官应立即将一份副本转发给地税官，并应尽快确定上诉听证会的时间和地点，且应提前 14 天通知上诉人和地税官。上诉人和地税官应当亲自或由律师代理，在指定的时间和地点出席上诉听证会。但如果经上诉委员会确认，上诉人或地税官或代理律师由于不在新加坡境内，或因疾病或其他合理原因而无法出席，必要时，上诉委员会可在其认为合理的时间范围内推迟对该上诉的审讯。

第五，对向上诉法院呈交的案件的处理。上诉委员会可随时对任何上诉案件（不管有没有做出上诉裁定），或对上诉法院的意见，就案件的法律问题进行陈述。一个已经被上诉法院接受的案件应该罗列出：案件事实以及上诉委员会对事实做出的任何认定、上诉委员会的决定（如有）以及对上诉法院的意见存在的问题。上诉委员会委员应在该文件上签字。若案件述明了以上内容且经上诉委员会委员签字，登记官应将案件转交至上诉法院，并将其副本递交给上诉人和地税官。在审理再审案件时，上诉法院应给予上诉人或其代表人以及地税官进行抗辩的机会。

上诉法院应听审并确定再审案件的任何法律问题，并可根据其决定，确认、减少、增加或废除上诉委员会做出的任何裁决，或可将案件以及上诉法院的意见一同转交给上诉委员会。上诉委员会在收到上诉法院转送的案件时，应遵循上诉法院的意见，并且通过做出上诉决定使其生效，或者根据案件情况，在先前做出的决定与上诉法院意见不一致的情形下，对先前的决定做出一定程度的修改。

第六，对临时占用及使用土地的赔偿的上诉。任何因对临时占地补偿裁定而感到权利受到侵害的当事人，在收到裁决通知后的28日内，可向上诉委员会的注册处送达一式两份的书面上诉通知书。在收到地税官陈述的裁决理由后的28天内，可向上诉委员会登记处送交包括上诉理由陈述在内的一式两份的上诉呈请。

在上诉通知书提交后，必须采取以下步骤：首先，上诉委员会登记处处长须立即将上诉通知书副本转交地税官；其次，地税官必须向委员会登记处提交裁决理由；最后，上诉委员会登记处必须向上诉人交付或提供该裁决理由的副本，或者以挂号邮递的方式将裁决理由的副本送交上诉人。上诉委员会对于因不服临时占用及使用土地的补偿裁决所提起的上诉的裁决为最终裁决。

第七，上诉法院的裁决为最终裁决。上诉委员会的决定为最终决定。但在赔偿额超过5000新元的情况下，上诉人或地税官可以就任何法律问题通过上诉委员会向上诉法院上诉。向上诉法院提起上诉的程序以及与上诉有关的费用应与将高等法院裁决上诉至上诉法院的程序和费用相同。

上诉法院应听审和裁定任何此类上诉，并可确认、减少、增加或废除上诉委员会的裁决；法院认为在合适时，可就上诉做出进一步的或其他的命令（不论是费用还是其他方面）。上诉法院做出的裁决为最终裁决，任何人不得再对上诉法院根据本节所做出的裁决提出上诉。

土地征收始终是新加坡政府与民众的争议焦点，也很难达成一个良好的解决方案，被征收土地的当事人也很难获得足够的赔偿。但是，土地征收对于新加坡经济的发展和基础设施的建设无疑起到了关键性的作用。从《新加坡土地征收法》的立法进程可以看出，新加坡政府在逐步完善土地征收制度、增加对被征收主体的补偿金数额，以及完善对被征收主体的权利保障。在土地资源极其稀缺的新加坡，完善土地征收制度的脚步，永不会停歇。

第八章

加拿大土地征收
制度研究

<table>
<tr><td>第一节</td><td>加拿大土地制度
组成简介</td></tr>
</table>

加拿大拥有广阔的国土面积和丰富的土地资源，大多数的土地都还处于原始未开发状态。所有土地在名义上属于皇室，实际上大部分土地归私人所有，一旦私人申请并经过政府授权，王权下的土地就转到私人名下，该私人所有人享有土地上的完整权能，并可以自由交易，这就为土地市场价格的形成奠定了必要的制度基础。联邦政府、省（北方地区）及市政府都拥有自己的土地，即为国家所有，政府并不需要所有土地并且无法管理所有土地，其首先会对大片的土地进行实地考察，然后将其出售给想居住在土地上、想在土地上建设或者利用土地进行生产的私人团体。

加拿大土地征收法分为联邦土地征收法和各省土地征收法。英国殖民者在加拿大作为英属殖民地时期，将所有土地都收归为英国皇室所有，按照普通法传统，英国女王是土地的所有者。女王授予臣民土地使用权，臣民并不享有土地所有权，且土地使用权有期限限制，譬如有的期限为该臣民的寿命长短，该使用权期限被称为 life time；而有的使用权期限为永久期限，可以被继承，称之为 fee simple。除了以上两种形式之外，还有多种以时间分割产生的土地所有制形式。如今，等级观念的土地分封形式已经废除，只是在概念使用上保持普通法传统，各省土地在名义上仍归女王所有，省政府对土地具有管理权。民事主体有权向政府申请批准获得土地。同时，加拿大的无偿划拨土地政策（free crown grant）以及廉租房（nominal rent tenure）政策对市区政府、土著部落、公共服务机构、社区组织等开放。免费划拨政策是指无偿将土地由省政府划拨给公共机构，廉租房政策是指符合要求的公共机构以低廉价格占用土地。[①]印第安人部落通过特权和立法法案保护，没有自治权。

一、宪法性法律层面

《加拿大宪法》规定，各省土地所有权归各省所有。省、市政府负责管理、处置其境内的土地资源。联邦所有的土地由联邦政府管理，虽然联邦政府无权管理各省境内的土地。但是，联邦政府可通过制定政策法规和投资来影响各省市土地的开发和利用，并有权管理机场、港口、边境、军事基地等重大基础设施项目用地。[②]由于加拿大实行联邦政治体制，其土地征收的成文法渊源则包含了联邦立法和地方立法。在联邦宪法层面，政府可以未经土地所有权人的同意收购其土地，这并不违反《加拿大权利与自由宪章》，因为其作为宪法性文件，并

---

① 参见哥伦比亚省政府网站。http://www.cd.gov.bc.ca/lgd/gov-structure/free-crown/grants/index.htm，2018 年 7 月 25 日访问。

② 参见吕蕾:《一个规划引领，多方利益协调——加拿大土地利用规划管理体系概览》，载《资源导刊》2017 年第 8 期。

没有对公民的私人财产所有权绝对化，土地所有者的权利仅体现在土地征收法当中，但这并不意味着政府在征收土地时可以违反正当程序和公平原则。在 1982 年，基本权利的内容都由议会决定，但非经公正补偿不得予以征收并没有成为基本权利的内容，在司法判例中，土地征收的补偿也不具有宪法性的地位。缺乏了宪法保护，征收补偿就成为州议会的权利。对于财产所有权的剥夺构成征收没有异议，但对财产权利的管制，如何构成征收这就成为问题。学者所言，"如果财产在一定程度上得到管制，如果管制走得过远，应该被认为构成了征收，这是一项基本规则"。但问题是，一是该种管制是通过议会制定的规则进行的，该种规则是否构成了过度管制（excess regulation）；二是由于缺乏宪法上明确的补偿规则，当该种行为构成了征收时，补偿的标准与内容的确定也就成为问题。但是，基于国家资源权利的许可政策，当一项之前被许可的财产权的转让行为，该种权利被基于立法机关的立法行为被限制许可，该种行为是否可以构成征收？对于私人所有权附加的负担，从而使得所有权或者占有的权利实现具有影响，该种行为是否也构成征收？由于缺乏宪法的保护，议会在确定某项行为是否构成征收时根据特定情形予以确定，被征收人期望得到土地征收补偿的价格与征收人所确定征收补偿的价值必然存在差异。而在阿尔伯塔省（公共工程、供应和服务部长）诉尼尔森 Alberta （Minister of Public Works，Supply and Services） v. Nilsson 案中，1974 年一项保护环境的法案（Restricted Development Areas "RDA"）被颁布要求所在地域被限制耕种，Nilsson 耕种的土地正好位于该区域，如果 Nilsson 想对该土地予以继续开发，需要取得环境管理部门的同意，根据法令，Nilsson 可以把这块土地转让给叫皇冠（the crown）的政府土地开发公司予以开发。在赫普纳诉环境部长案 Heppner v. Minister of Environment（1977）的案件中，RDA 法律被宣告违法。在 1978 年，另外一家公司也想购买该块土地，但被皇冠公司拒绝。RDA 法令废除之后，Nilsson 的土地被纳入征收的范围，在支付了 800, 000 美元之后，相应的征收部门要求征收补偿的内容由法官决定，此时，Nilsson 提起诉讼，认为从转让开始到法令的颁布，他的所有权的收益被剥夺，属于权利的滥用，构成了"事实上的征收（de facto expropriation）"。上诉法院认为，该项权利并未对财产权的其他权利得以限制，财产权人仍然可以使用该土地的其他权利，由此被征收人主张对政府行为对财产权六个月的限制构成征收的观点不能为法律所支持。

仲裁机构与上诉法官认为土地的开发限制并不构成对土地权利的介入，由此也不构成事实上的征收。但是何种程度才构成财产权利的征收呢？

许多人认为，在法国芬威克公司诉国王 France Fenwick & Co. v. The King 案中，一个运送木炭的船只在码头不允许卸货导致 19 天的延期，法官认为，"只有当所有权事实上被政府占有、使用，或者被相应的政府部门要求放在政府部门处置的地方。但当某人需要遵循政府部门的合法行为，从而影响到他人财产权利的使用，此项行为并不构成普通法上的征收，由此也不能获得征收的补偿"①。合法是政府行为的基本前提，不合法的管制不能对财产权进行限制。不过，贝尔法斯特公司诉 Viscount Simonds 认为，尽管所有权的权利限制将会对他的权利剥夺，但所有权是由一系列的权利所构成的，对某项权利的

---

①See［1927］1 K.B. 458 at 467（"Fenwick"）.

剥夺将会导致整体权利的侵害。但是，他也认为，所有权本身是所有权人自己所享有的权利，对所有权的这些权利侵害并不是导致对所有权的占有。与此观点相同的是，Lord Radcliffe 也认为，现代国家对所有权的权利限制乃是为了公共利益与公共福利的需要，与 19 世纪城市与农村的生活具有根本不同。由此，政府的"警察权利"是必然存在，这也是现代国家议会的授权，当该种权力行使，势必会限制所有权人权利，从而影响权利的效用，在没有例外的情况下，该种情形构成了征收。基于城市规划公共利益与公共福利的利益，对权利的干预与限制，此种情形才构成征收。而如果超越此种情形对权利的干预、损害与限制，并不能成为征收的内容。① 由于加拿大各州及其地方政府是经民主选举产生并接受民主监督，只有对公民财产权实施有效保护才能够得到选民支持，所以各州的土地征收立法都严格限制土地征收行为。在加拿大，达成一项土地征收的决议需要经过各方利益集体代表长时间的博弈和协商，土地征收行为耗时、耗力、耗财。如果有其他替代性选择，政府不会轻易征收土地。纵观其他发达国家，土地征收都有独立的宪法基础，这是加拿大宪法与其他国家宪法的不同之处。譬如原联邦德国 1949 年基本法第 153 条规定：公用征收仅限于公共福利除联邦法律特别规定外，还应予以相当补偿。法国《人权宣言》（1789年颁布的第一个宪法性文件）规定：私有财产神圣不可侵犯，除非由于合法认定的公共需要，并且在事先公平补偿的情况下，任何人的财产都不能被剥夺。英国宪法性文件《紧急状态法》规定：内阁在紧急状态下，可以征用车辆、土地和建筑物。日本宪法第 2 章第 29 条规定：

---

① Belfast Corporation v. O. D. Cars Ltd., ［1960］A.C. at 523.

"国民财产神圣不可侵犯"；"财产权需要通过法律来规范，使其符合公共福利的需要"；"通过合理补偿，可以将私有财产用于公共需要"。《美国联邦宪法》（第五修正案）规定：在未提供公正补偿的情况下，不能因公共利益而征收私人财产。因此，对授权征收财产但不予以征收补偿的法律是违宪的；同时，法院可以调查并裁决一项征收行为是否满足公共利益需求，加拿大的法院则没有类似权限。由于加拿大联邦宪法没有关于私权保护的条款，所以加拿大的土地征收无统一的法律原则可以遵守。① 加拿大遵循普通法传统，同时依照其联邦和各省的土地征收法对土地征收进行规制，使得土地征收行为能够在法治的框架内运行，公民的财产权也得到了良好保护。

二、联邦议会立法及地方立法层面

加拿大联邦议会以及地方土地征收立法也经历了历时较短的改革过程。土地征收法在不断完善的过程中调和土地上私有权利和公共需求之间的冲突。虽然联邦政府可以征地，但大部分土地征收来自于地方性立法，各级政府都可以依据其地方立法征收土地，地方政府首先会尝试在自由市场上购买土地，如果购买不成再进行征收。被征收人收到征收通知后 60 日或 90 日后（取决于各省规定）可以离开原有土地购买新土地。加拿大旧土地征收法沿袭了英国 1845 年《铁路法案》（The English Railways Clause Act）和 1919 年《土地征收法案》（The

①See Eric C.E. Todd，The Law of Exproptiation and Compesnsation in Canada，Second Edition，Carswell，1992，p.25.

Acquisition of Land Act）。[1] 随着时代发展，政府的征收补偿标准已不利于被征收人。1959 年的 Grayson 诉 R 案中体现了加拿大是发达国家中土地征收最为武断的地区之一。自 20 世纪 60 年代始，加拿大联邦和地方政府开启了土地征收立法改革。1968 年的《安大略省征收法》（Ontario Expropriations Act.1968—1969）作为加拿大最早制定的一部完整征收法，通过消除征收主体的主观随意性提升了征收过程中的透明度，明确规范和限制了政府的权力行使，赋予了被征收人大量保障性权利包括征收权、异议权、委托律师权（合理必要的律师费将补偿给被征收人），如果被征收人反对征收的目的，他们有权获得相关评估记录，能够在行政法庭上要求公开听证和质询。征收主体如果不履行法定程序要求，征收将会视为无效，被征收人能够向征收主体提起损害赔偿诉讼和禁止令，如果立法对征收行为规定模糊，法庭将会做出有利于征收人的法律解释，征收主体承担征收过程中的举证责任。《安大略省征收法案》成为联邦立法和其他地方立法的典范，加拿大联邦议会以《安大略省征收法案》为模板制定了《加拿大征收法案》（The Canadian Expropriation Act），以上两部法律则为其他各省包括阿尔伯塔省的《阿尔伯塔省土地征收法》提供了立法上的指引。[2] 同时加拿大还进一步授权私人主体土地征收权，譬如加拿大的一些大学和管道公司具有征收权。[3]

---

①See Eric C.E. Todd，The Law of Exproptiation and Compesnsation in Canada，Second Edition，Carswell，1992，pp.4-6.

②See Eric C.E. Todd，The Law of Exproptiation and Compensation in Canada，Second Edition，Carswell，1992，pp.3-8.

③See E.g. The University Expropriation Powers Act. 1965. Ont. Stat. 1965 c. 136.

三、国际条约层面

征收和国有化是国家投资领域的重要课题，其不仅关系一国政府管辖当地事务的权力，也关系对外国投资的保护。虽然目前发达国家与发展中国家在征收价值评估和征收补偿标准上存在分歧，但现代国际法承认主权国家具有征收外国投资的权力。1994年1月1日正式生效的《北美自由贸易协定》（NAFTA）由美国、加拿大、墨西哥三国组成，NAFTA协定没有明确征收的定义，而是列举了直接征收、间接征收、其他相当于征收的措施三种征收形式，体现在其第1110条第1款规定中，"缔约国一方不得直接或间接国有化或征收另一缔约方投资者在其境内的投资，或对该投资采取相当于征收或国有化的措施"。

"直接征收"（direct expropriation）是指东道国"为了公共利益"获得投资者位于东道国财产的行为，[①]通常表现为东道国直接剥夺投资者的财产权。目前，直接征收已较少发生，NAFTA中的征收案例已很少涉及直接征收。在"S.D. Myers公司诉加拿大"一案中包含了对直接征收的解释，仲裁庭指出，"NAFTA所指的'征收'"必须依据各国司法实践、国际条约以及国际法案例进行解释，"征收"包含了征收机构侵夺（taking）被征收人财产的内容，"侵夺主要针对直接征收，其认定标准强调行为主体（东道国政府）与行为方式（权利转移），通过将财产权转移给政府征收机构进行，政府征收机构行使

---

①See PaulE. Comeaux，N.Stephan Kinsella，Protecting foreign investment under international law：legal aspects of political risk，Oceana Publications，1997，p.3.

法律上或事实上的权利侵夺"。①

"间接征收"，也称为"渐进式征收"，是指东道国征收机构的一系列行为从整体上剥夺了投资者的投资。"间接征收"具有间接性和累积性两个特点。"间接性"是指通过间接方式而非直接夺取投资者的财产权利。"累积性"是指征收的法律效果不是一次性达成的，而是通过一系列行为累积实现的。"相当于征收的措施（a measure tantamount to expropriation）"作为一种新的征收形式，在 NAFTA 中与"间接征收"并列，其内涵必然广于"间接征收"。②有反对者认为，"相当于征收的措施"属于间接征收，并非征收的新形式。实际上，NAFTA 的仲裁实践表明："相当于征收的措施"属于间接征收的一种表现形式，并非征收形式的创新。西方学者之所以提出"间接征收"，根源在于政府的征收行为与社会管理行为之间存在着一个灰色地带，处在灰色地带的政府行为很难通过行为表面确定行为性质。对灰色地带政府行为的定性关系到一国政府社会管理职能的行使和对外国投资的保护。因此，讨论"间接征收"的关键是如何区分一国政府的社会管理行为与征收行为，从而在东道国社会公共利益和外国投资者的合法权益之间保持平衡。③

---

① See S.D. Myers Inc v. Canada, Partial Award（November13，2000），at http：//www.naftaclaims.com.

② See JohnGero，Canadian Memoon Investor-State Provisions，Nov.13，1998，quoted in Nihal Sherif，Canadian Memo Identifies Options for Changing NAFTA Investment Rules，Feb.12，1999，INSIDEU.S.TRADE.

③ 参见商镇：《征收与政府管理行为的划分——论间接征收的界定》，载《法学适用》2006 年第 10 期。

第二节	加拿大土地征收 公共利益的认定

一、土地征收中"公共利益"的理论基础

政府行使征收权必须符合"公共利益"目的，这是世界各国的通行法例。但各国法律在"公共利益"的措辞表达上略有不同，表现为"公共利益""公共目的""公共用途"等术语。土地征收是国家土地征收权与私人土地财产权的一次激烈碰撞，财产权作为宪法规定的基本人权之一，只有国家征收权代表的"公共利益"才能与代表"私人利益"的私人财产权在同一层面上被权衡。如果没有"公共利益"这一前提条件，国家征地权就构成了对财产权的侵害，这与法治精神不符。虽然"公共利益"为政府行使国家征地权提供了正当性基础，但这并不代表"公共利益"一定高于"私人利益"，也不代表公共利益在任何情况下都优先于私人利益，当公共利益与私人利益相冲突时私人利益必须适度"让步"。同理，土地征收中的"公共利益"条款也并不是政府行使土地征收权的万能钥匙，"公共利益"作为政府行使征地权的正当理由，也具有限制政府权力的功能。现代国家的产生和存在

就是为了实现某种"公共利益"，国家与生俱来地带有"公"的性质，国家的政策都是"公共政策"，只有通过立法与司法实践对"公共利益"进行严格解释，才能合理限制征地行为。因此，"公共利益"条款是"绝对公权"与"绝对私权"之间的调和剂。在剥夺私人财产利益时，必须使其财产价值保持在未被征用时的状态（最低损失程度）。如此，便能有效调和私人利益与公共利益。

二、土地征收中"公共利益"的法律界定概述

立法是对"公共利益"进行界定的最重要途径。世界各国土地征收"公共利益目的"的立法模式大致分为两类：第一类是概括式，指在法条中仅规定"只有为了公共利益方可征收土地"，但并不明确公共利益范围，该种立法模式需要其他法律制度对私人财产权有充分的保障。第二类是列举式，是指在法条中详尽地列出土地征收公共利益目的范围。

各国或地区法律对"公共利益"解释各异，日本法将"公共利益"解释为"解决公共事业建设"，如根据城市规划建设公园、道路，根据河川法建造堤防和水坝，根据港湾法建造港口和码头等。韩国法中的"公共利益需要"则为"公共事业需要"，是指：（1）有关国防、军事设施建设；（2）交通、水电气设施、广播、气象观测等建设；（3）国家或地方公共团体的办公、科研、教育、娱乐、医疗、住宅等建设；（4）依据法律其他可以征用或使用土地的建设。法国行政法院对"公用目的"采取扩大解释，征收行为只要符合公共利益，就被认为是合法征收。如果征收在满足公共利益的同时也使部分私人团体获利，在法律上依然符合公共利益目的。法国行政法院关于"公用目的"的最

新解释包括对土地征收后进行建设获得的公共利益和引起的损害进行比较，损害包括被征收人损失、政府财政支出、环境污染等，然后决定征收行为是否符合公用目的。[①]《德国基本法》第14条规定：所有权只有因为公共福利目的才能被剥夺，该部法律规定损害赔偿必须在权衡公共利益和私人利益后确定，被征收人对损害赔偿不满的话可以向地方法院提起诉讼。美国法也对"公共使用"一词扩张解释，标志性判例为联邦最高法院于1954年判决的Berman V. Parker一案。[②]该案中，道格拉斯大法官做出的判决意见详细阐述了联邦宪法中的"公共"一词[③]，认为"公共用途"在适用上具有很大弹性，从最严格的"政府占有"到最宽松的为了"经济发展等"，征收机构和法院在该区间具有自由裁量权。征收机构视客观情况需要对"公共用途"作扩张或限制解释。《美国联邦宪法》中对公共用途立法采取概括式，美国州地方立法采取列举式，如《蒙大拿州法典注释》第七十编第三十章第十节第二款列举了21项公共用途，其中包括提供给州地区使用的公共建筑和场地以及供县、市、镇或学区使用的公共建筑和场地等。

三、加拿大国内法律关于土地征收"公共利益"的界定

　　加拿大建设性征收法采用的是广义的公共利益概念，没有明确界定公共利益的范围，但加拿大是联邦制国家，其各个省的立法都不同，安大略省土地征收法对"公共利益"采列举式立法模式。将"公

---

① 参见吴高盛：《公共利益的界定与法律规制研究》，中国民主法制出版社2009年版。
② See Berman V. Parker, 1954, 348U.S229, 104S.Ct.98, 99L.ED.27.
③ 此案涉及哥伦比亚特区为了实施都市更新计划而征收整块私人土地。这是一个划时代意义的判决，常为后人所引用。

共利益"表述为"公共工程（public work）"或"公共目的（public purpose）"，包括修（扩）建高速公路、城市轻轨、铁路、机场、航道、管道、公园、学校等其他公共设施系统甚至扩大市政边界。征收是指政府（皇家政府及其机构）为了公共利益（需要）合法地征收私人财产（土地）。政府享有征收权，也可依法将征收权授权给各政府部门机构和国有公司。加拿大宪法没有规范征收行为，联邦议会以及各省的土地征收法律对"公共利益"也强调得较少，有些省的征收法中根本未出现"公共目的"或者类似的字样。政府的征收行为主要通过"征收程序"以及"征收补偿"来约束，法院没有审查政府征收决议是否符合公共利益目的以及撤销该征收决议的权力。加拿大各级政府更多的是依据相关规划法规定的分区规划以及市政法规定的市政用途启动征收程序。

依据联邦及安大略省征收法规定，只要征地符合公共利益，各政府机构部门可通过授权行使征收权，私人企业如天然气管道公司也可依据国家能源法或地方立法规定执行征用权，统称为"法定征收主体"。征收标的不仅包括土地所有权，也包括他物权，如道路通行权、地役权（easement）、抵押权（mortgage）、租赁权（tenancy）和特许经营权（license）等。天然气管道公司征用的通常是地役权或道路通行权。一旦认定征地符合公共利益需要，法定征收主体则可以征收土地。通过立项，举行听证会，并经政府批准后，征收土地就具备了强制性，征收主体可以请求法院强制执行。实践中，因征收主体已耗费较大成本推动进行征收，基本没有征收主体会基于听证会而做出不征收决定。

加拿大法院对"公共利益"扩大解释。在 Legoland Holdings Limited V. Windsor（1994）一案中，温莎市政府为促进经济发展，决定征收原告位于温莎市主城区的土地用于建设赌场，原告认为温莎市政府滥用征收权，建设赌场并不符合温莎市政府的再开发规划。但初审法院和上诉法院都支持了市政府的征收决定，认为"建设赌场"可以被认为是规划法意义上的"再开发"，再开发规划并不禁止商业征收。该案例也被认为法院有意地支持温莎市政府的"旧城改造"计划。此后，商业用途也被纳入"公共利益"需要。四年后的多伦多 Marvin Hertzman Holdings Inc.v .Toronto（1998）一案中，法院再次支持了政府因商业开发目的而启动征收权的做法。可见在征收的公益目的上，加拿大法律并不排除商业征收。

第三节 —— **加拿大土地征收的
程序制度**

一、土地征收程序的理论基础

现代行政法着重从程序上规范和制约政府行政权的行使，以保障行政相对人合法权益。[1]程序正当包括向行政相对人告知，说明政府行为的目的、理由，听取行政相对人的陈述、申辩，公开行政相对人的权利救济途径等，是实现实体的具体方式，也是形塑实体的有机组成，程序与实体互为彼此，无法截然分开。[2]正当法律程序不仅是行政法的基本原则之一，也是合法行使土地征收权的三大必备要素之一。[3]

大多数国家都通过宪法性法律将"正当程序"宪法化。1789 年法国《人权宣言》第 17 条规定："财产是神圣不可侵犯的权利。除非

---

① 参见应松年主编：《行政程序法立法研究》，中国法制出版社 2001 年版。

② 参见房绍坤：《土地征收制度的立法完善——以〈土地管理法修正案草案〉为分析对象》，载《法学杂志》2019 年第 4 期。

③See N.luhman, op, cit, supra note 17, Vorwort S.Vii. 日译本，第 iii 页，转引自季卫东：《法律程序的意义》——对中国法制建设的另一种思考》，中国法制出版社 2004 年版。

因合法认定的公共需要，并在公平且预先赔偿的前提下，人民的财产才能被剥夺。"公平而预先的赔偿其实就是土地征收权的程序性限定。《美国联邦宪法》（第十四修正案）规定：未经正当法律程序，任何人的生命、自由或财产都不得被剥夺。在司法实践中，美国法院也认识到"公共利益""公正合理"等概念难以从立法上精确界定，具有模糊性，只有对土地征收辅之以程序性保障，才能更好地保护被征收人利益。[①]

合理的角色分工是正当程序的第一要义，国家的征收权如何在其各权力机构之间进行分配是土地征收中需解决的首要问题。征地权的权力分配分为横向分配和纵向分配。征收权的横向分配主要体现在立法、司法、行政之间的权力分工。立法和行政的功能在于启动征收程序，做出征收决定，司法作为保障被征收人权益的最后一道防线，功能在于"制约"与"平衡"立法权和行政权，进行独立的司法审查。加拿大是三权分立国家，立法机关通过民主程序控制征收行为，其他机构可经立法机关授权行使征收权，授权不具有长期性，一项征收行为需经一次授权。加拿大遵循普通法系传统，所有土地都归国王所有，私主体取得土地所有须经国王授权。授权决定一经做出即不可撤回，除非授权决定包含了决定可以撤回的选项。同时，如果没有补偿，政府不能进行征收，在没有补偿的情况下征收财产，需要明确的立法。经过立法授权，政府无补偿地征用土地，也是有可能的，但这样的例子在实践中还未曾发生。

立法机关的征收权还体现在其对土地征收的审批上。审批机关由

---

① 参见［美］伯纳德·施瓦茨：《行政法》，徐炳译，群众出版社1986年版。

各省议会决定并且由副总督任命的政府官员担任领导，如果地方议会作为征收机构，那么该议会也可同时成为审批机构。加拿大1960年《权利法案》规定：公民享有财产权，公民财产权非经正当法律程序不能被剥夺。《权利法案》中没有规定公共利益。因此，法院无权审查议会征收决定的合法性。只有当被征收人对赔偿数额有异议时，法院可以对赔偿数额进行裁决。由此可以看出，加拿大在征收决定上更侧重于立法机关的民主监督而不是法院的司法监督。征收权的纵向分配主要涉及联邦与地方各省，以及地方各级政府机构间。加拿大是联邦制国家，各省具有高度自治权，联邦与地方在各自权限范围内行使权力。加拿大1960年《权利法案》中规定的财产权条款只适用于联邦层级，并不约束地方各省。因此，联邦和地方政府遵循不同法律规范进行土地征收，省一级的土地征收主要遵循普通法传统以及地方立法。省级政府对下级政府的土地征收具有审批权，审批遵循的是形式审查，而非实质性审查。

二、加拿大国内法律中的土地征收程序

就本质而言，征收程序就是促成征地关系主体讨价还价的过程。[①]加拿大法律中的"征收主体"包括政府在内的根据立法授权征用土地的机构。"被征收人"是指在土地上享有财产利益的主体，持有土地存续判决和建筑商留置权的人，土地归属的监护人、执行人、管理人、受托人，以及合法占有土地的人，但房屋租赁期限不足一年的人除外。而在加拿大不列颠哥伦比亚省，获取土地并非只有征收这一条路径，

---

① 参见程洁：《土地征收征用中的程序失范与重构》，载《法学研究》2006年第1期。

还可通过协议或赠与进行土地出让。如果征收机构与被征收人无法达成补偿协议，则由法院决定补偿款项。计算补偿款的开始日以土地所有人同意出让土地之日为准。在启动征收前，征收主体是作为民法上的主体与被征收人达成自愿协议出让，与被征收人法律地位平等，双方按照民事交往的规则进行自愿平等的磋商谈判。只有协议出让失败或者开展成本过高时，征收机构才会回归到公权力主体身份，启动土地征收程序。

加拿大的土地征收程序充分体现了公众参与原则，具有很强的可操作性。自愿协议出让、调查、批准程序都为被征收人提供了广泛的参与平台，以防止政府专断。加拿大法律中将征收程序分为"前征收程序（pre-expropriation procedure）"与"后征收程序（post-expropriation procedure）"两个部分。[①]前征收程序的目的是让被征收人及其利益相关人在土地征收项目启动前就知晓征收项目的具体规划和步骤，以保障其知情权和参与权。

（一）前征收程序

公布征收公告。加拿大联邦土地征收法和各省土地征收法都要求征收申请人直接通知被征收人以及对被征收土地拥有各种权益（物权和债权）的人。征收申请人向征收批准机构提出征地申请的第一次公告时，必须向所有被征收人送达征收通知以及主要法律依据副本，如果被征收人是自然人，征收通知必须亲自送达或挂号邮寄。同时在被征收项目区域附近上张贴征收项目通知和具体规划。如果被征收土地

[①]See Eric C.E. Todd，The Law of Exproptiation and Compesnsation in Canada，Second Edition，Carswell，1992，p.40.

位于郊区，征收机关还应在当地报纸上每周一次，连续三周刊登征收公告，公告同时还要发表在《加拿大政府公报》上。征收公告中必须包含征收主体的信息（名称和最新通讯地址）、征收的目的、程序和补偿。①被征收人在收到征收第一次公告的 30 日内，有权向征收批准机构提出书面申请，要求举行听证会。除非议会副总督认为征地完全有利于公共利益外，其他情况下都得成立调查委员会。征地批准机构根据调查委员会的调查报告另行决定是否修改或批准征地项目规划。在获批准后的三个月内，征收机构需在登记机构登记其和测绘部门共同签署的项目规划。

第二次公告。第二次公告时间是在征收项目批准后，补偿协议达成前。征收机构必须在规划登记后 30 日内向被征收人送达征收土地通知书，被征收人在收到通知后 30 日内，可以向征收机构书面申请征收补偿费，确定评估补偿费的日期。征收土地通知书送达被征收人后，被征收人可以同意征收机构进入征收现场对不动产进行评估，若被征收人不同意评估，征收机构有权向市政委员会申请补偿评估。征收通知仅仅表明征收机构的征收意向，并不代表最终的征收决定。公布征收通知可以使土地征收的所有利害关系人在征收决定做出前参与到征收程序中。

调查听证程序。征收机构在发布征收公告前，可以指定一名中立的调查官主持听证程序，听证程序必须公开，证明征收行为是"公正、完备、合理且必需的"②。调查官必须提前告知被征收人听证会具体

---

①See Expropriation Act，RSBC1996，C.125.

②See Eric C. E .Todd，The Law of Expropriation and Compensation in Canada，Second Edition，Carswell，1992，p.48.

时间和地点。被征收人也有权以书面形式向调查处申请召开听证会，申请书需载有申请人的个人信息和申请理由，并在收到征收通知后30日内将申请书提交给调查官和征收机构。调查官对听证申请书进行实质性审查，也可以拒绝对听证申请书进行审查，拒绝通知书必须送达给听证申请人和征收机构。调查处作为中立机构，对各征收利害方（听证参与人）意见进行公正判断。《征收法案》授予调查处广泛的自由裁量权，调查官有权提出修改和否决征收项目方案的建议，有权在听证程序中加入其他想参与听证的主体，听证调查程序通过"类司法"性质的对抗性程序设计对土地征收项目进行评判，评判结果对土地审批决定具有约束力。

批准程序。如果无人申请启动听证调查程序或者听证申请被驳回，审批机构应当批准征收项目，并且书面通知征收机构和被征收人。批准前如有调查听证程序，审批机构应当接受调查官撰写报告中的建议。批准程序可以不公布，也无须告知被征收人批准进程。

登记程序。地产管理处应记录征收通知，以及紧急情况下的征收命令和审批决定。登记过程中不能登记被征收人的非法权利，不能登记其他影响宗地边界分割的事项。

征收的终止。征收机构的征收方案在土地管理处登记后但最终未获批准，则视为征收机构的征收计划终止。被征收人可就前征收程序中产生的一切合理费用向征收机构请求赔偿。

（二）后征收程序

征收补偿通知。征收机构必须在征收批准登记之日起的合理期限内发布通知，告知被征收人在征收补偿过程中所享有的权利。

预付款（先补偿后征收）。预付款是指征收补偿款应在征收机构占有并取得土地所有权前给付给被征收人。征收补偿金经征收机构与被征收人协商确定或经法院、赔偿委员会等机构予以确定后，即应支付给被征收人，同时还需提供支付所依据的评估报告和法律条文。评估报告必须由副总督或委员会任命的机构或人员编制，报告内容必须包括：

（1）土地基本情况的描述，包括土地位置、用途、面积、权属等；

（2）土地价格评估日期（年月日），土地价值评估日必须为调查官在土地登记处背书之日起六个月内；

（3）价值评估所依据的证据材料；

（4）土地规划用途等影响未来土地价值的材料；

（5）土地的最终评估价。

被征收人必须配合征收当局提供所有其有权获得补偿的材料。被征收人申请预付款后，法院有权要求征收机构付款给被征收人。征收机构在两年内没有完工征收项目，原土地权利人具有优先购买被征收土地的权利，如果无法与征收机构在土地价格上达成合意，则需请求法院判定土地市场价值。

征收补偿。被征收人在一年内如果没有对征收机构的预付款提出异议，则视为接受补偿金额。反之，则需要由第三方评估机构依据市场价值来判定补偿金额。若被征收人不接受补偿金额，无法达成补偿协议，双方可以向市政委员会申请仲裁。任何一方不服仲裁裁决均可向法院提起诉讼。

征收机构占用土地。双方达成补偿协议后，土地所有权就转移给了征地机构，被征收人在三个月内准备好搬迁事宜。征收机构可以申请法院强制执行保证土地所有权的顺利转移。① 征收机构可以发布禁止令，严禁被征收人及土地权益利害方对土地征收实施干扰破坏行为。②

---

① 参见卢丽华：《加拿大土地征用制度及其借鉴》，载《中国土地》2000 年第 8 期。

②See Eric C.E. Todd，The Law of Exproptiation and Compesnsation in Canada，Second Edition，Carswell，1992，p.64.

| 第四节 | 加拿大土地征收补偿研究 |

一、土地征收的补偿理论基础

征收是对他人财产"最为极端、显著的社会限制"[1]。与社会秩序管理权和税收权相比，财产征收会使被征收人承受额外、沉重的公共负担，[2]必须给予征收权更为严厉的约束才能保障公民财产权，公正补偿正是征收权区别于前两项权力的基本特征，也是土地征收合法化的第三个要件。荷兰法学家格劳修斯最早指出，为了"公共用途"需要可以征收私人土地，但应当给予公平补偿。以至于学者称征收条款和补偿条款为"唇齿条款"，二者缺一不可。大多数国家宪法对土地征收采用了"公正补偿"模式。"公正补偿"是较为严格的一种补偿模式，其以被征收财产在市场上的交易价格为基准，同时考虑被征收

①See R.Epstein，Takings：Private Property and the Power of Eminent Domain，Cambridge，MA：Harvard University Press，1985，preface.

②See Theodore J.Novak，Brian W.Blaesser and Thomas F.Geselbracht，Condemnation of Property：Practice and Strategies for Wining Just Compesnsation，J.Wiley，1994，pp.4—7.

人因征收遭受的财产损失、土地利用状况、土地开发历史等因素，使被征收人"在经济状况上处于和财产被征收前时相同地位"[①]，但不会对被征收人予以精神上的补偿。

二、加拿大国内法律中的土地征收补偿

加拿大宪法中没有财产征收的公正补偿条款。土地征收补偿由普通法和地方立法规范，安大略省1968—1969年征收法第18节，规定了相当有限的补偿范围，其把补偿核心集中于市场价值上。加拿大法律从被征收土地市场价格、损害补偿（injurious affection）、扰乱补偿（disturbance damages）、被征收人重新安置过程中所受损失四个方面确定土地征收的补偿。损害补偿包括与被征收土地相邻土地的贬值和施工环境所造成的贬值。扰乱补偿包括被征收人的临时安置费用，以及重新安置而造成的停产停业损失。土地征用的补偿需依据土地的最佳用途，按征收时的市场价格补偿，即"公平市场价值"赔偿标准，同时参考征收行为对土地权利人的影响和滋扰予以额外的补偿。根据加拿大权威评估机构指定的评估操作手册指南（USPAP）和征收法案（Expropriation Act），市场价值是指："在竞争、开放、公平的市场上，具有交易动机、理性谨慎的买卖双方经过磋商，充分了解交易背景后，在不受政府政策影响下最有可能形成的价格。"

（一）确定市场价格

被征收人享有土地的完整权能，为土地市场价格的形成奠定了基础。被征收土地的市场价格必须依据土地的最佳用途，确定市场

---

①See Seaboard Air Line Ry. v .United States，261 U.S.299（1923），at 304.

价格时要区别土地征收补偿中的市场价格与普通法上的市场价格。普通法上的市场价格是指"财产所有权人认为的价值"（value to the owner）。改革土地征收法之后，加拿大废除了普通法中以土地所有人主观估价为补偿标准的做法，认为土地的市场价格与土地用途直接相关。土地的最优利用作为经济学概念，是指在自由市场上能为土地带来最高价值的利用方式。征收机构征收土地时首先要明确土地的最优利用，如果征收时土地并未处于最优利用状态，应当以未来土地的最优利用状态为准。土地的最优利用需考虑土地的潜在开发价值和增值预期。如土地利用现状是住宅用地，但确定的最佳用途是商业用地，则按商业用地进行补偿。在 Fraser V.R. 一案中[①]，因为被征收土地上放置有 90 万吨石头，联邦最高法院将补偿费由 45664 美元增加到 360640 美元，土地上存置的石头在征收前就已作为建筑工程的石材原料用于出售，被征收人认为石头的价值应当计算在补偿费用中。如果被征收人认为财产的评估价值小于财产的实际价值，但却无法证明或是仅仅因为财产带来的是额外的主观审美价值，补偿委员会或法院也不会采纳被征收人意见。同理，任何财产如果因符合某些人的特殊主观需求而被主观认为能获得更高价值，不应被作为确定市场价格的依据。[②]土地征收补偿摒弃了普通法上的市场价格标准，因为该标准主观随意性太强，难以确定；同时会导致过高的补偿，使征收机关难以承担，公共利益最终也会难以实现。

其次，仲裁法庭在确定土地最佳用途时通常还会考虑土地规划因

---

①See Fraser V.R. 40D.L.R.（2d）707，［1963］S.C.R.455.

②See John A. Coates，Q.C，Stephen F. Waqué，New Law of Expropriation，Volume 1，Carswell Thomson Professional Publishing，pp.5-9.

政策原因和不可抗力改变的可能性。土地规划改变的可能性越大，仲裁法庭以变更后的规划作为估价标准的可能性就越大。[①]

最后，因土地征收后开发带来的土地增值是不属于补偿范围内的。根据美国经济学家亨利·乔治的"涨价归公"理论，财产分为两种：一种是根据劳动所获得的产品，一种是自然界无偿提供的物品。前者允许私有，因为可以使全体人民在同等条件得到其应有的劳动报酬；允许对后者私有则否定了人们平等享有自然界恩赐的权利。[②]土地开发所引起的土地增值是由社会、经济发展所引起的自然增值，并非被征收人个人劳动所引起的，土地的自然增值不能由被征收人享有，而应当由全社会共享。[③]加拿大哥伦比亚省法律规定根据土地征收后征收机构所计划的土地使用用途进行的估价，土地价值的增加是在征收告示或者命令张贴之后对土地的改造中产生的（但对土地必要的维护不在此列），土地的增值或者贬值是因为征收行为及其相关因素而产生的，土地的增值或者贬值是因为其他土地的开发造成的，以及其他为了执行各种土地规划而进行的征收造成的土地价值变化。[④]该条规定的大部分条文是针对土地的开发价值而言，立法将其排除在补偿范围之外。在各省的立法中，一般也会将被法院所禁止的用途、违反法律的用途，以及对土地居住者和公共健康有损的用途所产生的价值排除在补偿额计算范围之外。哥伦比亚省在计算土地征收补偿额时，除了为保持土

---

① See John A. Coates，Q.C，Stephen F. Waque，New Law of Expropriation，Volume 1，Carswell Thomson Professional Publishing，pp.5-22.

② ［美］亨利·乔治：《进步与贫困》，吴良健、王翼龙译，商务印书馆1995年版。

③ 参见周其仁：《放弃农地的代价》，载《21世纪经济报道》2001年8月31日。

④ See Expropriate Act，Section 32，33.BC，Canada.

地的价值或者维持地况而进行的土地改进不在排除之列，于土地征收通知公布后进行土地改进而产生的价值增值不应当被计算在内。[①]

（二）有害或不良影响补偿（如严重损害或灭失价值）

有害或不良影响的补偿主要针对被征收土地剩余的非征收地和受征地影响相邻地区的土地，因建设施工对剩余部分土地造成的损害，还包括对个人的经营损失、人身损失、财产损失等。

（三）扰乱损害补偿

扰乱损害补偿包括被征收人和相关利害关系人因土地征收所造成的成本支出，包括被征收人的安置费，以及重新安置造成的停产停业损失。[②]哥伦比亚省土地征收法规定，被征收人安置费为其被征收土地总价值的5%。如果被征收土地用于教堂、医院、学校以及其他非商业用途，且被征收人明确表示会在安置地块从事征收前经营活动，土地补偿款则为恢复被征收土地原状的数额。[③]征收人与被征收人在征收补偿过程中出现的争议由赔偿委员会裁定。被征收人如不服赔偿委员会裁定，则可向法院提起诉讼。[④]

（四）确定补偿金额

土地征收补偿费由专业评估人员评估。关于土地的评估费，加拿大最高法院首席大法官哈雷斯认为，评估费用不能列入补偿范围中。评估人由征收人和被征收人双方律师聘请评估人需要在加拿大和美国

[①] 参见刘婧娟：《加拿大土地征收程序及补偿制度研究》，载姜明安主编《行政法论丛》（第14卷），法律出版社2011年版，第18页。

[②] 参见卢丽华：《加拿大土地征用制度及其借鉴》，载《中国土地》2000年第8期。

[③] See Expropriate Act，Section 30.BC，Canada.

[④] 参见王利明：《国家所有权研究》，中国人民大学出版社1991年版，第13—16页。

评估协会取得会员资格。评估人来自各个职业，如土地经济学者、不动产销售员、不动产经纪人和代理商都能对土地进行评估，采用多种评估方法，如类比法、成本法和收入法。受判例法传统影响，类比法是最为常用的土地评估法。评估人员参考相邻或相似地段处于同一稳定市场时间段的土地售价来确定被征收土地的市场价格。[①]对于土地市场价格之外的其他补偿，如果扰乱损害补偿在土地征收时还未发生，为保证补偿款的准确，征收人和被征收人经过法院同意后，可以在实际费用发生后再确定补偿款，时间一般是在被征收人安置后的六个月内或者是征收后一年内。依据安大略省法律，征收规划备案后的三个月，评估员必须对所有损害赔偿进行评估，逾期则构成违约。[②]如果评估价值差异大，土地征收双方无法就补偿金额达成协议，则可诉请司法机关解决。[③]

三、NAFTA 条约中的土地征收补偿

加拿大是北美自由贸易协定（NAFTA）的协约国，受该协定约束。NAFTA 第 1110 条第 2 款规定："征收补偿应与征收开始日前被征收财产的市场价值相当，并且不得体现因征收信息的公开而导致财产价值发生变化。市场价值的估值标准包括企业价值、税后资产价值，以及其他决定市场价值的标准。"

---

①See John A. Coates，Q.C，Stephen F. Waque，New law of Expropriation，Volume 1，Carswell Thomson Professional Publishing，P.33.

②See Runnymede Development Corp. v. Ontario（Minister of Housing）（1976），9L.C.R.352.

③See Expropriate Act，Section 30，BC，Canada.

（一）公平市场价值

NAFTA 条约在征收补偿上采用了"公平市场价值"标准。世界银行《外国直接投资待遇指南》（简称《指南》）对"公平市场价值"的定义为：征收行为开始日前或征收决定公布日前的价值，其价值主要通过投资性质、未来营商环境、经营期限、有形资产在所有投资资产中所占比例以及其他因素后，受让人向出让人支付的总价格。[①]

（二）估值标准

NAFTA 条约中的估值标准包括"企业价值""税后有形财产价值"以及其他标准，该规定与《指南》规定类似，《指南》认定"公平市场价值"的方法如下：（1）有利润记录的企业价值取决于企业现金流[②]；（2）没有利润记录的企业价值基于清算价值确定；（3）其他财产价值基于置换价或账面价格（该财产价值如已被评估或于征收开始时得以确定，则可被视为合理的置换价）确定。[③]

（三）补偿的支付

NAFTA 第 1110 条第 4 款规定，"以七国集团货币进行结算支付的话，补偿还包括从征收开始日至补偿货币付款日期间按标准商业利率计算的利息"；第 5 款规定，"缔约一方以其它货币支付的话，如果按支付当日的市场汇率换算成七国集团货币，那么在付款日应支付的数额不能低于征收日当日按市场标准汇率换算的七国集团货币，并

---

① See World Bank, Guidelines on the Treatment of Foreign Direct Investment.
② 根据《指南》，"贴现现金流价值"为企业在将来经营中预期确能实现的现金收入减去未来的预期现金支出，上述方法在考虑现金流量折扣时需考虑以下因素：现金的即时价值、预期的通货膨胀以及可能的经营风险。
③ See World Bank, Guidelines on the Treatment of Foreign Direct Investment.

且需要加计从征收开始日至实际付款日期间按七国集团货币标准商业利率计算的利息"。该规定与美加双边投资条约中的相关条款相似，不同之处在于该规定将其他投资条约中"可自由使用的货币"代替为"七国集团货币"，并且规定更为简单明了。NAFTA 第 1110 条第 3 款规定，"补偿应无延迟地给付并且应是完全可实现的"，该条款体现了征收补偿的"及时性"。[1]

---

[1] 参见王斌：《论 NAFTA 对征收的法律控制》，载《法学杂志》2007 年第 3 期。

第五节　　加拿大土地征收的
　　　　司法救济

一、土地征收司法救济的理论基础

　　"有权利必有救济"是法治社会的基本原则。土地征收的司法救济即土地征收过程中侵权行为的法律责任，即征收主体违法征收导致被征收人合法权益受损所应承担的法律责任，其与广大被征收人的土地权利相关联。公平高效的司法救济是所有土地征收制度中不可或缺的组成部分。司法救济包括民事救济、行政救济和刑事救济，是维护公共利益的最后一道防线，在解决纠纷上具有权威性和终局性，直接影响征收行为的公共利益，以及补偿的实现。

二、加拿大国内土地征收争议的司法救济

　　加拿大国内的土地补偿纠纷由专门设立的机构解决。譬如安大略省的市政委员会负责确定土地赔偿数额，阿尔伯塔省的土地赔偿委员会负责确定征地价格。各委员会的组成部门和人数并不相同。其中阿尔伯塔省的土地赔偿委员会由一位主席、两位副主席、六位委员和一

位秘书组成。但这些机构都具有准司法性的特征，它们确定的征地价格和赔偿数额具有法律效力。当然，如果被征收人不服以上委员会裁定的征地价格或赔偿数额，可以向法院提起诉讼。

除了土地征收法中规定的调查委员会能行使的职能，被征收人对于委员会的所有决定和命令都可向法院提起诉讼。对于诉讼中可能涉及的事实或法律，法院可以独立于委员会进行调查；可以行使委员会的相关权力，作出相关决定或命令。任何权益相关者对委员会的职责、决定、命令等其他行为有异议时，委员会应当以书面形式将权益相关者的异议向法院进行陈述，并提供相关证据，由法院作出最终决定。如果委员会拒绝向法院作出陈述，当事人有权请求上诉法院要求委员会进行陈述。

同时，仲裁也是加拿大土地征收中解决补偿争议的重要途径。加拿大高级法院对仲裁程序拥有的控制权与其对下级法院的控制权相同。例如，在多伦多市政府诉格罗塞特亚公司一案中，多伦多的一块较老区域有 25 英亩的土地被征用，而格罗塞特亚公司曾计划在被征用土地上建设一个购物广场。[1] 土地价值的确定有两种方法：第一种是比较法，即参考销售类似且相邻地块的实际价格；第二种是剩余价值法，即根据土地作为未来购物广场的发展潜力进行估价。剩余价值法能衡量土地的最大价值。仲裁员们常采用比较法，但安大略上诉法院更偏向于剩余价值法。加拿大最高法院也更愿采用剩余价值法，但并不支持上诉法院在该案中对剩余价值法的适用，并在该案中将补偿金从 130 万美元下调至 83.23 万美元。最高法院事实上是在指导仲裁员

---

[1]See 21 D.L.R.3d 551 （Sup. Ct. 1971）.

在以后遇到类似情况时如何对土地进行估值。在该情况下，仲裁员即相当于县法院的法官，被告知应采用何种估值方法以及如何适用。当城市土地被征用时，因面临着巨大的资金需求，需要根据既定的原则对土地进行估值。在多伦多大学诉泽塔普斯一案中，斯宾塞先生在分法庭上谈到，确认仲裁员是否适用了错误的原则或是否对相关证据产生错误认识是十分有必要的。也就是说，对仲裁员所作决定的审查与对上级法院所作决定的审查相似。安大略省 1968—1969 年征收法第 18 条在一定程度上还考虑了发生骚乱情形下如何进行重新安置。加拿大具有广阔的国土面积，重新执行安置原则并不是首要的。但是，目前大部分人口都涌入了拥挤的城市，相比以前，搬迁困难进一步加剧了。

三、NAFTA 条约中土地征收争议的争端解决

根据 NAFTA 的投资争端解决机制，投资人如果要将东道国诉至国际法庭，必须符合以下两项条件：第一是东道国没有遵守 NAFTA 规定的所应承担的保护外国投资人及其投资的义务；第二是投资人因为东道国违反相关义务而遭受相应损失。东道国承担的保护投资人及其投资的义务包括 NAFTA 第 11 章 A 部分所规定的各项义务。总体上看，NAFTA 第 11 章 A 部分所规定的各项义务无法穷尽一般双边投资条约中东道国在保护外国投资时所需承担的所有义务，但总体上涉及了相关主要义务，譬如对外国投资者及其投资的非歧视性待遇，禁止业绩要求、与投资有关的人员和资金的自由转移以及征收与补偿等。在有关征收与补偿的义务中，NAFTA 第 1110 条规定，所有缔约国都不得直接或间接地征收另一缔约国投资人在其领

土上的投资。除非征收是基于公共利益，基于非歧视性原则，征收还需符合国内土地征收法中的正当程序，并且由征收主体进行补偿。NAFTA 的起草者们在相关补偿条文的措辞上精心斟酌，最后选择了"毫不迟疑、可以完全兑现"并且"相当于被征收投资的公平市场价值"这一补偿标准。该补偿标准看似没有《美加自由贸易协定》和其他以美国作为条约一方的双边投资条约僵硬（据说这样做主要是为了让作为发展中国家的墨西哥保持颜面），但在本质上与美国一贯坚持的"立即、充分和有效"的补偿标准相同。有关征收与补偿的义务在实践中最易引发争议，因为 NAFTA 第 1110 条在限定合法征收的前提时，引申出了"间接征收"这一概念。[①] 虽然 NAFTA 第 1131 条要求仲裁法庭"应该按照协定和国际法中的规则裁决相关争议"，但是"相当于国有化征收"的"间接征收"在法律上的释义是不明确的。直接征收在国际法上具有坚实的法理基础，而间接征收在国际法上是缺乏相关法理基础的。很明显，NAFTA 所规定的"间接征收"指东道国政府采取的导致投资人经济损失的相关政府行为。但由于合法的政府行为与可要求补偿的并被视为间接征收的政府行为之间缺乏明晰的界限，NAFTA 的模糊规定为缔约国间相关的投资争议埋下了伏笔。国际法之所以没有就"间接征收"形成普遍的共识性规范，主要是因为各国"在何种政府行为下可以构成间接征收"的问题上立场不一。尽管美国和加拿大都属于发达国家，但是美国在国外的投资利益相比于加拿大的投资利益更为广泛和重要，美国倾向于对

---

①NAFTA 第 1110 条规定："协定缔约一方不得直接或间接征收其领土上的另一方投资人的投资或将其国有化，或者针对该投资采取相当于国有化或征收的措施……"

"间接征收"标准进行扩大解释，而加拿大则对"间接征收"的范围进行缩小解释。加拿大国内法学界普遍支持扩大政府规范行为的合法范围，而尽量缩小可以被视为征收措施的范围。

（一）仲裁规则的选择与仲裁法庭的组成

根据 NAFTA 第 11 章有关投资争端解决的相关规定，投资主体与东道国决定将纠纷诉诸仲裁途径解决时，必须先确定一套可供适用的仲裁规则。NAFTA 在诸多国际仲裁机构的程序规则中确定了三套程序规则可供争议双方选择。分别为国际投资争端解决中心（ICSID）仲裁规则、国际投资争端解决中心附加便利规则和联合国国际贸易法委员会（UNCITRAL）仲裁规则。ICSID 仲裁规则目前只能在《解决国家与他国国民间投资争端公约》的缔约国之间适用，而加拿大和墨西哥都还不是该公约的缔约国，因此加拿大和墨西哥在 NAFTA 中的投资争端目前只能诉诸于其他两套程序规则了。ICSID 附加便利规则与 UNCITRAL 仲裁规则也有所不同。后者没有对主体进行特别限制，但前者仍然要求争端双方必须有一方（或者东道国或者投资人母国）是《解决国家与他国国民间投资争端公约》的缔约国。因为美国是前者的缔约国，加拿大或墨西哥的投资者对美国提出的赔偿诉求以及美国投资者对加拿大或墨西哥提出的赔偿诉求，都可以在 ICSID 附加便利规则下仲裁解决，而发生在加拿大投资者与墨西哥或者墨西哥投资者与加拿大之间的争端，则只能以 UNCITRAL 仲裁规则加以解决了。NAFTA 第 11 章中规定的仲裁法庭是临时建立的该仲裁庭成员的组成与其他仲裁法庭的组成基本相同。该临时仲裁法庭包括三名仲裁员，其中两名仲裁员分别由争端双方各自选任，首席仲裁员由争端双方共同协议决定；如果双方不能对首席仲裁员的确定达成一致协定，则由国际投资争端解决中心的干事长在 NAFTA 缔约国一致协商确定的仲裁员名单中进行推举。临时仲裁庭的仲裁员并不需要具有国际贸易和投资法律背景。仲裁法庭对争议事项完全进行独立裁决，无须在裁决过程中附属或求助于其他机构。

（二）管辖权与法律适用

仲裁条约通常为多边国际性条约，国家通过签署仲裁条约确定争议的管辖。特别协议是指争端双方为解决特定争议而缔结的协议，签署特别协议则意味着接受了该协议所指定的仲裁法庭管辖。仲裁条款则是国际商事合同或协定的组成部分。例如 NAFTA 第 11 章 B 部分就属于广义的仲裁条款。NAFTA 缔约国从 NAFTA 生效之日起就表达了以仲裁途径解决未来争议的初衷。[1] 之所以说 NAFTA 缔约国所表达的是"初衷"而不是接受仲裁的同意，是因为 NAFTA 为"同意"的生效设置了若干缔约国必须同时满足的前提条件，例如有关时限的前提条件。NAFTA 要求作为争端一方的投资者至少提前 90 日向仲裁法庭提交解决争端的诉求，[2] 并且必须以书面形式将其仲裁解决的意向告知争端另一方即东道国，争端事实发生时间与正式提出仲裁请求的间隔时间必须达到 6 个月。[3] 6 个月的间隔期限，能够保证争议双方正式将争端提交仲裁庭解决前有足够的时间协商并达成有关和解。但是以投资者最初知晓或应该知晓其所称的 NAFTA 义务条款被违反和其投资

---

[1] See NAFTA 第 1122 条规定："各方同意按照本协定所确定的程序向仲裁法庭提交请求。"

[2] See NAFTA，Article 1119.

[3] See NAFTA，Article 1120.

受损之日起，投资主体超过三年将不再可以请求仲裁。①除了时效限制以外，NAFTA 还规定投资者在提交仲裁请求时需一并以书面方式接受仲裁裁决，同时禁止依据其他法律在国内法院提起诉讼。②国际仲裁所适用的法律由争端双方选择而定。NAFTA 中关于潜在投资争议仲裁所适用的法律为"本协定和可以适用的国际法渊源"③。可适用的国际法是指《国际法院规约》第 38 条所列举的国际法渊源，包括"国际公约""国际习惯""国际法主体所普遍认可的法律原则和司法判例"以及"各国权威国际法学者之学说"。因为适用国际法可遵循惯例，并不存在疑难的法律解释问题。而 NAFTA 作为仲裁可适用的另一实体法律，面临着解释主体和如何进行解释的问题。NAFTA 规定争端双方可将 NAFTA 条款如何解释提交仲裁法庭解决。仲裁法庭收到请求时，应立即提请 NAFTA 自由贸易委员会对 NAFTA 相关条款进行解释。如果被提起追诉的一方认为其被指控违反 NAFTA 相关义务的行为属于在签署 NAFTA 时就已做出的"保留"或"例外"范围，被追诉一方同样也有权请求对 NAFTA 相关条款进行解释。自由贸易委员会须在收到有关解释请求的 60 日内以书面形式向仲裁法庭回复其做出的解释。若自由贸易委员会无法在 60 日内及时回复，仲裁法庭可以自行做出决定。委员会对 NAFTA 条款的解释对仲裁法庭具有法律效力。④

---

① See NAFTA，Article 1117.

② See NAFTA，Article 1131.

③ See NAFTA，Article 1131.

④ See NAFTA，Article 1131.

（三）仲裁法庭的裁决与执行

依据 NAFTA，在争端双方满足仲裁的条件后，仲裁法庭便可对争议进行裁决。如果裁决有利于投资者，东道国就得赔偿投资者。NAFTA 规定赔偿应体现为货币形式。在财产返还的情形中，赔偿责任方也可以支付与对应财产等额的货币赔偿金来代替财产返还。[①] 同时，NAFTA 也禁止仲裁法庭在裁决时适用惩罚性赔偿。仲裁法庭遵循"一案一认定"原则，一项裁决只对一个案件具有法律效力。[②]NAFTA 没有有关仲裁裁决复核方面的规定。争端双方只能援用适用案件裁决的仲裁程序规则对仲裁裁决进行复核。而前文所述的（ICSID）仲裁规则、国际投资争端解决中心附加便利规则和联合国国际贸易法委员会（UNCITRAL）仲裁规则都对仲裁裁决的复核做了规定。ICSID 虽然禁止对仲裁裁决进行司法复核，[③] 但允许当事人基于程序上的不合法对仲裁裁决提起内部复核，例如法庭成员回避、超越权限、腐败等其他严重违反程序的情况[④]。ICSID 中的复核能导致裁决废止。ICSID 附加便利规则和 UNCITRAL 仲裁规则只要求法庭对被请求复核的裁决进一步解释而并非直接废止原裁决。但是，仲裁法庭依据 ICSID 附加便利规则和 UNCITRAL 仲裁规则所做的裁决在特殊情况下依旧有可能受到仲裁地国内法约束从而进入司法复核程序。NAFTA 第 1136 条要求所有缔约国服从仲裁法庭的裁决，并且为裁决的执行提供支持和保障。假若一方拒不服从裁决，而依裁决应该获得赔偿的一方

---

① See NAFTA，Article 1135.

② See NAFTA，Article 1136.

③ ICSID Convention，Article 53.

④ ICSID Convention，Article 52.

要求其履行裁决，NAFTA 自由贸易委员会将组成仲裁专家组督促拒不履行裁决方履行裁决义务。如果督促不成，不遵守裁决的一方作为 NAFTA 成员国的权益将会受到限制。除此之外，投资者还可依据 1958 年的《承认及执行外国仲裁裁决公约》（《纽约公约》）执行拒不履行方。[①]

① 参见叶兴平：《〈北美自由贸易协定〉投资争端解决机制剖析》，载《法商研究》2002 年第 5 期。

第九章

澳大利亚土地征收
制度研究

　　澳大利亚作为世界第六大国家，土地广袤，资源丰富，澳洲原住民世代在此繁衍生息。但自 1688 年英国殖民者到米之后，这片土地逐渐成为英国殖民地，并于 1817 年正式定名为澳大利亚。1901 年澳大利亚联邦成立，直辖北部地区和首都地区，管理六州，即新南威尔士州、维多利亚州、南澳大利亚州、西澳大利亚州、昆士兰州和塔斯马尼亚州。1931 年，英国议会通过《威斯敏斯特法案》，给予澳大利亚内政自治权和外交自主权，从此澳大利亚成为英联邦内的一个独立国家。

第一节　　　　澳大利亚
　　　　　　　土地法概述

一、澳大利亚土地法演变

澳大利亚继承了英国的法律传统，澳大利亚的物权法和土地法是由封建时代留下来的英国保有论而生。1066 年，诺曼底征服将欧洲大陆上诺曼底地区实行的土地保有制引入英格兰，将英格兰所有的土地关系都纳入到保有制的框架之中，根本上改变了英国土地关系的法权结构。[①]殖民之初，澳大利亚并没有土地所有权的概念，而英国保有论得以在澳大利亚流传的关键因素在于英国君主根据此理论可以对澳洲一切土地享受基本所有权。尽管 19 世纪的澳大利亚与中世纪的英国几乎没有共同之处，但作为殖民地，澳大利亚最初也使用了英国土地法的封建模式。君主对土地的根本性权利允许联合王国政府通过立法或行政行为取消土著土地所有权，至此澳洲原住民的土地权益被"合法化"地排除在英国政府土地规划方案之外，而这种情形也导致了殖

---

① 参见咸鸿昌：《论英国土地保有制的建立及结构特点》，载《山东师范大学学报（人文社会科学版）》2008 年第 4 期。

民化后几十年内土著所有权的不复存在。

总体来说，澳大利亚土地权益先后经历了三个阶段。第一个阶段是 1842 年之前的殖民地时代。此阶段君主代表英国政府对澳大利亚所有的土地享有根本性的权益，以此来表明英国因为占领而对澳大利亚获得的主权。具体说来，英国政府通过其内在的执行性权威控制澳大利亚的土地，而殖民地总督根据伦敦发来的指令，向私人土地所有者授予自由所有的权益。第二个阶段是从 1842 年到 1901 年的殖民地时代。1842 年，联合王国议会通过制定废弃土地出卖法令，将土地置于议会立法的控制之下。随后，随着各澳大利亚殖民地赢得自治，该控制权又从英国议会转到殖民地立法机关手中。英国政府对土地的固有行政权力则由殖民地立法机关的专属权力取代，以管理和控制其领土边界内的土地。殖民立法机关利用这个权力来设计新的土地所有权。此时的土地所有权的法律属性是由其相关法规的规定决定的，而不是英国土地法的原则。第三个阶段是 1901 年之后。1901 年，澳大利亚殖民地根据《澳大利亚宪法》开始了联邦联盟，成立了澳大利亚联邦。作为一个国家声明殖民地成为新的联邦，宪法分配联邦和国家之间的立法、行政和司法权力。《澳大利亚宪法》规定，各州政府宪法依然有效，但应根据联邦宪法做出相应调整，但它并未涉及土地产权。因此，殖民地时期英国君主在澳大利亚各州的土地权益依然以州政府的名义享有，州立法机关保留其在地域管辖内的管理和控制君主土地的宪法权威。当然，联邦议会享有为了共同目的如国防等从任一州获得土地的立法权力。

二、澳大利亚土地所有权结构

州政府对土地享有支配权，但并不意味着州政府占有其所有的全部可支配土地。事实上，州政府将土地分配给各个机关机构或私人长期使用，政府本身直接控制的土地面积所占比例较小。当前澳大利亚土地所有权结构如下：

（一）公有：23%

公有土地名义上所有人为英国君主，本土由各州政府享有支配权。公有土地包括那些为公共利益保留的土地和空地。它一般包括自然保护区、森林、海域保护区、水源保护区、矿藏、国防用地以及其他空置地等。[①]

（二）私有：62.75%

1.地产完全保有：20.6%

地产完全保有是完全的所有权，这一所有权不但包含占有、使用、收益、处分的所有权能，而且这些权能没有期限限制。地产完全保有的土地一般较为肥沃、产出较高。其所有人并非完全限于私人。在特定情形下，地产完全保有的所有人也可以是一个相对独立的政府主体，例如州森林委员会购买一片土地建立林场的情形下，其就成为地产的主人。[②]

2.皇家租赁持有：42.10%

皇家租赁持有通常是根据租约和许可证长期占有使用，也具有所

---

① 参见李志强：《澳大利亚土地征收制度初探》，载姜明安主编《行政法论丛》（第14卷），法律出版社2011年版。
② 参见李志强：《澳大利亚土地征收制度初探》，载姜明安主编《行政法论丛》（第14卷），法律出版社2011年版。

有权的四项权能，因而它更接近于私有，而非公有。这类土地中，无限期租用占16%，主要是政府机关和政府兴办的事业用地；有限期租用占60%，主要是农牧场和部分旅游、商业用地。皇家租赁持有与地产完全保有的差别主要在于其所有权是有期限或附条件的，尽管有时候这种持有的期限往往是无限期的。①

（三）原住民所有：14.25%

原住民所有的土地是指指定给原住民社区所拥有的土地，它不包括土著个人拥有的土地。在澳大利亚被英国宣布为其领土后，原住民的土地所有权一直不被承认。因为英国人认为澳大利亚土著居民根本没有土地所有权的观念，因此视澳大利亚为无主地。在1992年著名的马伯案中，无主地的法律拟制被打破，澳大利亚联邦高等法院第一次承认，昆士兰州美尔岛上的原住民对其居住的岛屿拥有土地所有权。1993年的《澳大利亚土著地权法》更是在立法上肯定了这一点。随后，各州也相继出台类似立法，保障了原住民在一定条件下的土地所有权。②

根据以上所述，澳大利亚土地制度中明确确定了私人土地的合法性，因此若政府需要使用私有土地或者已授权给私人使用的国有土地，就涉及土地征收问题。政府使用私人土地的方法，通常有以下几种方式：租赁方式、协约方式、强制征收方式。但即使政府使用强制征收方式，也以协商作为前提条件。按照澳大利亚宪法，州享有征收土地

---

① 参见李志强：《澳大利亚土地征收制度初探》，载姜明安主编《行政法论丛》（第14卷），法律出版社2011年版。

② 参见李志强：《澳大利亚土地征收制度初探》，载姜明安主编《行政法论丛》（第14卷），法律出版社2011年版。

的立法权限。自1969年南澳大利亚州制定该国第一部土地征收法以来，北领地、维多利亚州、新南威尔士州、塔斯马尼亚州、堪培拉特区、西澳大利亚州相继制定了土地征收方面的法律。

第二节　　澳大利亚土地征收的
公共利益

一、《澳大利亚宪法》对"公共利益"之规定

根据澳大利亚继承的英国宪法原则，议会拥有可以在不支付赔偿金的情况下强制收购私有财产的权力，但须满足以下两个主要条件：

第一，《澳大利亚宪法》中并未直接规定公共利益。但《澳大利亚宪法》第51（xxxi）条授权联邦议会制定法律，"以联邦的和平、秩序和良好政府为依据……就为了任何目的以任何国家或个人的方式获得财产而言，当满足正当条款时，议会即有权制定法律"，即通过"正当条款"的限制，对政府征收权力进行制约。

第二，除非绝对必要，否则法院对法律的解释只对所有权产生最小的不利影响。澳大利亚高等法院长期以来一直认为宪法第51（xxxi）条具有双重功能：在符合"正当条款"下授予联邦议会立法权，并以政府支付当事人赔偿金作为行使权力的条件。法院认为：《澳大利亚宪法》第51条为联邦议会提供了获取私人土地的立法权。同时，作为行使权力的条件，它为受影响的个人或国家提供保护，防止政府干

涉其所有权。在法院看来，它给予的不仅仅是补偿，因为在要求满足"正当条款"前提下，第 51（xxxi）条禁止通过其他任何有关收购的法律来限制人民对土地的权益。首先，是否"联邦的和平、秩序和良好政府"是议会制定法律的前提，但该要求不受司法审查。对公共利益的解释界限，各国基本上没有非常明确的规定，《澳大利亚宪法》第 51（xxxi）条在赋予议会行使征收的基本立法权时同样也未对"公共利益"施加任何进一步的要求。其次，第 51（xxxi）条中"正当条款"的含义究其深意是基于公平的一个概念，公平并不仅仅指实质上的公平，还包括程序上的公正。政府与国有土地所有机关或个人之间在国家立法权限范围内的土地取得上进行公平交易，公平交易就意味着程序上无瑕疵，并对相对人全额赔偿。最后，第 51（xxxi）条对与土地相关"财产"的范围进行了大致的规定，并未有更详细的说明。有关赔偿责任的立法和收购土地程序的法律则补充了该条中土地"财产"的内容。

二、澳大利亚相关土地法案对"公共利益"之规定

（一）联邦法律规定

1989 年联邦政府施行的《土地征收法》直接以定义的方式在第 2 编第 6 节界定了土地征收的"公共利益"："公共利益"是指议会有权以制定法律的形式达成的某种目的，这种目的包括领土范围内的土地以及与领土内土地有任何关联的目的。[1] 由此看来，澳大利亚联邦对于"公共利益"的规定采取了概括式的立法技术，通过确定大致的范围，强调土地征收依据的合法性。

---

[1]See Lands Acquisition Act 1989（NT）subs6.

（二）州法律规定

立法规定，州政府征收时，由议会决定什么是公共利益。皇室指定或部门决定属于例外情形，如公共设施建设。州政府对一块地的公共利益会有公益证，一般情况下，当私人知道这块地的公益性时，不会与政府争这块地，也不会遇到私人不搬迁的情况。[①]从对征收事由的具体规定来看，大致可以分为三种类型：

1. 具体列举式

1991年新南威尔士州颁布的《土地征收〈公正补偿条款〉法案》在序言的概念解释部分也界定了"公共利益"，"公共利益是指根据本法的规定，可以以强制手段取得土地的任何目的，以及根据本法案的目的，在以下情况下，被授权的机关可以以强制手段取得土地：第一，法律赋予机关以强制手段取得土地的权力；第二，根据1912年《公共工程法案》，土地应被机关收回或占用，或者机关被宣布为与前述土地收回或占用有关的建造机关。[②]该法案对使用土地强制征收的公共设施做出了具体规定。另外，西澳大利亚州的法律也对土地征收事由做了逐一列举。

2. 概括列举式

北领地土地征收法规定的"公共利益"界限非常宽泛，属于澳大利亚六州中较极端的设定。北领地规定：除能源（含油、气）、水利、交通、通信建设必需的外，不得征收土地。概括列举式的优点在于立法明晰，虽然适用灵活性小，但减少了法律漏洞，更利于保护被征收

---

① 参见窦红：《澳大利亚的土地使用与管理》，载《中国土地》2006年第6期。
② 参见刘志强、蔡卫华：《其他国家（地区）关于公共利益的界定及借鉴》，载《国土资源情报》，2011年第10期。

人的权利。然而实际上，政府获得土地的权力范围却是"出于任何目的"，① 其有权获取大量的北领地土地，在取得的同时直接消除被获取土地上既存的所有权，因此，北领地对"公共利益"施行的程序亟须加强。

3. 授权援引式

在土地征收法中，将征收的具体事由授权专门法律或者主管官员规定。例如，1914 年南澳大利亚州公共目的土地征收法规定，公共目的指总督依法在政府公报上宣布为公共目的之事由；塔斯马尼亚州土地征收法规定，公共目的是指与政府管理本州事务有关的目的，但必须有专门法律的明确规定或者总督的明确授权。

（三）高等法院判例

作为一个英美法系的国家，法院判例在澳大利亚土地征收领域也起着极其重要的作用。② 高等法院在克鲁尼罗斯诉英联邦（Clunies-Ross v. Commonwealth③）一案中做出的决定为"公共利益"的性质设立了基本标准。在该案中，高等法院认为政府权力并没有扩展到与任何"公共利益"完全无关的程度，土地的需要或未来的使用并不仅仅是为了剥夺土地所有者享有的权利，从而达到议会制定法律的目的。④ 原则上，政府希望在自身职能范围内为"公共利益"目的而购买特定的土地是一回事，政府确定要达成的目标又是另一回事。因此，法院确定了一条标准：在强制消灭私人土地所有者的财产权和通过征收特定土地而

---

① See Lands Acquisition Act 1978 （NT） subs43 （1）.
② 参见李志强：《澳大利亚土地征收制度初探》，载《行政法论丛》2011 年第 14 卷。
③ See （1984） 155 CLR 193； 55 ALR 609； ［1984］ HCA 65； BC8400483.
④ See （2008） 235 CLR 232； 246 ALR 218； 82 ALJR 899； ［2008］ HCA 20.

实现的"公共利益"之间应该存在一些合理的比例关系，仅当"公共利益"的需求大于私人将遭受的权利灭失时，政府才可对该土地拥有征收权。正如克鲁尼罗期诉英联邦案一样，很多征收补偿和地价评估的具体原则都是从案例中发展而来的，立法不过是后续跟进和进一步确认。

从以上论述可以看出，澳大利亚是联邦制国家，土地征收的权力属于联邦和州的共享权力，二者都有权对此进行立法，并各自约束其政府机关。①整体而言，土地征收"公共利益"的法律规定具有层次性。澳大利亚立法从宪法、土地基本法、土地征收法三个层次纵向上对"公共利益"进行了规定，即：宪法对"公共利益"进行了原则表述，专门的土地基本法和土地征收法对公共利益的内涵进行了列举和概括。②另有一些辅助性立法，如土地裁判所立法、评估师立法以及一些散见于道路交通、矿业和环保立法中的条款。③尽管各州议会对界定"公共利益"采取了不同的立法方式，但都使澳大利亚土地征收中的"公共利益"在征地法律中得到贯彻和统一。

---

① 参见李志强：《澳大利亚土地征收制度初探》，载姜明安主编《行政法论丛》（第14卷），法律出版社2011年版。

② 参见刘志强、蔡卫华：《其他国家（地区）关于公共利益的界定及借鉴》，《国土资源情报》，2011年第10期。

③ 参见李志强：《澳大利亚土地征收制度初探》，载姜明安主编《行政法论丛》（第14卷），法律出版社2011年版。

第三节　澳大利亚
土地征收的程序

一、土地征收类型

1. 按照土地征收方式的不同，分为协议征收和强制征收。澳大利亚各州均提倡通过征收主体和当事人达成征收协议的方式征收土地，只有在无法达成协议的情况下才适用强制征收。例如，西澳大利亚州土地管理法规定，征收主体无法和当事人达成协议时，才能发布征收预告；即使进入强制征收程序后，只要尚未发布征收公告，仍可随时转为协议征收。维多利亚州土地征收补偿法也规定，发布征收预告后，征收主体可以随时和当事人达成征收协议，从而终止强制征收程序。[①]

2. 按照被征收土地权益的不同，可以分为对土地所有权的征收和对土地其他权益的征收。除土地所有权外，国有农业用地使用权、土著狩猎采集权等其他土地权益也适用土地征收制度，但在具体操作程序上有一些差别。例如，西澳大利亚州土地管理法规定，征收土地时

① 参见张孜仪：《论以公众参与为中心的土地征收协议程序建构》，载《经济社会体制比较》2014 年第 3 期。

可以保留地下权和采矿权；如果需要一并征收，应当明确宣布。

3. 按照被征收土地权属的不同，可以分为对私有土地的征收和对国有土地的征收。澳大利亚各州均规定可以对私有土地实行征收，只有塔斯马尼亚州土地征收法规定对土著所有的土地不得适用征收程序，但该州目前已经没有土著居民。新南威尔士州土地征收法明确规定可以强制征收国有土地，其他各州法律都没有明确国有土地是否可以征收。

二、土地征收主体

从澳大利亚各州法律关于土地征收主体的具体规定来看，主要有三种类型：

1. 由专门主管部门负责土地征收。南澳大利亚州土地征收法规定，土地征收部门是指依照专门法律规定负责该项公共工作的部门。维多利亚州土地征收补偿法规定，土地征收部门是指依照专门法律规定有权征收土地的部门。

2. 由州政府部门和市县政府等负责土地征收。西澳大利亚州土地管理法规定，州能源、交通、港口等公共事务部门和市县政府均可依法征收土地。新南威尔士州土地征收法规定，州主管部门、市县政府和法律明确授权的其他机构均可依法征收土地。

3. 允许民间投资机构在特定条件下负责土地征收。这种情况仅见于塔斯马尼亚州。该州土地征收法规定，依照政府规划，私人投资的水利、能源、通讯、交通、教育、卫生等基础设施建设所需土地可以适用征收程序。但是，必须以无法通过购买获得土地为前提，且主管部门应当将许可私人机构征收土地的决定报议会批准并在政府公报上公布。①

三、土地征收程序

澳大利亚各州法律关于土地征收程序的规定基本相同，大致可以分为临时占用土地、协商收购、征收预告、征收公告、土地接管五个阶段，但在各个具体环节的时限、效力和文书送达方式等方面存在一定差异。

（一）临时占用土地

占用土地之前应当向权利人发出占用通知，通知中应当列明拟就该土地行使权力的详情并给出行使权力的理由以及告知权利人因为哪些不合理占用可以申请索赔；获授权人可为确定土地是否适合作公众用途或取得有关土地的资料而获得占用前进入和检查该片土地的权利；在勘查完毕后，凡获得当局允许的获授权人可以与其他合理需要的人一起进入权力土地附近的相邻土地，500 米以内只要为执行公共目的的任何工程而合理需要，被授权人即可临时占用相邻土地。在占领目标土地与相关土地时，被授权人应采取一切合理措施确保行使权利不会造成损害和不便，并尽可能少地损害土地或生长在土地上的任何作物。占用时间应当合理，离开时将带来的所有物品带走，使该片土地恢复到被授权人占用之前的状态。

（二）协商收购

通过协议进行收购的主要步骤是：首先要进行预收购申报，该申报的关键是要明确目标土地适合收购；主管部门按照相应的程序和

---

① 澳大利亚的土地征收制度，http://www.doc88.com/p-6911995669648.html，最后访问日期 2022 年 9 月 19 日。

标准对申报进行复议或审查；审查通过后，部长可以授权收购当局通过协议收购土地的权益并协商好土地补偿和利息比例。接下来就是根据协商达成最终协议以及根据协议要求完成收购计划。在澳大利亚土地征收程序中，因为"公共利益"的申报，土地权利人基本不会跟政府过分争执，因此协议收购是澳大利亚政府普遍采取的收购方式，但强制征收模式也并非不可见。强制征收的主要步骤为：在结束申报、审查的程序后，对土地权利人做出强制收购声明，但该声明必须给出合理充分的赔偿方案；但在亟须进行收购，并且由于收购前声明需要制作以及可能的重新审查和因审查而延迟收购将违反公共利益的情况下，则不需要对土地权利人做出提前收购声明。

（三）征收预告

收购程序始于书面声明，表示相关机构正考虑将澳大利亚联邦或联邦当局收购土地的权益用于"公共利益"。该声明必须确定收购机构、被收购土地、土地权益、公共利益、土地的用途以及该土地适合该用途的原因。"公共利益"必须是议会有权根据《澳大利亚宪法》制定法律的目的，同时，它也必须是授予获取权的法规授权的目的。声明还应当包括一项内容，即土地的拟议使用与声明中描述的政策之实施有关联。被征收人可以向部长申请重新审议声明。如果对结果不满意，可以向行政复议法院申请复审声明。被征收人提交的材料清单可以涉及与本次审查有关的事项（如声明中确定的公共目的的性质）和不相关的事项（如声明中描述的相关政策的优点）。审查完成后，行政上诉法院可以向征收当局部长提出建议，部长必须考虑这项建议，但并非一定要实施。但如果部长直接拒绝该建议，那么他必须在拒绝后的三个工作日内向联邦议会众议院说明理由。有的州规定特殊情况下可以不发布征收预告。例如，维多利亚州和堪培拉特区的法律规定，情况紧急或者发布征收预告会损害公共利益的，征收主体可以直接发布征收公告，但应当尽快补报议会同意。

（四）征收公告

征收预告发布后法定期限届满，如果征收主体无法与当事人达成征收协议，且主管部门没有改变征收意图，可以发布征收公告，直接宣布征收该土地。征收公告是变更土地权益的直接依据。例如，堪培拉特区土地征收法规定，征收公告发布后，征收主体应当在 28 天内报告土地登记部门，土地登记部门应当进行权利变更登记；维多利亚州土地征收补偿法规定，征收公告在政府公报上发布后，该土地上原有的土地权益依征收公告而归于消灭。

（五）土地接管

在收购成立获得合法土地权益的当日，占用该土地的人有权在符合本条规定的情况下继续占用该土地或占用通过书面通知指定的部分土地。征收公告发布后，当事人应当按照公告的要求及时腾退土地；拒不腾退的，由法院强制执行，且当事人可能被追究刑事责任。例如，南澳大利亚州土地征收法规定，征收公告发布 3 个月后，当事人抗拒主管机关占用该土地的，主管机关可以向法院申请强制驱逐，且当事人应当就超出时间支付土地租金；西澳大利亚州土地管理法规定，当事人阻挠征收主体占用被征收土地的，征收主体可以申请法院强制执行，执行费用由当事人负担。

第四节　澳大利亚
土地征收补偿

一、土地征收补偿的"财产"范围

按照立法，获得赔偿的权利通常涉及获得专有财产、土地权益或者政府干涉公民享有其私人土地导致的土地价值的减损。《澳大利亚宪法》第 51（xxxi）条对"财产的获得"的解释同样受到限制，直到 1997 年纽克雷斯特矿业有限公司诉澳大利亚联邦案（Newcrest Mining（WA） Ltd. v. Commonwealth of Australia）的判决作出后才放开了财产范围。该案被认为是澳大利亚土地征收历史上的一个开创性案例，因为其承认土地的使用权可以引发赔偿。雷斯特案确认：当联邦获得了某项权益或优势，而私人公民也相应地有所损失时，则联邦必须赔偿。在这项裁决之前，法院在 1983 年塔斯马尼亚大坝案（Tasmanian Dam Case）中有主张，被收购者能获赔偿的财产权仅限于专有权，如财产所有权。另外，联邦原住民土地所有权是否属于第 51 （xxxi）条意义上的征用也是一个问题。首先，土地所有权取决于土地的传统土地关系，通常是占领。在普通法中，占有权本质上是专有的，因此征收必须根据第 51 （xxxi）条进行补偿。其次，纽克雷斯特案证实了一个至关重要的问题，即土地征收行为使得公民遭受损失的同时联邦或州是否获得了有价值的土地权利。从理论上讲，取消土著产权是一种收购，因为取消的行为消灭了之前官方已经赋予的利益。正如普通法所承认的那样，失去的土著产权在继受取得的人手中显然是一种有价值的权利。因此，原住民土地所有权也属于国家征收的内容，联邦或州政府进行征收时必须给予补偿发展到今天，高等法院在《澳大利亚宪法》第 51（xxxi）条中采用了广泛的土地"财产"概念。它不应当只限于联邦对某些特定财产或受到联邦承认的土地权益，动产中某些特定形式的财产同样应该得到承认，并延伸到其他利益，包括独占财产的无限期延续、土地使用权以及为公共利益目的财产主体的控制权。

二、土地征收补偿的方式

（一）公平补偿

堪培拉特区土地征收法规定，征收补偿应当公平合理，综合考虑土地的市场价值、市场价值之外的其他利益以及当事人受到的其他相关损失；有证据证明当事人拟将该土地改作其他用途的，应当补偿土地市场价值与重新获得同等土地的价值中的较大值；当事人以被征收土地为经常居住地的，应当再补偿 15000 澳元，外加合理的搬迁费和安置费。在评估补偿金额时，应考虑包括市场价值在内的所有相关事项，市场价值被定义为当时由愿意出售但并非急于出售的卖方出售土地权益本应得到的金额。可以通过征收机关部长与土地所有者之间的协议来确定补偿金额。在未达成协议的情况下，赔偿金额可由行政上诉法院确定，或者在某些情况，由澳大利亚联邦法院审理作出决定。

在后一种方式下，如果联邦法院或高等法院认为在任何情况下适用该法案的规定都会导致收购不恰当，法院可以通过确定任何必要的补偿来确定收购是否恰到好处来纠正此事。

（二）全部补偿

塔斯马尼亚州土地征收法规定，补偿范围包括因为征收引起的全部损失和支出。确定补偿费用应当考虑以下因素：土地的市场价值、土地被征收给当事人造成的损失、搬迁费用和其他合理开支；如果被征收土地用于居住以外的其他特殊用途，且无法通过公开市场评估其价值的，经总估价师同意，可以参照在其他地点重新获得同等条件和用途土地的费用确定补偿费用；当事人以被征收土地为经常居住地的，补偿不得低于在同等条件的土地上安置所需费用，并须给予当事人符合人道的其他救助；租赁被征收土地上的房屋居住的当事人，可以获得重新租赁与搬迁所需的合理补偿。

（三）补偿实际损失

虽然《澳大利亚宪法》限制联邦土地征用并需要政府给予一些补偿，但州宪法却对其没有限制。在澳大利亚，州政府将强制收购视为在私人公民获得永久业权之前收回以前私人拥有的土地。因此，补偿是一般限于土地所有者的市场价值以及其当时使用的损失，附近公共项目的损害或计划方案的变更，只能通过滋扰诉讼或其他侵权行为获得。[①] 西澳大利亚州土地管理法规定，因征收受到损失的当事人有权申请补偿，补偿范围包括土地财产损失、搬迁费、安置费以及因土地部分被征收发生的土地分割支出；采矿权因土地征收而受到损失的，只

---

① ［2］ Lands Acquisition Act 1989（Cth）.

补偿实际损失。

三、特殊规定——规划补偿

维多利亚州会通过"预先采取规划保留"的范式来征收私有土地。这种方法也是塔斯马尼亚州基础设施项目强制收购的特征。在维多利亚州，土地通常必须首先在规划方案下保留，然后才能通过发出意向通知开始征收程序。即在正式征收程序启动之前，必须根据规划程序在具有法律约束力的计划中规定公共利益。拟议的基础设施在未来使用的土地上运行的前提是必须有一个有效的发展计划，目的上必须要符合"公共利益"的理由，时间上则有要求、有迫切的实施需要。

规划立法通常包含对由规划举措造成的损失进行补偿的有限条款。在澳大利亚，讨论赔偿问题时经常采用以下概念。

（一）隔断赔偿

当出于公共目的而获得部分地块时，会发生"隔断赔偿"。除了赔偿所征收土地的价值外，还必须赔偿对相邻未采取的土地面积的不利影响。例如，如果为了修建道路而获得通过农场的一块土地，则道路所导致的供水隔离可能会对农业作业产生不利影响。

（二）伤害性影响

对于"伤害性影响"的广泛的解释是"公共用地或开发附近土地对私人土地的不利影响"。例如，新修高速公路造成了噪声和空气污染，与之有关的房产价值可能会下降。狭义的观点认为"伤害性影响"更接近于以上"隔断赔偿"定义之下的概念，即实际或预期使用获得的土地将造成未征收的土地价值出现贬值。关于国家项目，在维多利亚州的法律中没有规定补偿条款。广义上的立法干涉并不受宪法挑战的影响，因为即使在普通法中，"伤害性影响"被认为是被影响人对其财产的部分获取，但州议会有根据英国宪法原则来规定这一项内容的权力。因此，私人公民可以根据妨害或疏忽的侵权行为提起诉讼，但另一方面州立法也有可能取消公民的这一权利。

（三）规划的不良影响

这个概念专用于在提出新的发展计划时土地价值可能会下降，但又没有采取正式的步骤来为公共目的保留土地的情况。如：州政府可能会提出建立新监狱的愿望，并提出一些备选地点的建议，这些地点都有可能因为新计划而导致土地原有价值下降。一般而言，在讨论期间，主体机关无须赔偿以折旧价值出售土地的人所遭受的损失。但在维多利亚州，规划部长有权提议支付公共保留的费用以及补偿土地征用。在修订规划方案时，通过重新分区，被规划地区可能会失去发展机会。例如，在环境敏感区域引入规划控制，严格限制或完全取消建造建筑物的现有权利。但一般会保留"现有使用权"，以保护重新规划以前的发展权利。政府的强制征收权与通过程序来实现的征收有所区别。在维多利亚州，许多强制获得土地的权力来源都与土地使用规划有关。1987年维多利亚州《开发和保护法》中第172条规定了广泛的收购权：在某块土地是任何规划方案所需、总督会同行政局宣布需要强制征用土地以便更好地发展地区经济或者仅仅是空置的情形下，即允许规划部长强制征收土地。

传统上，估价中的主要关注点应该是土地对所有者的价值，而不是对收购方的价值。除了以上三种常用到的补偿理由之外，补偿立法还包含了评估土地特殊价值的补充因素：（1）在收购之日对索赔人的特殊价值；（2）因隔断而造成的任何损失；（3）因干扰造成的任何损失；（4）为实现获得土地的目的而导致的其他土地上的利益价值的提高或贬值；（5）索赔人因收购利息而必然产生的任何法律，估价和其他专业费用。其中特殊价值并非情感价值，而是指除市场价格以外的附带金钱利益。如征收配备了轮椅通道的住宅，那么对于需要自费住房的残疾人士而言，安装特殊通道的额外费用就属于金钱损失，可以索赔。

"精神损害赔偿"是进一步的赔偿要求，承认情感损失或情感依恋。1986 年维多利亚州《土地征收和补偿法》第 44 条规定："赔偿金可以通过合理的抚慰金增加，不超过土地市场价值的 10%，用来赔偿索赔人无形和非金钱的不利条件。"因此，在评估时，必须考虑到适用于索赔人的所有相关情况，包括索赔人占用土地的时间长度和索赔人的年龄等情况。1987 年维多利亚州《开发和保护法》第 172 条对于为规划目的而购置的住所作出类似规定。

第五节　澳大利亚
土地征收的救济

一、土地征收争议的救济

第一类，未规定救济方式。新南威尔士州、维多利亚州和塔斯马尼亚州的法律均未规定当事人对征收主体发布的征收预告、征收公告可以申请复议或者提起诉讼。

第二类，当事人可以对征收预告申请行政复议。堪培拉特区土地征收法中规定：当事人可以在征收预告发布后 28 天内对征收决定申请复议，征收主体可以变更或者撤销征收预告，议会也可以责令其变更或者撤销征收预告。南澳大利亚州土地征收法规定：当事人在收到征收预告后 30 日内，可以向主管部门书面申请停止征收、变更征收范围或者推迟征收；申请被驳回的，当事人可以在 7 日内向主管部门申请复议。西澳大利亚州土地管理法规定：当事人可以向征收主体就征收预告提出反对意见，征收主体可以决定变更、放弃征收预告，也可以决定维持。

第三类，对征收预告可以向裁判所申请裁决，对征收公告可以向法院起诉。北领地土地征收法规定：当事人可以对土地征收的适当性提出反对意见，如果双方不能协商一致的，可以申请裁判所裁决；征收主体应当尊重裁判所裁决，如果认为裁判所变更、撤销征收预告的裁决损害了公共利益，征收主体仍可以发布征收公告，但当事人有权向高等法院起诉。

二、土地征收补偿争议的救济

第一，司法救济。南澳大利亚州土地征收法规定：因土地征收补偿引发的纠纷可以向法院起诉。新南威尔士州土地征收法规定：当事人如果不接受征收主体的补偿方案，应当在 90 天内向土地与环境法院起诉，否则推定为已经接受该补偿方案。

第二，通过法院、仲裁解决。塔斯马尼亚州土地征收法规定：当事人和征收主体无法就补偿数额达成一致的，可以通过书面协议申请仲裁，也可以向法院起诉；双方未达成仲裁协议、当事人也未向法院起诉的，征收主体可以申请法院判定补偿数额。

第三，其他方式。堪培拉特区土地征收法规定：当事人不同意补偿方案的，可以向裁判所申请裁决；不服裁判所裁决的，可以在 30 天内向高等法院起诉。维多利亚州土地征收补偿法规定：征收主体和当事人可以向法院或者裁判所请求解决补偿争端，当事人申请的补偿额与主管部门的补偿方案之间的差额在 5 万澳元以内的，由裁判所管辖；差额在 5 万澳元以上的，由当事人选择管辖，当事人在主管部门催促后一个月仍不行使选择权的，由主管部门选择。法院认为案件特殊或者具有示范作用的，不论争议额大小均可管辖。

后 记

本书是我 2014 年获得国家社科基金重大项目（中外土地征收制度的资料整理与比较研究：14ZDB125）立项结项成果修改而成。土地征收制度是城市化过程中必备的要素。在我国背景下，土地征收制度完善需要结合集体经营性建设用地入市改革、宅基地制度改革，真正实现"三项联动"改革高度的必备环节。新型城镇化的建设要求农民成为城镇化的主体，而不是城市的边缘或者城市建设的牺牲者。

本书即立基于此，在比较论证的基础上反思与审视我国土地征收制度的现存问题，寻求可得突破之系统化的解决路径。首先基于资料的典型性、全面性以及选取对象的临近性的考量，本书最终选定美国、英国、法国、德国、荷兰、日本、新加坡、加拿大、澳大利亚九个国家的土地征收制度（包括法律文本、历史演进、典型判例、学者阐述等方面）进行了资料整理与系统介绍，在此基础上形成了"中外土地征收制度比较研究"；其次，以域外立法经验的借鉴与反思为中心，分析我国土地征收制度存在的深层次问题，为我国土地征收法的制定提供相关的建议，从而为我国城镇化建设以及深化农村土地制度改革的进行提供制度保障；此外，还对《美国统一征收法典》、1981 年英国《土地征收法案》、2004 年英国《规划与强制购买法》、1961 年英国《土地补偿法》、德国《建筑法典》中的征收规范、法国《土地征收法》、1982 年（昭和 56 年）法律第 219 号日本《土地征收法》、新加坡《土地征收法》、澳大利亚 1989 年《土地征收法》、加拿大《土地征收法》等十部土地征收法典形成了翻译稿，特意邀请北京师范大学袁治杰教授审核了德国《建筑法典》中的征收规范，西南政法大学将讲师、早稻田大学博士于宪会负责 1982 年（昭和 56 年）法律第 219 号《土地征收法》的翻译工作。法典翻译是一件庄重而严肃的工作，需要极高的外语能力素养方可保证其精准程度，此外，一些法典在翻译完成之后，相应的法典内容已经修改。真是计划赶不上变化。团队对此付出了诸多努力，故此部分暂未列入出版计划。

　　本书全面系统地整理了域外土地征收制度，以此为视角全面审视了中国土地征收制度的深刻问题，并提出了系统性、针对性的解决方案。对于土地征收领域的实务工作者、研究型学者以及领导者而言，本书都可以作为一本资料翔实、研究全面、理论深刻的参考书。

　　感谢国家社科基金规划办与国家出版基金的资助，感谢课题组成员所付出的艰辛劳动，感谢为课题提供指导性建议的各位专家与朋友，为避免挂一漏万，在此不一一点名致谢，感谢湖南人民出版社黎红霞主任对此的支持与付出。书稿中有不完善的地方，尚请各位专家批评指正。